やわらかアカデミズム・〈わかる〉シリーズ

よくわかる
産業・組織心理学

山口裕幸・金井篤子 編

ミネルヴァ書房

はじめに

■よくわかる産業・組織心理学

　就職して社会人としての生活を始めると，学生時代を懐かしみ，自由で幸せだったなあと振り返る人が多いようです。現在進行形で学生時代を過ごしているときには，なんとか自分の進む道を明確に定めたいという思いの方が先立って，就職してから先のことは，なかなか思いの及ばないことかもしれません。仕事に就けば，その道の専門家として，色々な知識や技能，経験を身につけながら，社会人として自立していきます。その成長には試練がつきものです。ひとつの仕事をやりとげること自体，大変な試練といえるでしょう。その試練が，自由を謳歌できた学生時代を，ときに懐かしく思わせるのかもしれません。

　試練を一つひとつ乗り越えながら，誰もが成長していくのですが，そもそも仕事とは，人間にとってどんな課題を与えるものでしょうか。その課題を整理して，理解し，どのように対処していけばよいのかを前もって考えておくことは，待ち構える試練を克服するのに大いに役立つはずです。

　産業・組織心理学（Industrial/Organizational Psychology）は，人々が仕事に取り組む際に直面するさまざまな問題の解決を目指しています。組織経営やマーケティングでは，人間の心理についてよく理解しておくことが大事であるのはいうまでもありません。ところが，もともと人間の心の働きは複雑ですし，心理学の研究は多種多様にあるうえに，純粋に心のメカニズムを探究する側面が強くて，その研究成果を働く現場で直面する問題と関連づけるのにひと苦労します。

　この著書では，産業・組織心理学の研究によって検討され，明らかにされてきたことがらを，わかりやすく整理して，学習できるように構成しました。そして，仕事をするときに我々が直面する問題の解決に，産業・組織心理学が培ってきた知見が生かせるように，橋渡しをしたいと願っています。その願いが叶う著書となり得たか，皆様のご批判をお願い申し上げます。

　本書の企画・構成・出版に際して，ミネルヴァ書房の吉岡昌俊氏にひとかたならぬご尽力を賜りました。吉岡さんの粘り強いご支援がなければ，本書は世に出ることができませんでした。厚くお礼申し上げます。

2007年2月
山口裕幸・金井篤子

もくじ

■よくわかる産業・組織心理学

はじめに

I 産業・組織心理学の歴史とテーマ

1 産業・組織心理学の意義とテーマ　2
2 組織とは何か …………………4
3 組織観の歴史的変遷 …………6
　コラム1　科学的管理法 ………8
　コラム2　ホーソン研究 ………10
　コラム3　オープン・システム・アプローチ ……………………12
4 組織と個人の関係 ……………14
5 組織行動 ………………………16
6 人的資源管理論 ………………18
7 働く人々の安全と健康 ………20
8 消費者行動とマーケティング ……22

II ワーク・モティベーション

1 内容理論と過程理論：動機と動機づけの違い ………………24
2 動機の種類 ……………………26
3 内発的動機づけ ………………28
4 達成動機づけ …………………30
5 期待理論 ………………………32

6 目標設定理論 …………………34
7 公正理論 ………………………36
8 職務満足感 ……………………38
9 コミットメント ………………40

III 採用と面接

1 採用選考 ………………………42
2 適性の考え方 …………………44
3 採用選抜の理論 ………………46
4 採用選考の設計 ………………48
5 適性テスト ……………………50
6 適性テストの信頼性と妥当性 ……52
7 採用面接 ………………………54
8 面接の信頼性と妥当性 ………56
9 面接の効用と課題 ……………58

IV 人事評価

1 人的資源管理 …………………60
2 人事評価 ………………………62
3 絶対評価・相対評価 …………64
4 昇進・昇格 ……………………66
5 報酬制度 ………………………68
6 360度多面評価 ………………70

| 7 アセスメント・センター ………… 72
| 8 コンピテンシー ………………… 74

V　キャリア発達

| 1 キャリアとは ………………… 76
| 2 キャリア発達理論 ……………… 78
| 3 ホランドの六角形モデル ………… 80
| 4 シャインの組織内キャリア発達段階 ……………………………… 82
　　コラム4　ライフ・キャリアの虹　84
　　コラム5　キャリア・アンカー … 85
| 5 クランボルツの計画された偶発性 86
| 6 ブリッジズのトランジッション論 88
| 7 人材育成 ………………………… 90
| 8 メンター・プロステージ関係と垂直的交換関係 ……………………… 92
| 9 キャリア・ストレス …………… 94
| 10 キャリア・カウンセリング ……… 96

VI　職場のコミュニケーションと人間関係

| 1 職場集団の特性 ………………… 98
| 2 職場集団の発達論 ……………… 100
| 3 職場の規範と社会化 …………… 102
　　コラム6　職場規範の測定法 …… 104
| 4 職場のチームワーク …………… 106
| 5 職場のコミュニケーション …… 108

| 6 職場のナレッジ・マネジメント 110
| 7 会議による意思決定過程の特性 112
| 8 職場の人間関係の特徴 ………… 114
| 9 職場で起こる対人葛藤：その原因と影響 ……………………………… 116
| 10 対人葛藤への対処 ……………… 118

VII　リーダーシップ

| 1 リーダーシップの概念と研究の歴史的変遷 …………………………… 120
| 2 特性アプローチ ………………… 122
| 3 行動アプローチ ………………… 124
　　コラム7　二要因論：PM理論とマネジリアル・グリッド理論 …… 126
| 4 コンティンジェンシー・アプローチ ……………………………… 128
| 5 認知論的アプローチ …………… 132
| 6 組織変革とリーダーシップ …… 134
　　コラム8　交流理論 …………… 138

VIII　消費者行動とマーケティング

| 1 消費者の購買意思決定モデル … 140
| 2 消費者のブランド選択 ………… 142
| 3 心理的財布理論 ………………… 144
| 4 近視眼的な価値判断：現在志向バイアス ……………………………… 146
| 5 購買様式の類型 ………………… 148
| 6 くちコミの影響 ………………… 150

もくじ

7 購買後の商品評価 …………… 152

8 悪質商法：振り込め詐欺を考える
　　　　　　　　　…………………… 154

IX 仕事の能率と安全

1 作業負担と作業負荷 …………… 156

2 ヒューマン・エラー …………… 158

3 ルール違反と意図的な不安全行動
　　　　　　　　　…………………… 160

4 事故発生モデル ………………… 162

5 事故防止のためのさまざまな取り組み
　　　　　　　　　…………………… 164

6 組織事故と安全文化 …………… 166

7 ヒューマン・ファクターズ …… 168

8 ユーザー・インターフェース … 170

X 職場のストレスとメンタルヘルス

1 職場のストレス ………………… 172

2 セリエのストレス学説 ………… 174

3 ラザルスのシステム理論 ……… 176

4 ホルムズとラーエのライフ・イベント型ストレス ………………… 178

5 クーパーとマーシャルの職務ストレス・モデル ………………… 180

6 タイプA行動パターン ………… 182

7 ワーク・ファミリー・コンフリクト
　　　　　　　　　…………………… 184

8 過労死 …………………………… 186

9 ストレスへの対処 ……………… 188

10 職場のソーシャル・サポート … 190

　コラム9　EAP（従業員支援プログラム）……………………………… 192

さくいん ……………………………… 193

やわらかアカデミズム・〈わかる〉シリーズ

よくわかる
産業・組織心理学

I　産業・組織心理学の歴史とテーマ

 産業・組織心理学の意義とテーマ

 産業・組織心理学を学ぶことの意義

◯人生の大半を占めるワークライフ

一生を学生のまま（あるいは親に庇護されたまま）過ごせる人が世界中にどれくらいいるでしょうか？　現実には，ほとんどの人が学校を卒業すると，何かしら仕事に就き，ワークライフ（＝働く生活の日々）を送ります。このワークライフは長期にわたり，その人の人生の大半を占めますから，それを充実した幸福なものにすることは，誰にとっても切実な願いとなります。

◯幸福なワークライフは充実した組織とともに

自分ひとりががんばりさえすれば，幸せなワークライフを送ることのできる仕事もないわけではありません。しかし，現代社会においては，多くの仕事は，会社や役所のような組織の中で，各自が役割や責任を受け持つ形で行われています。組織の中で働くときに，人間がどのような心理状態を経験し，いかなる行動をとる傾向があるのかを明らかにすることは，組織の一員として幸福に元気よく働くために何がポイントとなるのかを知るうえで重要です。

また，仕事の中には，組織を管理する業務もあります。その立場から見れば，組織として目標を達成して社会に貢献し，業績をあげていくためには，健康に安全にやる気いっぱいでメンバーたちに働いてもらうことが基本の条件になります。それに加えて，メンバーどうしの円満な人間関係や的確なコミュニケーション，優れたチームワークやリーダーシップを，いかにして実現させていくのかも重要な課題となります。

◯組織と産業の発展を支えるもの

組織レベルの視点で考えてみると，組織が業績をあげ収益を伸ばしながら存続・発展しようとするなら，広く人々に支持され受け入れられる商品やサービスを工夫し，生産し，提供することによって，社会からその存在価値を認めてもらうことが肝心です。そのためには，世の中の人々が，いかなる商品やサービスに魅力を感じて，必要としているのかを正確に知る必要があります。この視点は現代のビジネス（＝産業）を支える基本でもあります。

◯産業・組織心理学がめざすもの

産業・組織心理学（Industrial/ Organizational Psychology）は，働いたり消費したりする人々の心と行動の特性や，組織レベルで見られるさまざまな現象

の特徴と組織全体の生産性との関係性などを明らかにすることを目ざしています。これは，現実の**組織経営**や産業活動の**効率化**や生産性向上を考えるうえで重要な取り組みですが，それだけでなく，働く人々の幸せなワークライフを確保することにも役立っています。産業・組織心理学を学ぶ意義は，幸福にいきいきと働き，優れた組織経営を実現し，産業を活性化するための基盤となる知識と視点を獲得するところにあるといえます。

2 産業・組織心理学が扱うテーマ

◯ 大きな分類としての4分野

産業・組織心理学が取り組む研究テーマは多種多様ですが，我が国の産業・組織心理学会やアメリカ産業・組織心理学会では，それらを大きく4つの分野に分類しています。その4つとは，「**組織行動**」，「**人事（人的資源管理）**」，「**安全衛生**」，「**消費者行動**」です。ここでは，簡潔にそれぞれの分野に含まれるテーマを紹介します。詳しい解説は I-2 ～ I-8 の中で行います。

◯ 組織行動（Organizational Behavior: OB）

組織の中で働くときの人間の行動の特徴やその背景にある心理状態について明らかにしたり，人々が組織を形成し，まとまって行動するときや議論し判断するときの特徴について解明したりする分野です。個人の仕事へのやる気（ワーク・モティベーション）や状況判断（意思決定），職場の人間関係とコミュニケーション，チームワーク，リーダーシップなどが代表的な研究テーマです。

◯ 人事（人的資源管理：Human Resource Management: HRM）

どのような業績評価や処遇が，人間の働く意欲を強化し，組織の高い効率性や生産性につながるのかを明らかにしたり，効果的な人材育成方法について検討したりする分野です。採用や選抜の方法，適性検査，人事評価，キャリア・デベロップメントなどが代表的な研究テーマです。

◯ 安全衛生（Health and Safety: HS）

働く人の安全を守り，心身の健康をケアするための効果的な方法を求めて，**知覚心理学**や**人間工学**をはじめとして多様な観点から検討する分野です。職務ストレス，メンタル・ヘルス，ヒューマン・エラー，安全工学などが代表的な研究テーマです。

◯ 消費者行動（Consumer Behavior: CB）

どんなときに購買意欲が高まるのか，消費者の心理や行動の特性を明らかにしたり，いかなる宣伝が消費を促進するのか検討したりする分野です。効果的なマーケティング戦略を考えるときに重視されます。購買行動，商品価値判断や心理的会計，宣伝・広告効果，商品選択・購買意思決定などが代表的な研究テーマです。

（山口裕幸）

▷1 知覚心理学
視覚や聴覚，皮膚感覚など，人間が外界の様子を知覚するメカニズムについて研究する心理学の領域。少しずつ異なる絵を連続で呈示されると絵が動いているように見える現象や，錯覚や錯視の研究が代表的である。

▷2 人間工学
人間の心理や生理，行動の特徴に関する研究成果を応用して，より便利で安全な道具や生活環境を作り出そうとする研究分野。心理学のみならず，生理学，神経科学，解剖学，公衆衛生学，電子工学，システム工学，等が関係する。

Ⅰ　産業・組織心理学の歴史とテーマ

　組織とは何か

① 達成すべき明確な「目標」の存在

　組織は集団のひとつの形態ですが，仲良しの友達集団や，駅のホームで電車を待っている人たちのようなただ漠然と人々が集まっただけの集合体とは性質が異なります。大事なことの第一は，組織には，メンバーみんなで力を合わせて達成しようとする目標が存在することです。この**組織目標**は，明確で具体的なものでなければなりません。目標が明確でないと，メンバーは自分が何をすればよいのか，わからずに戸惑ってしまいます。共有する目標の達成を目指してメンバーが協力しあうことが，組織の基本条件です。

分業の取り入れ

○効率的に仕事を遂行するための「水平方向の分業」

　ひとくちに組織目標の達成といっても，そのためにはさまざまな仕事が必要です（図1.2.1参照）。たとえば，優れた製品を生産・販売し，利益をあげることを目標とする家庭電化製品メーカーを考えてみましょう。こうした会社では，商品の研究や企画，部品や材料の仕入れ，製品の設計，生産，販売，代金の回収・会計等の仕事に加えて，人事や資産・資金の管理の仕事も必要になります。そうした多様な仕事を目の当たりにしたとき，メンバー全員がすべての仕事に少しずつ関わるよりも，仕事を分担して責任を持ってそれぞれの仕事をやり遂げることの方が，目標を達成するのに適していることは明らかです。したがって，組織では，その目標を効率的に達成できるように，必要となる職務を系統的に分類し，いくつかの仕事に区分して，それぞれの職務に責任を持つ分担者が決められます。こうした職務の分担を「**水平方向の分業**」と呼びます。

○組織を統合するための「垂直方向の分業」

　水平方向の分業は，効率的に目標を達成するために必要かつ効果的です。ただ，メンバーどうしの意見の食い違いや衝突といった**葛藤（コンフリクト）**の発生を引き起こすことに注意を払わなければなりません。もともと人間は一人ひとり個性があって異なる価値観や意見を持っているのですから，単に人が集まっただけでも，意見の衝突は起こりえます。そのうえ，組織の場合，水平の分業によって生まれるメンバー各自の立場の違いは，仕事の進め方や考え方の違いをも生み出します。同じ会社に所属して，目標を共有している社員どうし

▷　**葛藤（コンフリクト）**
基本的には，個人の心の中で複数の欲求が同じ強度をもって同時に存在し，どの欲求に応じた行動をとるかの選択ができずにいる状態をさす。対人的コンフリクトとは，仲良く協力しあいたいのだが，利害の対立や主義・主張の対立があって協力しあうことが難しい状況を意味して用いられる。詳しくはⅥ-9で解説する。

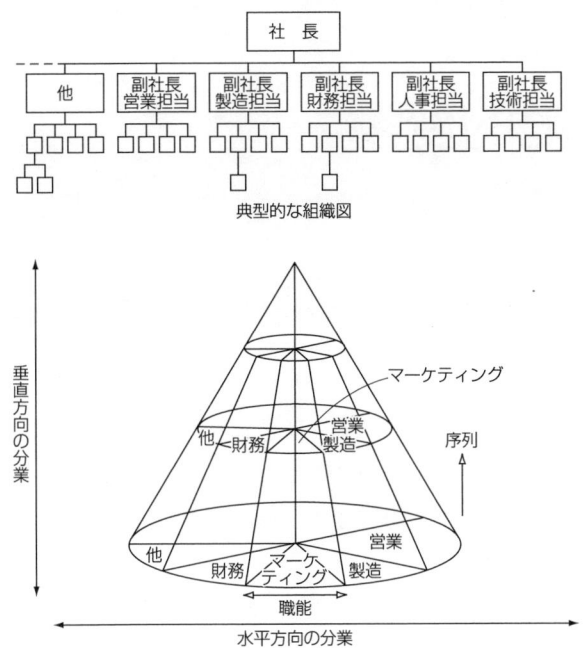

図1.2.1　組織における分業の概念図（Schein, 1980）
出所：シャイン, E. H. 松井賚夫（訳）　1981　組織心理学　岩波書店　p. 19.

でも，潤沢にお金を使って販売促進を図りたい営業部門や商品企画部門，宣伝部門に所属する社員と，経費節減に努めて財務体質を向上させたい会計や経理部門に所属する社員とでは，見解の相違に基づく衝突が起こってしまいがちです。組織にはいつも潜在的に葛藤が存在すると考えておくべきです。そして，それを放っておくと，組織はバラバラになって，せっかくの水平の分業も意味を成さない状態になってしまいます。

そこで必要となるのが，職位や職階を定める「**垂直方向の分業**」です。職位の高さに応じて職務上の決定をくだす権限を与えることで，適切にさまざまな葛藤の調整を図ったり，組織全体の目標に向けて，メンバー全員の考えをひとつにまとめて引っ張るリーダーシップを効果的に発揮することを可能にする分業です。垂直の分業は，組織トップの経営方針や目標を，メンバーの隅々まで浸透させると同時に，組織の末端からの情報を吸い上げ，トップへと伝達するのにも効果的な機能を発揮します。

水平の分業は，効率的に組織目標を達成するうえで是非とも必要ですが，組織全体として遂行すべき仕事をバラバラの部品に分ける意味あいがあります。垂直の分業は，そうした部品をつなぎながら，全体へと編み上げる**統合**のための分業ということができます。

組織とは，明確な目標を持ち，それを効率的に達成するために水平の分業を取り入れるとともに，垂直方向の分業も行って，全体の統合がなされている集団であるとまとめることができます。

（山口裕幸）

Ⅰ　産業・組織心理学の歴史とテーマ

組織観の歴史的変遷

❶ "組織＝機械，働く人＝機械の歯車・部品" という組織観の時代

　18世紀の終わりにイギリスで起こった産業革命は，個人による手工業生産の形態を急速に衰退させ，工場で大量生産するスタイルを主流へと押し上げました。工場は組織の代表選手になりました。こうして，19世紀から20世紀初めまでは，組織は製品を効率的に生産するためにデザインされた精密機械のイメージで捉えられていました。

　この組織観は，当時の組織経営に多大な影響を与えたテイラー（Taylor, F. W.）の「**科学的管理法**」▷1 の考え方にも色濃く反映されています。あるいは，**官僚制**▷2 について論じたドイツのウェーバー（Weber, M.）の議論にも同様の組織観を読み取ることができます。現在でもこうした組織観は一部に根強く残っていますが，この組織観の問題点は，組織の中で働く人々を機械の歯車や部品のようなものとして捉えていることでした。

　まだ組織経営の理論や戦略が成熟していない時代，テイラーの科学的管理法は，経営者にとって非常に優れた手法でしたが，その一方で，"労働者は工場の部品のひとつであり，滑らかに回転する（よく働く）には給料という油をたくさんさせばよい"，という安直な考え方の広がりを助長していきました。

❷ ホーソン研究による組織観の転換

　科学的管理法の効果性を確認しようとする研究活動は，思いがけず，組織観の転換をもたらしました。シカゴ郊外のホーソンの町にあった電器メーカー・ウェスタン・エレクトリック社の工場でメイヨー（Mayo, E.）が行った現場実験がそれです▷3。この実験でわかったのは，働く人々は，賃金や照明，休憩など，労働環境を良くしてもらう（油をさす）ことだけではなく，誇りや責任感・連帯感という人間らしい感情の高まりによって，より一生懸命に働き，生産性を高めるのだということでした。

　ホーソン研究については，さまざまな問題点も指摘されていますが，労働者の人間性を考慮した管理のあり方が大切であるという主張の根拠となり，組織の労働者を機械の歯車や部品のように捉えていた組織観から視点の転換をもたらした点で，大きなインパクトを持ったことは事実です。組織の中で働く人々の労働意欲が高まるメカニズムについて，**人間性**を重視して検討する取り組み

▷1　科学的管理法
⇒ 参照。
　テーラー，F. W. 上野陽一（訳）1958　科学的管理法　産業能率短期大学出版部（Taylor, F. W. 1911 *The Principle of Scientific Management.* New York, NY: Harper & Row.）

▷2　官僚制
階層化された権限関係およびそれに伴う責任を明確にして，支配と服従関係によって秩序づけられた組織制度のこと。役所などの行政組織がその典型である。

▷3　コラム2 参照。

の推進には，心理学からのアプローチが重要な役割を担いました。どうすれば仕事へのやる気が高まるのかを検討するワーク・モチベーションの研究や，組織や職務への責任感・忠誠心について検討する組織コミットメントの研究など，これを契機に活発に行われるようになり，今日のワークライフの品質を高める取り組みの中で重要な研究成果をあげています。これが原点になって，産業・組織心理学は発展してきたといえます。

③ "組織＝環境に適応する生命体"という組織観の浸透

組織の管理のあり方を巡って盛んな議論が展開される中で，カッツとカーン（Katz, D. & Kahn, R. L.）による**オープン・システム・アプローチ**の提唱は，社会や環境の変化に適応して発達するひとつのまとまりを持つ生命体のようなものだという組織観の広がりと浸透をもたらし，現代の組織観の中心となりました。

この組織観は，組織も人間と同じように，形成直後の成長期から，発展期，成熟期を経て，老年期を迎えるという組織の**ライフ・サイクル理論**の視点と結びつきます。そして，人間ならば死ぬことを避けられませんが，組織の場合には，創造的な変革を適切な時期に取り入れることで，再成長・再発展へのサイクルに進むことができるという**組織変革**の理論の発展へとつながっていきます。

▷4 オープン・システム・アプローチ
⇒ コラム3 参照。

④ 多様な組織観の出現

○「組織＝脳」の組織観

1970年代に入ると，人工知能の開発研究とともに認知科学・認知心理学が急速に発展し，「認知革命」と呼ばれる時代になりました。この時代背景のもと，組織をひとつの大きな情報処理システム（＝脳）というイメージで捉えるアプローチが台頭してきました。組織が環境の変化に適応し成長するには，外部からもたらされる情報を正確に処理して，的確な判断を下すことが大切です。「組織＝脳」という組織観は，優れた組織の経営戦略研究や**ナレッジ・マネジメント**研究を活性化しています。

○「組織＝パワー・ダイナミックスの場」という組織観

実際の組織の中では，組織の様々な意思決定の行方をめぐって，主義・主張の衝突や権力争いが起こることは珍しくなく，**権力構造**は多様に変動しています。その結果は組織の経営戦略の行方を左右することもしばしばあります。ここに注目する研究者たちにとって，組織は**パワー・ダイナミックス**の場という組織観が成立します。この組織観は，組織内の葛藤をいかに調整することが，組織の発展につながるかを検討するコンフリクト・マネジメントの研究の活性化につながっています。

▷5 ナレッジ・マネジメント
組織内の知的情報を戦略的に有効活用する管理方略のこと。たとえば，組織の中で，成員一人ひとりが持っている知識を全員で共有して有効に活用するための情報管理システムを開発・構築する取り組みなどがその代表である。詳しくは Ⅵ-6 で解説する。

▷6 パワー・ダイナミックス
組織の意思決定の行方を左右する権力の掌握を目指した組織内における権力闘争が生み出す，組織の権力構造の変動のようすを指すことば。

（山口裕幸）

コラム 1

科学的管理法

1 どんぶり勘定の経営から科学的な経営へ

19世紀末期のアメリカでは，産業革命がもたらした大量生産の時代を迎えていましたが，その頃の組織経営はどんぶり勘定のようなものでした。たとえば，シャツの生産を行う工場があちこちにできると，たくさんのシャツを売るためにどの会社も値引きを始めました。企業どうしの値引き戦争の始まりです。製品の値引きをすれば，当然のことながら利益は減ります。経営者たちは，利益が減るのを嫌がって，人件費を少なくする，つまり労働者の給料を減らすことでやりくりしようとしました。労働者にしてみれば，一生懸命働いて増産に努めているのに，給料は増えるどころか，逆に減るのではおもしろいはずがありません。結局，終業時刻が来るまで適当に働いて（手を抜いて），もらえるだけの給料をもらっておけばよい，という風潮が労働者の間には蔓延していきました。

こうした風潮が，工場の生産性向上や組織経営の繁栄につながるはずはありません。自分の利益確保に固執する経営者に反発するように，労働者は意図的な怠業を繰り返し，組織経営は悪循環に陥っていたのです。

産業界がそんな状況だった20世紀初め，鉄鋼会社に機械工学技師として働いていたテイラー（Taylor, F. W.）は，自分が学び実践している工学の方法論を，仕事や管理の仕方に応用することに取り組みました。そして，1911年に刊行した著書『科学的管理法の原理』は，組織経営のあり方を一変させるほどのインパクトをもたらしました。

2 科学的管理法とは

テイラーは，規定の作業量を決められた時間内に達成した労働者には高い賃金を支払い，達成できなかった労働者には低い賃金を支払うシステムを提案しました。その規定の作業量を決める際にも，まず熟練作業者の仕事量を調査して，一日の標準的な仕事量を割り出すようにしました。この他にも，休憩時間をどのくらい長くとるのが労働者の生産性にとって効果的であるのか，照明の明るさは生産性に影響するのかについても，調査や実験を行って科学的に検討したり，職務トレーニングの方法についても検討したりしました。

テイラーは，人間と，人間が使う道具・用具，そして人間が遂行すべき課題の3つの要素を調和させることで，人間の負担を増やさずに生産性を高めることはできるはずだと考えていたのです。労働者に犠牲を強いていたそれまでの管理のあり方とは異なり，経営者と労働者が対立しないで効率的な生産方法を見つけ出す道具として，科学的管理法は多くの企業で採用されて，組織経営に大きな影響をもたらしました。

3 組織経営における科学的アプローチの広がり

テイラーの研究は大部分が工場の生産現場の管理に関するものでしたが，その他の業態の組織経営のあり方にも応用できる示唆に富んでいました。その結果，アメリカ国内だけでなく，ヨーロッパにも，科学的アプローチの影響は広がりました。

その代表は，フランスの鉱山で技師をつとめながら，

炭坑の経営トップに出世したファヨール（Fayol, H.）の研究です。テイラーが労働者の作業効率を高めることに関心を注いだのに対して，ファヨールは，経営者の仕事を科学的に検討して，組織全体を合理的に効率的に管理することに関心がありました。ファヨールの研究は，効果的な分業のあり方や権限と責任の明確化，命令系統の整備，メンバーどうしの利害の調整と統合などに関するものでした。そして，組織を効果的に管理するための原則を示し，理論化して，経営者たちの教育を念頭においた取り組みを進めました。

テイラーやファヨールの科学的アプローチは，その後の組織経営の研究に基礎となる視点をもたらして，リーダーシップなど，さまざまな組織現象の研究の発展の礎となりました。

4 科学的管理法への批判

テイラーの理論の根底に流れているのは，目の前に存在する工場という組織は，体系的な規則性に支配されていて，そこで生じる現象（結果）には，明瞭な原因があるという考え方です。この考え方は，労働者の作業効率を高めるには唯一で最高の方法が存在するという主張の基盤にもなります。すなわち，テイラーは，組織を精密にデザインされた**機械のイメージ**で捉えていて，そこで働く人間たちは，その機械の歯車や部品として位置づける観点に立っているといえます。部品である人間は，ある刺激に対しては，特定の反応をかえす単純な存在として捉えられていたところに，特徴があるといえます。

こうした組織観は，20世紀初めには主流でした。ファヨールの理論も同じ視点に立っています。また，同じ時期，ドイツで活躍していた社会学者のウェーバー（Weber, M.）が展開していた官僚制組織に関する研究も，この視点に立っていました。ウェーバーは，大規模な組織を形成し，効率的に管理するうえで，もっとも効果的なのは，合理的規則によって管理し支配する官僚制であると主張しました。たしかに，組織を構成する人間が，感情におぼれたり，私利私欲に走ったり，公私を混同したりすることは，組織の効率性を阻害する原因のひとつです。ウェーバーにとって，組織とは，ある目的・課題を遂行するために作られる公式の非人格的なものであるべきで，規則による管理によって，個人の不正や職権濫用，判断ミスなどを防ぐ官僚制はベストの組織だったのです。

このような組織を大きな機械装置として捉え，そこで働く人間を歯車・部品として捉える考え方は，その後，台頭してくる人間中心の組織観に基づく研究アプローチからは批判されます。研究者だけでなく，映画俳優のチャップリンは，自らが主演・監督した映画「モダン・タイムス」の中で，労働者が機械の部品扱いされていることを痛烈に風刺しています。とはいえシンプルな組織観として，今日でも一般には根強く残っている視点であるといえます。

（山口裕幸）

▷1　テーラー，F. W.　上野陽一（訳）1958　科学的管理法　産業能率短期大学出版部（Taylor, F. W. 1911 *The Principle of Scientific Management*. New York, NY: Harper & Row.）
▷2　ファヨール，H.　佐々木恒男（訳）1972　産業ならびに一般の管理　未来社（Fayol, H. 1916 *Administration Industrielle et Generale*. Dunod.）
▷3　Weber, M. 1924 *The Theory of Social and Economic Organization*（A. M. Henderson & T. Parsons, Trans). New York, NY: Free Press.

コラム 2

ホーソン研究

1 ホーソン研究とは

　テーラーに始まった効果的な組織管理のあり方を科学的に明らかにしようする研究アプローチは，急速に浸透していきました。その中で，科学的管理法の組織観にとどまらず，労働者どうしの人間関係や組織の中の階級構造などの要素も考慮した，多様な観点から実証的な研究を行う流れが生まれてきました。

　ハーバード大学では，メイヨー（Mayo, E.）やレスリスバーガーとディクソン（Roethlisberger, F. J. & Dickson, W. J.）たちが，ウェスタン・エレクトリック社のホーソン工場を使った一連の現場実験を行い，その報告は**ホーソン研究**と名づけられて，組織管理研究に強いインパクトをもたらしました。ちなみにホーソンはシカゴ郊外の町の名前です。

2 メイヨーの研究

　メイヨーは，工場の作業室で5人の女性労働者たちに集団で仕事をしてもらいました。そのとき，部屋の照明の明るい条件，賃金の高い条件，休憩の回数が多い条件，休憩時間の長い条件，という具合に多様な異なる条件のもとで作業を行ってもらい，物理的環境が生産量に及ぼす影響を検討する実験を行いました。もちろん，作業条件が良い方が生産性は高いだろうと予想されました。ところが，条件を色々と変えても，その影響はほとんど見られず，実験を行うごとに生産量が増えていくということだけが安定した現象として認められました。しかも，試しに条件を劣悪なものにしてもみたのですが，生産性はさほど落ちることはなかったのです。

　メイヨーは，その原因を，主として労働者たちの心の状態にあると指摘しました。メイヨーは実験に参加した労働者たちに色々と意見や感想・要望を聞いて，おしゃべりをしながらの作業を容認するなど，柔軟に対応をしていました。そうした人間的な対応を受けたことで，労働者たちは実験に参加する気分や感情が良くなったと推察されたのです。そして，実験に参加しているうちに一緒に働く仲間との連帯感を強く感じるようになり，さらには仕事を誠実に遂行しようという感情も高まって，生産量は次第に増加していったとメイヨーは考えたのです。メイヨーは，その後も大規模な面接調査を行って，**連帯感**や**忠誠心**，気分の良さ等，情緒的な要素が生産性に重大な影響をもたらすことを明らかにしていきました。

3 レスリスバーガーとディクソンの研究

　レスリスバーガーとディクソンのホーソン工場での実験は1927年に始まりましたが，当初はメイヨーと同様に，休憩時間や作業時間の長さ，賃金，作業監督の有無など，物理的な作業条件の違いが労働者の作業能率や生産性に及ぼす影響を明らかにすることを目的としたシンプルなものでした。しかし，彼らが予想したような結果が見られないことから，次第に，労働者や監督者の態度や偏見といった要素に注目するようになっていきました。そして，ホーソン工場の管理責任者も問題解決の重要性を感じて，レスリスバーガーたち

が労働者たちと面接を行う計画に賛成しました。この段階から，レスリスバーガーとディクソンの研究は，現場の問題解決（具体的には監督者トレーニングの改善）を指向した**アクション・リサーチ**（厳密な実験研究と現場をフィールドにして行われる実地研究とを交互に行いながら，循環的に連結させながら推進する研究方法）の性格を持ったことになります。

研究を進めながら，彼らは，労働者個人の職務遂行態度や生産性・効率性は，物理的環境だけでなく，職位や組織内の出来事や人間関係，生産技術の進歩など，労働者を取り巻く社会的要因が複雑にからみあいながら影響を与えるのだと指摘しています。また，組織の中には，役割や職階で規定される「公式」の組織と，メンバーどうしの人間関係によって規定される「非公式」の組織があることなども視野に入れて議論を展開しています。

レスリスバーガーとディクソンの研究の特色として，労働者の満足と不満足の要素の重要性に注目していることがあげられます。このような視点は，その後の人間性を重視する組織管理アプローチに刺激を与えました。

4　ホーソン研究の意義

ホーソン研究は，職場の人間関係に由来する人間らしい**情緒的要素**が，作業の能率や生産性に及ぼす影響に注目することの大切さを知らしめました。また物理的環境条件だけでなく，職位や組織内での出来事など，労働者を取り巻くあらゆる環境が，社会的な意味を持っていることに注目することの大切さも知らしめました。そうして，それまで労働者を機械の部品のように捉えていた視点から**人間性の重視**へと，組織管理のあり方の視点の転換をもたらしたのです。

ただ，その後長きにわたって，さまざまな批判も受け続けました。面接を通して研究者が感じ取ったことに依存する程度が大きかったために，客観的な事実に基づくべき社会調査としては信頼性が十分ではないという批判や，職場の人間関係に注目しているにもかかわらず，対人的コンフリクトの影響は無視されているという批判，研究の姿勢そのものが管理者の利益を追求するものになっているという批判，データの解釈に誤りがあるという批判など，実に多くの批判を受けています[3]。

しかしホーソン研究は，労働者の仕事の質や生産性に関して，個人の要因だけでなく，それを取り巻くさまざまな社会的要因の影響の重要性へと組織管理の視野を広げることになりました。社会的存在として労働者を捉える視点の起点になったのです。シャイン（Schein, E. H.）が指摘しているように[4]，ホーソン研究は，それまでの産業心理学が，"産業「社会」心理学"として再定義されることになった主要な力となりました。たしかにいくつかの問題点を抱えてはいますが，組織管理のあり方を，人間性を重視する方向へと舵取りした点で，その貢献は高く評価されています。

（山口裕幸）

▷1　メイヨー，E. 村本栄一（訳）1967　新訳・産業文明における人間問題　日本能率協会（Mayo, E. 1933 *The Human Problems of an Industrial Civilization*. New York, NY: Macmillan.）

▷2　Roethlisberger, F. J. & Dickson, W. J. 1939 *Managent and Worker*. Cambridge, Mass: Harvard University Press.

▷3　Carey, A. 1967 The hawthorne studies: A radical criticism. *American Sociological Review*, **32**(3), 403-416.

▷4　シャイン，E. H. 松井賚夫（訳）1981　組織心理学　岩波書店（Schein, E. H. 1980 *Organizational Psychology*, 3rd ed.）

コラム3

オープン・システム・アプローチ

1　組織はどのようにして存続するのか

　ホーソン研究以降，労働者の職務満足感やモチベーションを高める方法や，集団の凝集性やリーダーシップに関する研究など，組織における人間の要素に対する探求が盛んに行われるようになりました。

　その一方で，人間が集まって作り上げている組織が，どのような規則性や仕組みで存続しているものなのか，という視点からの議論も活発に行われるようになりました。管理者にとってみれば，労働者を個別に管理するのはバラバラになりそうで大変ですし，組織がどのような仕組みで存続し発展するのかがわかれば，組織を全体として管理するための効果的な方法も見つけやすくなります。

　組織は，目標の達成に向けて正しい判断を行い，行動をとっていく必要があります。そうした側面に注目したのはドイツのウェーバーでしたし，アメリカではバーナード（Barnard, C.）も同様の指摘をしています。

2　バーナードとサイモンの組織観

　バーナードにとって，組織とは，共通の目標を追求する人々が行う協働作業そのものでした。その協働作業をうまく進めるためには，取り組む仕事に対する労働者の貢献と，仕事に対する報酬とのバランス（均衡）がとれていることが大事だと彼は考えました。

　バーナードの組織管理論は，サイモン（Simon, H. A.）やマーチ（March, J. G.）による意思決定主体として組織を捉える理論の発展につながります。サイモンは，経営者や組織管理者が理想と考え，労働者に求める合理的な意思決定のあり方と，心理学者が究明し描き出す曖昧で非合理的な意思決定を行う人間像との食い違いに目を向け，この食い違いを調和させようとしました。彼は，組織管理の理論の中心的関心は，人間の社会的行動の合理的な側面と非合理的な側面の境界にあると指摘しています。生産性や効率性を最大化するためには，合理的な管理をすればよいことは当然です。しかし，それではしばしば非合理的な意思決定を行う我々人間はついていけません。つまり，生産性・効率性の最大化は絵に描いた餅に過ぎないのです。人間の非合理的な側面をわかったうえで，どうすれば最大化できるのか，という問題に対して正解を導き出すだけの知力を，ほとんどの組織経営者は持ち合わせないのが実情です。その結果，「最大の」というよりも，満足できるレベルの生産性・効率性を追求するようになるのが組織管理の特徴であるとサイモンは考えたわけです。彼は，人間の非合理性のために徹底した合理性が追求できないことを，制約された合理性と呼んでいます。そして，「最大化」するよりも「満足化」する存在として人間を捉える**「経営人」**の概念を導入することが大事だと主張しました。

3　生命体のような存在としての組織

　組織としてあるべき姿，果たすべき機能に注目したバーナードやサイモンたちに対して，組織の中で人間たちが作り出す人間関係や対立や葛藤，調和や協働など，非公式で社会的な要素，すなわち，組織のあるが

ままの姿が，結局のところ，組織の存続を決めているという立場の議論も出てきました。セルズニック(Selznick, P.)による**構造機能主義**的なアプローチがそれです。そして，あるがままの組織は，内部の葛藤や対立を調整しながら，また外部環境との関係を調和させながら，存続していくという視点へとつながっていきました。

厳密には相違点も含んでいますが，この構造機能主義的アプローチは，組織を環境に開かれた存在としてとらえる**オープン・システム・アプローチ**の発展の起点となりました。そして，今日，組織をオープン・システムとして捉える視点は，標準的なものとなっています。

4　オープン・システム・アプローチの特徴

カッツとカーン（Katz, D. & Kahn, R. L.）は，1966年に刊行した著書『組織の社会心理学』において，オープン・システム・アプローチを理論的に提示しています。彼らの著書は，今や組織研究の重要古典といわれるくらい，大きな影響をもたらしました。

カッツとカーンにとって，組織のみならず，制度や法律のような社会システムはどれでも，「さまざまな事象や出来事の構造化されたもの」であって，機能することで始めてその存在を確認することのできるものでした。組織には建物や職位・職階の組織図など，目に見える形の構造が存在しますが，彼らの視点では，そうした目に見える構造が組織の本質なのではなく，目標の達成に向かって機能する（役割を果たす）ことが組織の組織たるゆえんなのです。

カッツとカーンのオープン・システム理論は，組織が目標を達成するプロセスを，エネルギーの「インプット（導入・注入量）」→「スループット（処理量・効率）」→「アウトプット（生産量）」の3つの段階の連なりとして捉えるものです。そして，組織全体がシステムとして維持されるためには，必要に応じて5つのサブ・システムが機能すると考えられています。そのサブ・システムとは，(a)「生産や技術のシステム（スループットを左右する）」，(b)「支持システム（インプットの調達やアウトプットの処分など，外的環境との調整を行う）」，(c)「維持的システム（メンバーに役割を与え，引き留める）」，(d)「適応システム（組織の変化を現実に適応したものにする）」，(e)「管理システム（他のすべてのメンバーを指導し，裁定する）」というものです。時代の変化もあって，取っつきにくい言葉が並んでいますが，カッツとカーンのこうした理論は，現代の組織管理の理論に深く組み込まれています。

組織を，人間をはじめとする生命体にたとえて捉えること（アナロジー）は，直感的にも理解されやすいアプローチでした。どんなに繁栄を極めた組織でも，世の中の変化に対応して適応的な変化をしていくことができなければ，いずれ滅びることになります。オープン・システム・アプローチは，ライフサイクルの視点を刺激して，**組織の衰亡**を回避して，逆に**再活性化**をはかるにはどうしたらよいのかという視点からの活発な研究へとつながりました。　　　　（山口裕幸）

▶1　バーナード，C.　山本安次郎・田杉競・飯野春樹（訳）1968　経営者の役割　ダイヤモンド社（Barnard, C. 1938 *The Functions of the Executive*. Cambridge, Mass: Harvard University Press.）

▶2　マーチ，J.G. & サイモン，H.A.　土屋守章（訳）1977　オーガニゼーションズ　ダイヤモンド社（March, J. G. & Simon, H. A. 1958 *Organizations*. New York, NY: John Weily.）

▶3　Selznick, P. 1948 Foundations of the theory of organizations. *American Sociological Review,* **13**(1), 25-35.

▶4　Katz, D. & Kahn, R. L. 1966 *The Social Psychology of Organizations*. New York: John Weily.

I　産業・組織心理学の歴史とテーマ

組織と個人の関係

1　組織が個人にもたらすもの

◯目に見えるもの

I-2で説明したように組織では，その目標を効率的に達成するために水平方向と垂直方向の分業が取り入れられています。分業の採用は，メンバー一人ひとりにとって遂行すべき職務と責任が定められることを意味します。この視点からすれば，組織は，個人に果たすべき「**役割**」を与える存在であるといえます。この役割の中には，地位も含まれますし，その地位に伴う権限なども組織が与えるものといえるでしょう。しかし，心理的な面で与えるものも重要です。

◯個人の心理的なもの

個人にとって組織の中で役割を得ることは，その人の「**自己概念**」に影響をもたらします。人間は，自分が何者であるかを自分に問いながら，自分なりの答えを探し求める存在です。このときの自分なりの答えが自己概念です。所属する組織の一員として役割を担うことは，社会的な存在として自分を説明する「**社会的アイデンティティ**」の獲得につながります。そして，この社会的アイデンティティは自己概念の重要な位置を占めます。自分が何者であるかをしっかりと確認でき，説明できることは，個人の精神的安定にとって思いのほか重要な要素であり，組織がそれを与えてくれる点は大事です。

◯暗黙のルールとしての規範

また，組織には，社風や学風のように，組織に固有の伝統や文化が存在することが多く，それは「**組織規範**」と呼ばれます。一緒に仕事をして，活動をともにしているうちに，メンバーどうしは，判断や行動のパターンやさまざまな価値観を共有するようになります。そして，後から入ってきたメンバーには，その規範に従って行動したり考えたりするように働きかけます。この働きかけは「**社会化**」と呼ばれますが，新入メンバーにとっては「暗黙の掟」を教えられるようなものです。規範に沿って判断し行動しておけば，組織の中では間違いないのですから，組織は規範への同調を求める社会化によって，メンバーへ社会的に（組織内的に）正しい情報を与えているということができます。

▷1　社会的アイデンティティ
自分の所属する集団（会社や学校）や社会的カテゴリー（国籍や民族，宗教，性別など）の一員として，自分自身を捉えて作り上げる自己イメージのこと。自分を何者であるか説明するにあたって，「自分は○○社の社員だ」と説明するとき，その人は○○社の一員としての社会的アイデンティティを持っているといえる。

❷ 個人が組織にもたらすもの

職責をまっとうして役割を果たすことは，個人が組織に与えるものでもっとも重要なものだといえます。ただ，それだけでなく組織の中で，メンバーたちはコミュニケーションをとりあい，影響を及ぼしあいながら，さまざまなものを作り上げて，組織の財産にしていきます。この財産は目に見えないものが多く，また組織にとって役立つものだけでなく，ときには困るようなものも含まれます。その代表は，上述した組織規範ですが，それ以外にも，メンバーどうしの人間関係や勢力関係があります。分業によって職務に基づく組織図的なメンバーどうしの関係は公式に定まりますが，人間どうしですから，一緒に仕事をする過程で，好き－嫌いの感情に基づく人間関係や，強弱の認知に基づく勢力関係などもできあがります。そして，この非公式な関係性は，組織全体の意思決定や仕事の進め方に影響をもたらします。

❸ 組織（マクロ）と個人（マイクロ）の相互作用ダイナミズムの視点

人間と組織の関係は，双方が影響しあいながら，ともに変化していく，**相互作用ダイナミズム**の関係にあります。メンバー一人ひとりはささやかな（マイクロな）存在ですが，一緒に仕事をしてワークライフを送る中で，お互いに影響を及ぼしあいながら規範や非公式の人間関係など，大きな（マクロな）組織レベルの要素を作り上げます。こうした要素は組織の経営戦略の決定や人的資源管理（人事）のあり方など，組織の経営・管理の行方を左右することもあるほどですし，何よりも組織の特徴を形作る中核となります。ただ，組織レベルの決定や人的資源管理のあり方は，メンバー一人ひとりの心理や行動に影響して変化を生み出し，メンバーどうしの相互作用のあり方にも変化をもたらします。そして，これらマイクロ・レベルの変化は，マクロな組織レベルの要素の変化にもつながります。組織のありようは，そのメンバーたちの心理や行動のありようと密接に相互作用する関係にあると捉えておくことは，産業・組織心理学を学ぶうえでとくに重要な視点です。　　（山口裕幸）

▷2　相互作用ダイナミズム
複数の要素が互いに影響を及ぼしあって，全体的な変動を生み出すようす。

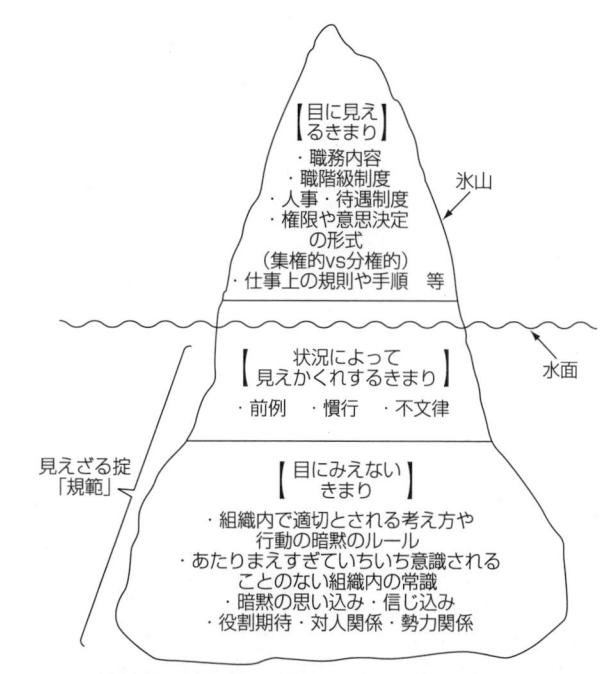

図1.4.1　組織に存在するきまりの構造を氷山のイメージでとらえた図

出所：山口裕幸　1994　集団過程　藤原武弘・高橋超（編）チャートで知る社会心理学　福村出版　p. 116.

I 産業・組織心理学の歴史とテーマ

組織行動

1 組織行動（OB）とは何か

組織行動（Organizational Behavior: OB）は，本来は"組織の中の人間行動"という意味を持つことばです。組織経営を学ぶとき，財務や会計，マーケティング，経営戦略論など，身につけておくべき知識はたくさんありますが，組織行動も必須の重要科目です。組織の中で起こるさまざまな人間行動を科学的に理解しようとするのが組織行動学です。組織は人間が集まって作っているのですから，その経営には人間行動についての科学的な理解は是非とも必要です。組織行動は社会学や人類学，経済学や政治学など，多様な学問の知見を参照し応用して発展してきた学問領域ですが，もっとも大切な基盤は心理学です。

ひとくちに組織行動といっても，現実には多種多様な人間行動を対象としています。ここでは3つの視点から整理して理解しておきたいと思います。

2 組織の中で個人がとる行動という視点

組織行動の基本的な視点は，組織の中で個人がとる行動に注目するものです。組織という独特の環境のもとで，職務遂行を中心にして，個人はいかなる心理状態を経験し，どのように行動するのか，という観点からのアプローチです。

どんな場面が注目されるのか，具体的にあげてみましょう。職務と責任を与えられ，組織目標の達成に向けて協同する同僚たちの中で，やる気（ワーク・モティベーション）を発揮して仕事に取り組み，効率よく生産性をあげていくのはどんな条件が整ったときなのでしょうか。職務を完遂する能力（**コンピテンシー**）はどのようにして身についていくのでしょうか。また，みんなで目標を達成するために，他のメンバーとはどのようにコミュニケーションをとり，協力しあうのでしょうか。所属する組織のために忠誠心を示す行動（**組織コミットメント**）はいかにして生まれてくるものなのでしょうか。管理者として効果的なリーダーシップを発揮するにはどうすれば良いのでしょうか。

この視点から産業・組織の現実場面を捉えると，人間の心理や行動というマイクロ（微少な・微視的）レベルで発生するたくさんの問題が見えてきます。

メンバーたちは，組織の目標のために力を合わせてがんばるのが建前なのですが，個人の性格や能力と，それを取り巻く人間関係や組織環境の特徴とが絡み合って，ユニークで興味深い行動や心理が観察されることも多いのです。組

▷1 コンピテンシー
知的能力だけでなく，思いやりなどの情動的な側面や行動力や実践力の能力までも含めた総合的な目標達成能力のこと。詳しくはIV-8 で解説する。

▷2 組織コミットメント
自分が，所属する組織の一員であることを周囲に明瞭に示して，その組織の一員にふさわしい言動をとろうとする心理を指すことば。II-9 で詳しく説明する。

織の中の個人に注目した研究は盛んで，組織行動研究の中核をなしています。

③ 組織の中で人間集団が示す行動という視点

レヴィン（Lewin, K.）は，人間は集団になると，お互いに心理的な影響を及ぼしあって「心理的な場」を形成することを指摘して，**グループ・ダイナミックス**▷3 ▷4の研究を発展させました。部署やチームのように集団で仕事をする場面では，個人の集合体としてではなく，心理的につながったまとまりのある存在として集団を捉えることが大事です。これは「**複雑系**▷5」の視点とも一致します。組織の中で人間集団が示す行動や現象で注目されるものをあげていきましょう。

どのようなチームワークが組織の目標達成には効果的なのでしょうか。みんなで集まって仕事をすると，互いに競争心が湧いたり活気が出たりして職務遂行が促進されるときもありますが，逆についつい周囲に依存する甘えの気持ちが出て職務遂行が妨げられるときもあります。結局，集団で仕事をする方が良いのでしょうか。それとも一人ひとり単独で仕事をする方が良いのでしょうか。組織ではよく会議が開かれますが，そこでの話し合いはどのくらい的確な結論につながるのでしょうか。集団が，メンバーの個々の能力の総合計を超える優れた能力を発揮することは可能なのでしょうか。

チームで職務を遂行することは，組織場面では頻繁にあるため，集団レベルの行動や態度に関しても，近年，活発に研究が行われるようになっています。

④ 組織全体が示す行動という視点

組織全体が行動するという場面は想像しにくいかもしれませんが，"全社をあげて環境問題に取り組む"というように，組織全体として方針を決定したり状況を判断したり，行動を示したりする側面に注目する視点は存在します。

このところ，一部の企業や行政組織の犯したリコール隠しや各種の偽装，裏金作りなど，組織の倫理的な体質が批判されるような事件が相次いでいます。実際の問題行動自体は一部のメンバーのとったものであっても，組織全体としての方針のもとでの行動であったり，ときには**組織風土**が影響した行動であると指摘されたりすることもあります。こうした組織としての方針や風土・文化はどのように形成され，どれほどの影響力を持つものなのでしょうか。また，変革に取り組む組織はたくさんありますが，それが実践され成功する組織と，口先や計画だけのことで，いつまでたっても変わることのできない組織とでは，どこがどのように違うのでしょうか。

このような問題に関心を向けるとき，組織を構成する人間たちのマイクロ・レベルの心理や行動と，経営戦略や文化というマクロ（大規模な・巨視的）・レベルの組織構造との相互作用に注目するアプローチが有効になってきます。

（山口裕幸）

▷3 レヴィン，K. 猪俣佐登留（訳）1979 社会科学における場の理論（増補版）誠信書房（Lewin, K. 1951 *Field Theory in Social Science*. New York: Harper & Brothers.）

▷4 グループ・ダイナミックス
集団の中で個人がどのような心理状態を経験し，行動をとるのか，そして集団としてどのような現象を生み出していくのかについて検討する研究領域。集団を形成する個人たちが互いに心理的に影響しあうことで心理的な「場」が形成されることに注目する。

▷5 複雑系
小さな単位の個々の要素（分子や粒子，個人の心理など）どうしの局所的な相互作用が多様に関連しあって，大局的なレベルでは，個のレベルで存在しなかった新しい特性が生まれる（創発される）仕組みの総称。たとえば，細胞や血液を部品として人体を組み立てるだけでなく，その個々の要素が相互作用して機能することで生命は生まれ維持されるという意味で，生命体は複雑系である。

Ⅰ 産業・組織心理学の歴史とテーマ

 **人的資源管理論**

① 人的資源を管理するという考え方

人的資源管理（Human Resource Management）は，かつては人事あるいは**労務管理**（Personnel Management）と呼ばれていました。それが人的資源管理と呼ばれるようになってきた背景には，組織を効果的に経営するには，そこで働く人々も，資金や資産と同じように，経営に必要な資源として捉え，有効に活用できるように管理しようという経営学的な観点が強まってきたことがあります。より戦略的に組織の中の人間力を活用しようと思えば，組織における人間行動の特性を明らかにすることが先決ですから，人的資源管理論は組織行動論と密接な関係にあります。人的資源管理は，組織行動論を応用した，より実践的で戦略的な組織管理のあり方を検討する学問領域であるといえます。

② 人的資源管理の今日的課題

どのような人材を採用し，いかにして育成するのか。また，効率的に組織目標を達成するには，さまざまな個性を持つたくさんの人材をどのように配置し組み合わせることが効果的なのか，など人的資源管理の課題は多様に存在します。

その中で，とくに悩ましいのは**人事評価**の問題です。人事評価の優劣によって待遇が決まるのですから，ことは重大です。しかし，どのような評価の仕方が良いのかは，簡単には決まりません。行動を評価するのか人物を評価するのか，あるいは，結果や成果の評価なのか，プロセスや努力の評価なのかという具合に，何を評価すれば良いのかについて意見は多種多様に分かれます。また絶対評価が良いのか相対評価が良いのか，短期的に繰り返し評価していく方が良いのか長期的スパンで評価する方が良いのか等，評価の仕方のメリット・デメリットについても，簡単には結論が出せません。もちろん，評価システムや評価尺度がどれほど信頼のおけるものなのか，という問題もありますし，評価のフィードバックについても，褒めることを中心としたポジティブ・フィードバックと，批判・叱責を含んだネガティブ・フィードバックとでは，どちらがメンバーの意欲向上や職務能力の成長に有効なのか，単純には結論を出せません。人事評価はたくさんの視点から検討して，組織とそれを構成するメンバーの特徴にあわせて総合的にデザインしていく必要があります。

また，近年重視されるようになってきた課題として，**キャリア・マネジメント**▷1の問題があります。我が国においては，多くの組織が**年功序列**▷2**・終身雇用**▷3の人事スタイルをとってきました。学校を卒業して職に就いたら，その組織で一生懸命働き，苦労しても我慢していれば，次第に職位と給与は上がり，専門的な技能も身につくのが，**日本型組織人事**の特徴でした。組織に所属していれば自然とキャリア発達が実現されていたわけです。しかし近年，日本でも**成果主義・能力主義**の導入で，自分のキャリア発達を所属する組織に依存してばかりもいられなくなりました。自分の能力や技術を磨き，それを活かせる組織があれば，ためらいなく転職する方が，自分のキャリア向上・発展につながる時代になりつつあります。自分のキャリア発展が望めない組織は魅力がありません。日本の伝統的な年功序列・終身雇用の良いところも活かしつつ，個人の能力や技術を生かして活躍し，キャリアを発展させていけるように，組織としてどのように対応するのか。キャリア・マネジメントは，人的資源管理の大切な課題になっています。

▷1 キャリア・マネジメント
職業を中心として，その人の人生の生き方を，より充実した幸福なものにするための取り組み。詳しくは，Ⅴで解説する。

▷2 年功序列
組織の成員になってからの時間の長さや年齢の高さによって，組織内での待遇の良さが決まる仕組みのこと。

▷3 終身雇用
一度組織の成員になったら，定年退職を迎えるまで，原則としてその組織の一員として雇用が保証される仕組みのこと。

③ 人的資源管理のスタイルの違いは組織の特徴の反映

人的資源管理には大きく分類して「官僚制」型，「市場（契約）」型，「共同体」型の3つのスタイルがあります（表1.6.1参照）。このスタイルの違いは，組織とメンバーとの関係のあり方の違いを意味しますから，組織の特徴を捉えるときに大切な手がかりになります。

（山口裕幸）

表1.6.1 人的資源管理の統合的アプローチ（Beer et al., 1984：梅津・水谷(訳)より一部改変）

HRM制度の領域	従業員の参加の形態		
	官僚主義的 （従業員は*部下*として参加する）	市場的 （従業員は*契約者*として参加する）	協調的 （従業員は*組織メンバー*として参加する）
従業員からの影響	命令系統に沿って上方に上がっていく	契約に関して交渉を行なう	相談の上でコンセンサスを求める（たとえばQC運動）
ヒューマン・リソース・フロー	組織の下部に入り，その企業内で自己の能力レベルまで昇進していく	イン-アウト雇用関係（たとえば社内公募制）	横断的異動，上方への昇進を活用する長期安定雇用
報酬	職務評価に基づく給与システム	業績に基づく給与システム（出来高払い，重役のボーナス制度）	年功と技能に基づく給与，利益分配
職務システム	命令系統によってしっかり規定された細かい分業体制	グループまたは個人による契約システム	すべての職務が内部的に関連づけられており，仲間との協力がモティベーターとして働く

出所：小林裕　2004　人事評価　外島裕・田中堅一郎（編）（増補改訂版）産業・組織心理学エッセンシャルズ　ナカニシヤ出版　p.35.

I　産業・組織心理学の歴史とテーマ

働く人々の安全と健康

1　安全確保とリスク・マネジメント

○働く現場の安全が脅かされている

　工場や建設現場，病院などで働く人々は，絶えず危険と背中合わせの状況に置かれています。バスや鉄道，航空などの運輸産業でも同様です。事故を防いで安全に職務を遂行できる環境を整備することは，産業現場では組織の最重要課題といえるでしょう。そして，長年にわたって熱心な取り組みがなされてきました。しかし，鉄道事故や航空機の整備ミス，医療事故や建設現場の転落事故などのニュースが相次ぐ現実は，産業現場の安全が脅かされていることを如実に物語っています。

○何が安全を脅かしているのか

　事故の発生は，事故を起こした組織のメンバーに与える被害だけでなく，社会にもたらす被害が深刻な事態を引き起こします。事故への対応には財務面でも莫大な費用がかかりますし，何よりも社会の信頼を失うという損失は深刻です。したがって，事故防止の取り組みは長年にわたって真剣に行われてきました。そこでは，**安全工学**に基づくたくさんの装置や機械の開発が主流となってきました。

　しかし，莫大な努力と資金をつぎ込んで安全システムが構築されても，人間はどこまで行っても間違いを犯してしまう動物です。しかも，意図的にミスやエラーを犯すわけではないのです。いくら「気をつけよう！」と口を酸っぱくして注意しても，厳しい罰則を決めても，ついうっかり失敗してしまうことは誰にでもあります。人間ならではの失敗は「**ヒューマン・エラー**」と呼ばれ，その克服が組織の安全管理と**リスク・マネジメント**の大きな課題になっています。

2　職場のメンタル・ヘルス

○ストレス社会

　大変に残念なことですが，日本では働く中高年の人々の「うつ」や自殺が急増して，先進国ではダントツの多さになっています。社会問題となった「過労死」は，今では世界で通用することばになっているほどです。日本人は仕事を大事にして，頑張りすぎるのかもしれません。残業や休日出勤も多くて，ゆっ

くり休めません。そのうえ，最近では，成果主義の導入もあって，頑張って勤めてきた会社から否定的な評価を受けることも出てきました。職場の人間関係は，相変わらず頭痛のたねです。働くことは**ストレス**との戦いを意味するくらいのストレス社会なのです。

◯善玉ストレスと悪玉ストレス──ストレスはなくせば良いわけではない

ストレスというと，我々に心理的プレッシャーをかけて悩ませる悪いものというイメージが強いと思います。しかし，仕事をいきいきと充実してやっていくには，いい意味での心理的プレッシャーが必要です。むしろプレッシャーが優れた成果に結びつくことも多いのです。ストレスには，コレステロール同様，悪玉と善玉の両方があります。仕事をするときのストレスをすべてなくしてしまえば良いというわけではありません。

◯ストレスといかに向き合うか

職場のメンタル・ヘルスを保つためには，ストレスとどのように向き合って，対処するかが大事になります。ストレスの発生源である**ストレッサー**に注目して，ストレスが発生しないように，職場の労働環境を整備・改善することがその手始めになります。ただ，ストレスは受け手の感じ方ひとつという側面もあります。自分ががんばってもどうすることもできないことで悩んでいても問題は解決できませんし，ストレスはつのるだけです。"悩みがい"のある問題なのかをよく見極めて，気構えを転換するなど，上手なストレス対処方略を普及・浸透させることも大事な視点です。このとき**心理カウンセリング**はひとつの有効な方略となります。

3 Quality of Work Life（働く生活の品質）という考え方

安全に安心して心身ともに健康に働けることは，幸福な人生を送るうえで，とても重要なことです。現在のところ，この課題を達成することは，かなり難しいといわざるを得ません。しかし，人間が犯してしまいやすいエラーにはどんなものがあるのかを明確にして，その原因を科学的に究明していくことで，失敗が起こりやすい場面を先回りして予防することが可能になっていきます。また，ストレスに適切に対処することで，心身ともに健康に仕事に取り組むことが可能になります。

職場のメンタル・ヘルスを守り向上させる取り組みは，組織経営・管理の一環として重要ですが，キャリア・デザイン同様，働く人々自身が主体的に自律的に自分の"ワークライフの品質を高め充実させる"という視点から取り組むことを促進するアプローチの重要性が高まっています。

（山口裕幸）

▷ 心理カウンセリング
社会的不適応や障害に苦しむ人や，心身の健康状態が危機に瀕している人に対して，話をよく聞き，相談に応じたり，アドバイスをしたりして，心身ともに平穏な生活を送れるように心理的に支援する活動のこと。

Ⅰ 産業・組織心理学の歴史とテーマ

 消費者行動とマーケティング

 消費者行動とは何を研究する分野なのか

◯消費者行動の研究視点

　消費者行動は，まさに消費者のとる行動に関する研究分野をさすことばですが，具体的に言えば，人間の**購買行動**の仕組みについて科学的に明らかにする取り組みのことです。人間の購買行動は，購買する段階だけを検討してみても，その仕組みを明らかにすることはできません。我々の日常の購買行動を考えてみても，買う前にいろいろとカタログを取り寄せて検討してみたり，友達の話を聞いたりします。かと思えば，街を歩いているときに目に入った洋服がひと目で気に入って衝動買いする場合もあります。また，購買した結果，満足度が大きければ繰り返しその商品を購買することになりますし，アフターサービスやメンテナンスへの期待が，購買を左右することもあります。消費者行動の研究は，購買の前後を視野に入れて検討がなされます。

◯購買前後の時間の流れを追った消費者行動のテーマ

　購買する前に消費者のとる行動としては，まず自分が持っているお金のうちどれだけを使うのかを決定する所得から消費への配分を行います。使うと決めたお金の中で，何にいくら使うかを決める予算計画も大事です。また，買おうとしている商品の比較検討をしたり，どこのお店が安いか，いい商品が揃っているかを検討したりする商品知識の形成および購買目的地・店舗の知識の形成も行うことがあります。

　購買する段階に入ると，形成した知識に基づきながら，買おうとする商品の選択肢を絞り込み，場所や店舗，商品のブランドやモデル，それの数量を決定します。場合によっては，「この前と同じ店で同じものを買おう」という具合に，購買の反復行動をとる場合もあります。

　購買した後は，実際に使用してみて，その商品の価値を評価します。ここでの評価の良し悪しは，その後の購買行動に影響します。商品を保管したり維持したりすることや，廃棄すること，さらにはリサイクル・ショップに販売することも購買後の行動として研究されています。

2 消費者行動研究の意義

◯マーケティングに活用

マーケティングは，生産者やサービス提供者（企業だけでなく行政体や医療・福祉・教育にたずさわる組織を含みます）が，より良い製品やサービスを提供するために，消費者はどのような商品やサービスに魅力を感じるのか（製品戦略），どのような価格設定が購買を促進するのか（価格戦略），どのような提供の仕方をすることが購買促進に効果的なのか（流通戦略），どのような**宣伝**や**広告**，販売促進キャンペーンが有効なのか（プロモーション戦略）を検討する学問です。

我々は，同じ品質ならば，他よりも個性的なデザインの商品に魅力を感じますし，安いに越したことはないと思いつつも，ちょっと豪華で割高な商品に魅力を感じたりもします。どこでも買えることが魅力であることもありますが，その場所・そのお店でなければ手に入らないことが，魅力になる場合もあります。効果的なマーケティングを行うには，消費者行動の仕組みを解明することは非常に役立ちますし，欠かせない取り組みなのです。

◯消費者を保護し，賢い消費者を育てるために

残念なことですが，消費者心理を逆手にとった，**悪徳商法**と呼ばれる犯罪行為が少なからず行われています。また，欠陥商品や健康に害のある商品が市場に出回ることもあります。我々は，購買行動をとるとき，たえずそうしたリスクと直面しているのです。詐欺まがいの商法にひっかかることのないように，安全が十分に確認されていない商品を購入しないように，消費者がどうすればリスクに敏感になれるのかを検討する取り組みが大事です。消費者の心理を明らかにする取り組みは，消費者保護政策の検討や消費者教育にも大きく貢献をしています。

◯経済を中心にした社会動向の理解を深める

社会の経済動向はマクロな現象ですが，Ⅰ-4 にも書いたように，その動きは，マイクロな個々の人間の心理や行動と，密接に相互作用しています。個人の購買心理や購買行動は，互いに影響し合って，ひとつの大きなムーブメントに発展することがありますし，そのムーブメントの影響を受けて，個人のその後の購買行動に変化が生じたりします。2002年にノーベル経済学賞を受賞したカーネマン（Kahnemn, D.）は，消費者行動を含んだ人間の意思決定に関する心理学の研究を行ってきました。その研究成果は経済の理論形成や経済政策に生かされています。消費者行動の仕組みを明らかにする取り組みは，単に個人の中の世界だけに閉じている心理学固有の取り組みなのではなく，社会学や経済学，経営学，人類学，コンピュータ・サイエンスなどと融合して，社会の動向を理解したり，その行方を予測したりするのに役立っています。　　　（山口裕幸）

II　ワーク・モティベーション

 内容理論と過程理論：
動機と動機づけの違い

モティベーション（動機づけ）とは何か？

「新人はモティベーションが高い」,「今日は仕事にモティベーションが湧かない」など，モティベーションということばは今や仕事，勉強，スポーツなど，さまざまな場面で日常的に用いられています。

一般にモティベーションということばは「やる気の強さ」を表すものとして用いられる場合が多いようです。これに対して，心理学で「モティベーション」ということばを用いる場合は，もう少し広い意味が含まれます。

心理学において，「モティベーション」は，**目標**[1]や**報酬**などによって**動機**[2]が刺激され，行動が引き起こされる過程（道すじ）を指すことばとして用いられます。モティベーションには，**行動を引き起こすエネルギーの方向性，強さ，持続性**の3つの要素があります。行動を引き起こすエネルギーの方向性は，「どのような行動をとるか」を決めるはたらきを持ちます。また，エネルギーの強さは「どの程度熱心に行動するか」を決め，エネルギーの持続性は「どの程度継続して行動するか」を決めるはたらきを持ちます。

仕事場面におけるモティベーションはとくに「ワーク・モティベーション」と呼ばれます。

② モティベーション（動機づけ）とモーティブ（動機）

モティベーションは「**動機づけ**」と訳されますが，これは単に「動機」という場合とどのような意味の違いがあるのでしょうか。

動機（モーティブ）は，行動の理由や目的を指すことばとして用いられます。人の持っているさまざまな欲求は動機にあたります。

たとえば，「仕事で高い成果をあげたい」という欲求は動機にあたります。こうした動機は，仕事で高い成果をあげることが，何らかの報酬に結びつく場合，とくに活性化される[3]ものと考えられます。そして動機が活性化されることにより，仕事で高い成果をあげるためのさまざまな行動が選択され，努力が継続される過程が動機づけにあたります。

心理学における動機づけの研究の流れは，動機の内容に主な関心を寄せる研究群と，動機が活性化され，行動に結びつく過程としての動機づけに主な関心を寄せる研究群に大きく分けられます。そのため，動機づけに関する理論を見

▷1　報酬
まわりの人からもたらされる報酬としては，お金やほめことばなどがある。また，自分自身に与える報酬として，困難な課題を達成したときの充実感や，ほこらしい気持ちなどがある。

▷2　動機
人が行動を起こす理由や目的。

▷3　動機が活性化された状態
行動の理由や目的となる欲求が強く意識された状態を指す。

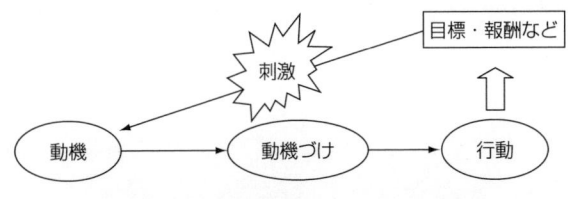

図2.1.1 動機と動機づけ，行動の関係

出所：山口裕幸 2006 ワーク・モチベーション 山口裕幸・高橋潔・芳賀繁・竹村和久 経営とワークライフに生かそう！ 産業・組織心理学 有斐閣アルマ pp. 19-36. を参考にして再構成

ていくに先立ち，動機と動機づけの違いを理解しておくことは重要です。

3 内容理論と過程理論

動機づけに関する理論のうち，人の行動を引き起こす動機の内容に注目する理論を総称して「**内容理論**」と呼びます。

これに対して，行動が引き起こされる過程としての動機づけに焦点を当てる理論を総称して「**過程理論**」と呼びます。

井手は，内容理論と過程理論に見られる違いを，予測出来る行動の具体性の違い，という視点から説明しました。井手が指摘するように，内容理論において提唱されたさまざまな動機は，人の全体的な行動パターンを予測する上で役立ちますが，ある状況での具体的な行動の選択を予測する上では過程理論が力を発揮するものと考えられます。

内容理論と過程理論の間に見られる主な関心の違い，行動の予測における有効性の違い，それぞれに属する代表的な理論をまとめたものが表2.1.1です。以降では，表2.1.1に記された，内容理論，過程理論における代表的な理論を中心に，ワーク・モティベーションに関する理論を見ていきます。

（野上 真）

▷4 井手亘 2000 仕事への動機づけ 外島裕・田中堅一郎（編）産業・組織心理学エッセンシャルズ ナカニシヤ出版 pp. 1-33.

▷5 **全体的な行動パターンと具体的な行動の選択**
たとえば，「ある人が親切な行動をとる傾向がある」とすれば，それがその人の全体的な行動パターンである。その人が，実際に困っている人に出会ったとき，「どのような援助をどの程度行うか」は，具体的な行動の選択である。

表2.1.1 内容理論と過程理論

理論の総称	内容理論	過程理論
主要な関心	行動の原因（動機）	行動が生起する過程（動機づけ）
行動の予測における有効性	人の全体的な行動パターンを予測する上で有効	具体的な行動の選択を予測する上で有効
代表的な理論	マズローの欲求階層理論 ERG理論 マクレランドの達成動機理論	アトキンソンの達成動機理論 期待理論 目標設定理論 公正理論

出所：井手，2000を参考に作成

II ワーク・モティベーション

2 動機の種類

1 欲求階層理論

人の持つさまざまな動機の内容に注目し，整理しようと試みた内容理論の中で，種類の異なる欲求の間には，「低次の欲求」から「高次の欲求」までの階層性がある，と主張したものが，**欲求階層理論**です。

ここでは，欲求階層理論を提唱した先駆者である**マズロー**（Maslow, A. H.）[1][2]の理論と，その影響を受けて提唱されたアルダファ（Alderfer, C. P.）[3]の理論を紹介します。

▷ 1　マズロー（Maslow, A. H. 1908-70）
アメリカの著名な心理学者。文化的な社会に生きる健康な人々の動機等について研究を行った。

▷ 2　Maslow, A. H. 1954 *Motivation and Personality.* New York: Harper & Row.（小口忠彦（監訳）1971 人間性の心理学　産業能率短期大学出版部）

▷ 3　Alderfer, C. P. 1972 *Existence, Relatedness, and Growth: Human Needs in Organizational Settings.* New York: Free Press.

2 マズローの欲求階層理論

マズローの欲求階層理論によれば，人の持つ欲求は5種類に分類されます。それは，生理的欲求，安全欲求，所属と愛の欲求，承認欲求，**自己実現欲求**の5つです（図2.2.1）。

生理的欲求は，「食べたい」，「眠りたい」などの肉体的な欲求です。これはもっとも低次の欲求とされます。安全欲求は，病気や災害などから身を守りたいという欲求です。これらの欲求は，「生物として生きていける条件」を確保しようとする欲求といえます。

所属と愛の欲求は，集団の一員としての立場を確かなものにしたい，愛情のある人間関係を築いていきたい，という欲求です。また，承認欲求は，まわりの人々から高く評価され，尊重されたいという欲求です。これらは，まわりの人々と望ましい人間関係を築きながら生活していきたい，という欲求です。

そして自己実現欲求は，「理想的な自分になりたい」という欲求です。「自己実現」は，「自分がなれるすべてのものになること」を意味し，より自分らし

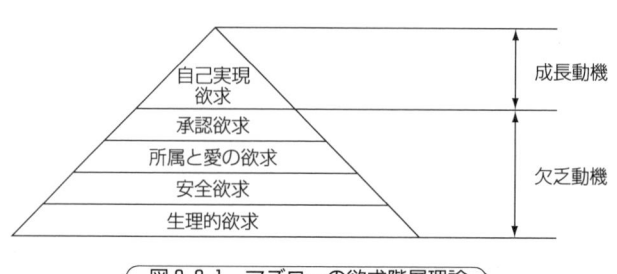

図2.2.1　マズローの欲求階層理論

い自分に近づいていくことを指すことばとして用いられています。

　もっとも高次の欲求とされる自己実現欲求は「**成長動機**」と呼ばれます。これに対して，それ以外の欲求は「**欠乏動機**」と呼ばれ，区別されます。

　マズローは，低次の欲求ほど緊急性が高く，優先的に充足されるものと想定しました。そして，低次の欲求が充足された後で，より高次の欲求が活性化するものと考えました。この考えによれば，たとえば，周囲の人々から尊重されたい，あるいは理想に向けて自らを高めたい，という欲求が活性化するには，生理的な欲求が充足されていることが必要とされます。

　マズローの欲求階層説は，自己実現に向かう欲求を人間の基本的な欲求のひとつとして取り上げることを提唱した点で，動機づけの研究に大きな影響を与えました。

③ ERG 理論

　アルダファの提唱した欲求階層理論は，ERG 理論と呼ばれます。「ERG」とは，3つの欲求を表す頭文字を並べたものです。Eは生存欲求（Existence），Rは関係欲求（Relationship），Gは成長欲求（Growth）を表します。

　生存欲求は，生活していくために必要な衣食住などを確保しようとする欲求です。関係欲求は，まわりの人々と密接な人間関係を築いていこうとする欲求です。また，成長欲求は，理想的な成長を実現しようとする欲求です。

④ マズローの欲求階層理論と ERG 理論の相違点

　ERG 理論において提唱された3つの欲求と，マズローの欲求階層理論において提唱された5つの欲求を並べて比較すると，生存欲求は生理的欲求および安全欲求に対応します。そして，関係欲求は所属と愛の欲求および承認欲求に対応します。また，成長欲求は自己実現欲求に対応します。

　ERG 理論は，成長への欲求をもっとも高次の欲求としている点で，マズローの欲求階層理論と共通しています。しかし，動機が活性化されるための条件について，両者の見解には違いが見られます。

　マズローの欲求階層理論では，高次の欲求が活性化されるには，より低次の欲求が充足されていることが必要とされました。この考え方によれば，通常，高次の欲求が活性化されているとき，より低次の欲求が活性化されているという状態はありえない，という想定がなされます。これに対して，ERG 理論では，高次の欲求と，より低次の欲求が同時に活性化される可能性を積極的に肯定した点に特色が見出されます。

（野上　真）

II ワーク・モティベーション

 内発的動機づけ

1 内発的に動機づけられた行動

課題を達成することにより与えられるお金，あるいはほめことばといった**外的報酬**[1]への欲求は，「**外発的動機**」と呼ばれます。外発的動機は，人が仕事をする上で，大きな動機となっています。たとえば，仕事の成果が給料のアップや出世に直結している場合，人が仕事に取り組む上での真剣さが増してくることは，経験的に理解できるところです。

その一方で，人が仕事を頑張るのは，外的報酬を求めてだけのことではないことも事実です。勤労経験（アルバイトを含む）のある人の中には，仕事に取り組むことそのものを「面白い」，あるいは「やりがいがある」と感じ，意欲をかきたてられるような経験をしている人もいるのではないでしょうか。

仕事そのものが「面白い」と感じられる場合，仕事に取り組むこと自体が人に報酬をもたらしているものと考えられます。このように，行動自体が快感や満足の源になっている行動を，マレー（Murray, E. J.）[2]は「内発的に動機づけられた行動」と呼び，こうした行動に関与していると考えられる動機を「**内発的動機**」と呼びました（図2.3.1）。

2 内発的動機

マレーは内発的動機として，感性動機，好奇動機，活動性動機，操作動機，認知動機の5つを挙げています（表2.3.1）。これらの動機は，総じて「課題への取り組みを通して，新しい経験や挑戦を楽しみたい」という内容を持つものです。

[1] 外的報酬
まわりの他者からもたらされる報酬。

[2] Murray, E. J. 1964 *Motivation and Emotion*. Englewood Cliffs, NJ: Prentice‐Hall.（八木冕（訳）1966 動機と情緒 岩波書店）

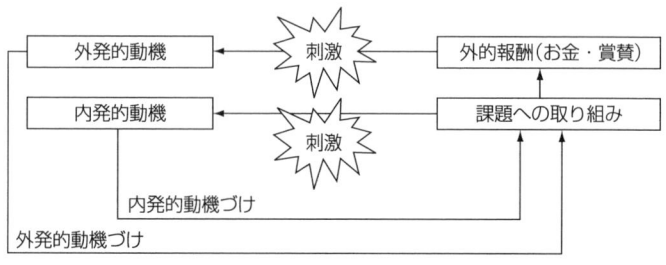

図2.3.1　内発的動機づけと外発的動機づけ

表 2.3.1 内発的動機の分類

動機の名称	内容
感性動機	適度な刺激を求める欲求
好奇動機	新しい経験や，好奇心の満足を求める欲求
活動性動機	活発な行動を楽しむことを求める欲求
操作動機	さまざまな試行を楽しむことを求める欲求
認知動機	頭を使って問題解決する楽しみを求める欲求

出所：Murray, 1964／八木（訳），1966, pp.98-118.

これらの動機は，現実の仕事場面においてどの程度満たされるものでしょうか。新しい仕事をやり始めた当初は，目新しい経験や，知識の獲得に興奮する機会も多いでしょう。しかし，長期間にわたり，いつも自分の仕事を「刺激的である」とか「面白い」と思って取り組める人は少数かもしれません。「楽しく仕事をする」ためには，与えられた課題の中に，自らの興味や向上心を刺激するような面を見つけだしていく努力が必要とされるでしょう。

3 外的報酬と内発的動機

内発的に動機づけられた行動は，行動そのものが目的となっているために，非常に強いエネルギーを持って行われるものと考えられます。

その一方で，内発的に動機づけられた行動は，外的報酬が意識されることにより，急速に減退してしまうことも指摘されています。

たとえば，マレーは，子どもの学習を例にとり，好奇心に基づいてさまざまな学習をしている子どもが，学習を，まわりの人からほめてもらうためなどの「手段」として捉えるようになったとたん，学習への意欲を失ってしまうことを指摘しました。

また，デシ（Deci, E. L.）[3]は，内発的動機を刺激するような課題に取り組んでいる人が，課題の達成に対してお金を与えられるようになることで，課題に自発的に取り組む姿勢を失うことを指摘しました。

デシは，内発的に動機づけられた行動は，自分自身の有能さや，**自己決定感**[4]を確認するためにとられているものと考えました。また，外的報酬には，「報酬の受け手の有能さを示す情報」としての側面のほかに，「報酬の受け手の行動をコントロールするための手段」としての側面があるものと考えました。そして，もともと内発的に動機づけられて行動している人が，外的報酬を与えられることにより，「自分の行動が他の人にコントロールされている」という認識を持った場合，自己決定感が低下し，内発的動機づけも弱まってしまう危険性があることを指摘しています。

（野上　真）

▷ 3 Deci, E. L. 1975 *Intrinsic Motivation.* New York: Plenum Press.（安藤延男・石田梅男（訳）1980 内発的動機づけ 誠信書房）

▷ 4 自己決定感
達成すべき基準や，自分のとるべき行動を自らが決めているという実感。

II　ワーク・モティベーション

4　達成動機づけ

1　達成動機の理論

　達成動機は，課題を高いレベルで達成したい，という内容を持つ動機です。達成動機にまつわる代表的な理論としては，マクレランド（McClelland, D. C.）[1]の達成動機理論と，アトキンソン（Atkinson, J. W.）[2]の達成動機理論があります。前者は，動機の内容に主な関心を持つことから，II-1 に解説した内容理論に属する理論のひとつとして捉えられます。これに対して，後者は，動機が行動に結びつく過程に関心を持つ理論，つまり過程理論に属する理論のひとつとして捉えられます。

2　マクレランドの達成動機理論

　マクレランドは，**職業への適性**[3]，とくに**ビジネス・リーダー**[4]への適性を，3つの動機の高さによって論じることを試みました。それは達成動機，**親和動機**，**権力動機**の3つです。

　達成動機は，先に述べたように，課題達成への関心を内容とする動機です。仕事を「頑張る」ためには，ある程度の達成動機の高さが必要となるものと考えられます。達成動機の高い人の特色としては，競争的な課題を好むこと，時間を大切にすること，長期的な目標を重んじることなどが指摘されています。

　親和動機は，まわりの人と良好な関係を築き，維持したいという動機です。また，権力動機は，まわりの人に**支配的な影響力を行使**[5]したいという動機です。これらの動機は，とくに集団の中で仕事が行われる場合，重要になります。集団の中では，個人の仕事の結果は，まわりの人々の働きに影響されるためです。いかに課題をうまく遂行しようという意欲が高くても，同僚の協力をとりつけることが出来なかったり，部下を動かすことが出来なければ，結局，仕事の効率が上がらない，という事態が生じます。

　仕事をうまく進める上での，達成動機，親和動機，権力動機の重要性は，状況によって変化するものと考えられます。マクレランドは，複数の国における調査により，ビジネス・リーダーの持つ動機の高さは，文化や，地域の経済的状況に影響されることを示す結果を得ました。たとえば，競争の激しい社会であるアメリカのビジネス・リーダーは，達成動機や権力動機が高い一方，親和動機が低い傾向にあることが見出されています。

▷ 1　McClelland, D. C. 1961 *The Achieving Society*. Princeton, NJ: Van Nostrand.（林保（監訳）1971　達成動機　産業能率短期大学出版部）

▷ 2　Atkinson, J. W. 1957 Motivational determinants of risk taking behavior. *Psychological Review,* **64**(6), 359-372.

▷ 3　職業への適性
個人の持つ能力や性格が，ある職業に向いている度合い。

▷ 4　ビジネス・リーダー
部長，課長など企業の管理職。組織やチームで仕事をするとき，リーダーとしての責任を要求される人々。

▷ 5　支配的な影響力の行使
上下関係を背景とした指示，命令など。

3 アトキンソンの達成動機理論

アトキンソンは，課題達成への動機づけは，成功を求めようとする傾向と，失敗を回避しようとする傾向が合成されたものであると考えました。前者は**接近傾向**，後者は**回避傾向**と呼ばれます。

接近傾向と回避傾向は方向性が逆の動機づけです。接近傾向が，課題にチャレンジする，という方向性を持つものであるのに対して，回避傾向は，なるべくチャレンジを避ける，という方向性を持つものです。

アトキンソンは，成功の見込みが中程度の課題において，接近傾向がもっとも強くなるものと考えました（図2.4.1）。その根拠は次の通りです。

まず，接近傾向の強さは，下の式のように，成功したいという動機，成功の見込み（0から1の間の数値として表される），課題の達成が持つ魅力（1から成功の見込みを表す数値を引いたもの）の3者の積によって表現されます。この式では，課題の達成が持つ魅力は，人の感じている課題の困難さが高いほど，いいかえると，課題達成の成功の見込みが低いほど高くなるものと想定されています。

接近傾向＝成功したいという動機×成功の見込み×課題の達成が持つ魅力
　　　　ただし　課題の達成が持つ魅力＝1－成功の見込み

上の式によれば，課題の達成が持つ魅力が非常に高い場合は，成功の見込みが非常に低くなり，結果として接近傾向が弱くなるものと考えられます。また，成功の見込みが非常に高い場合は，課題の達成が持つ魅力が非常に低くなり，この場合も接近傾向が弱くなるものと考えられます。よって，成功の見込みと，課題の達成が持つ魅力の両者がほどほどに高い場合（両者の値が0.5となる場合），つまり成功の見込みが中程度のとき，接近傾向はもっとも強くなる，という予想が導かれます。

（野上　真）

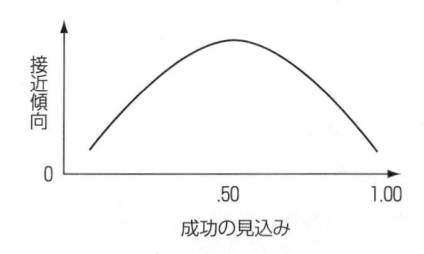

図2.4.1　成功の見込みと接近傾向

出所：Atkinson, 1957, p. 365.

II ワーク・モティベーション

5 期待理論

1 期待理論とは何か

私たちは、自分がどう行動すべきかを考えるとき、知らず知らずのうちに「計算」を行っています。これからとる行動は、自分の欲求を満たす上で役に立つのか。また、欲求を満たすことで得られる快感は、**行動に伴うコスト**[1]に見合うほど価値のあるものなのか。こうした計算の結果として、あるときは自らの欲求を満たすことをあきらめ、またあるときは、欲求を満たすための行動に着手する、という選択を行っています。

上に述べたような、行動の結果に関する「**合理的な計算**」に基づく行動選択の過程を説明しようとする理論が、**期待理論**[2]と呼ばれるものです。

2 ブルームの期待理論

ブルーム（Vroom, V. H.）[3]は、人の行動選択に影響を与える要因として、「**期待**」および「**誘意性**」という2つの概念に注目しました。

「期待」は、これからとる行動が、ある結果に結びつく可能性を指します。そして「誘意性」は、行動の結果に対して感じられる魅力です。行動を引き起こす力は、期待と誘意性の積として表現されます（図2.5.1）。

具体的な例を用い、期待、誘意性および行動の関係を説明したいと思います。

> 例・会社員のA氏は、課長職の昇進試験に合格できるよう、プライベートな時間のほとんどを、仕事に関する勉強に費やしています。

上の例の場合、「期待」は、A氏が昇進試験に合格する可能性です。そして「誘意性」は、昇進試験に合格することに対してA氏が感じている魅力です。理論上、両者がともに高い場合、仕事に関する勉強をする、という行動を引き起こす力は強くなります。

誘意性は、さらに詳しく述べると、行動の結果が生み出すと予想される二次的な結果の魅力（二次結果の誘意性）と、行動の結果が二次的な結果を生み出す上で役に立つ度合い（**道具性**）[4]の積として表現されます。さきほどのA氏の例でいいますと、たとえば昇進試験に合格することで、まわりの人から寄せられるかもしれない賞賛は二次的な結果であり、その魅力と、昇進試験に合格

▷1 行動に伴うコスト
欲求を満たすために負担しなくてはならない時間、労力や出費。

▷2 期待理論
心理学において、「期待」ということばは、望ましくない出来事が起こる予想も含め、将来起こりうる出来事の予想を指すことばとして用いられている。

▷3 Vroom, V. H. 1964 *Work and Motivation.* New York: John Wiley & Sons.（坂下昭宣ほか（訳）1982 仕事とモティベーション 千倉書房）

▷4 道具性
心理学では、目的を達成するための手段を「道具」と呼ぶことがある。

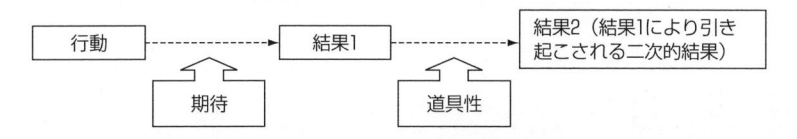

```
行動 ----→ 結果1 ----→ 結果2（結果1により引き
        ↑         ↑      起こされる二次的結果）
       期待      道具性
```

行動を生み出す力（動機づけ）＝期待×結果1の誘意性
ただし　結果1の誘意性＝道具性×結果2の誘意性

図 2.5.1　ブルームの期待理論

することが，周囲からの賞賛を得るのに役立つ度合いの積が誘意性になります。

❸ ポーターとローラーの期待理論

ポーターとローラー（Porter, L. W. & Lawler, III, E. E.）の期待理論（図2.5.2）においては，努力の目的としての報酬の誘意性が高く，かつ報酬獲得への期待が高いとき，課題達成への努力は最大となるものと想定されました。ここでいう「報酬」には，お金等の外的報酬に加え，達成感のように，自らが自らに与える内的な報酬も含まれるものとされています。

ポーターとローラーの理論が，従来の期待理論と大きく異なっていた点は，行動の結果を，「業績」と「報酬」に分けて捉えた点でした。彼らによれば，報酬獲得への期待は，努力が業績に結びつくことへの期待と，業績が報酬に結びつくことへの期待に分けて捉えられます。そして，いずれか一方の期待でも低ければ，報酬獲得への期待は低下するものと想定されました。

これは，現実の仕事場面における努力と報酬の関係が考慮された仮説であるといえます。ポーターとローラーが指摘するように，現実には，どんなに努力しようとも，一定の業績をあげることが出来ないかぎり，報酬を得られない場合がありますし，また，努力することによって高い業績をあげることについては自信があっても，業績以外の要因によって報酬が決定されてしまう，あるいは，そもそも自分の望む報酬が用意されているかが定かでない，といった事情から，結局，努力が報酬に結びつく期待が低くなってしまう，という場合もあるからです。

（野上　真）

▷ 5　Porter, L. W. & Lawler, III, E. E. 1968 *Managerial Attitudes and Performance.* Homewood, Illinois : R. D. Irbin.

```
努力 ----→ 業績 ----→ 希望する報酬
       ↑         ↑
      期待1      期待2
```
（努力が業績につながる期待）（業績が報酬につながる期待）

努力（動機づけ）＝期待1×期待2×報酬の誘意性

図 2.5.2　ポーターとローラーの期待理論

II　ワーク・モティベーション

6　目標設定理論

1　目標設定と動機づけ

　人が努力するのは何らかの目標を達成するためであると考えられます。しかし，目標にはやりがいのあるものと，そうでもないものがあります。どのような目標が設定されたとき，人はもっともやりがいを感じ，一生懸命に働くようになるのでしょうか。

　ロックとレイサム（Locke, E. A. & Latham, G. P.）[1]の**目標設定理論**においては，困難で具体的な目標が，課題達成への動機づけを強め，人の**生産性**[2]を高める上で有効であるものと考えられました。その理由は次の通りです。

　まず，困難な目標は，達成のために多大な努力を要する目標です。人が困難な目標を受け入れると，容易な目標が設定された場合よりも，目標達成に向けての努力の量や，努力の持続性が増すものと想定されます。また，具体的な目標は，人の意識を方向づけます。具体的な目標は，目標を達成するためにどのような作戦が必要かを考えさせてくれます。このことによって，目標を達成するための努力の方向性が定まり，効率的な課題の達成が可能となることが予測されます（図2.6.1）。

　上に述べたロックとレイサムの仮説は，多くの実証研究によって支持されてきました。

2　目標の受け入れ

　目標設定理論では，困難で具体的な目標の設定が，高い生産性に結びつくためには，目標が，追求する価値のあるものとして，人に受け入れられる必要があると考えられました。

　II-4 に述べた，アトキンソンの達成動機理論では，成功の見込みが非常に低い課題より，成功の見込みが中程度の課題の方が，成功を求めようとする傾

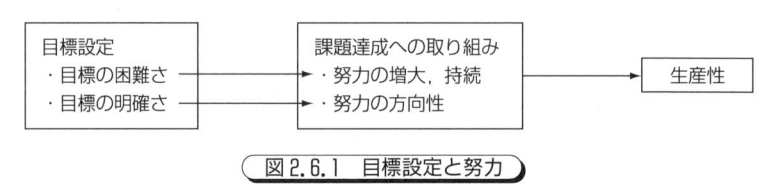

▷1　Locke, E. A. & Latham, G. P. 1984 *Goal Setting: A Motivational Technique That Works!* Englewood Cliffs, NJ: Prentice-Hall.（松井賚夫・角山剛（訳）1984 目標が人を動かす　ダイヤモンド社）

▷2　生産性
課題を優れたレベルで達成している度合い。

図2.6.1　目標設定と努力

目標設定
・目標の困難さ
・目標の明確さ
→
課題達成への取り組み
・努力の増大，持続
・努力の方向性
→
生産性

出所：Locke & Latham, 1984／松井・角山（訳），1984, pp. 27-35. を参考に作成

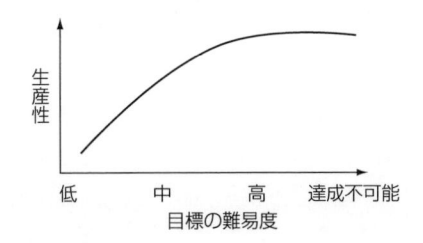

図2.6.2　目標が拒否されていない場合の目標の難易度と生産性の関係

出所：Locke, 1982 を参考に作成

向を強めるものと想定されていましたが，目標設定理論においても，目標が人に受け入れられていない条件においては同様の予測がなされます。

ロックは実験により，目標が達成不可能と思われるほど困難なレベルになっても，人が目標を拒否しない限りは努力が継続され，その結果，生産性の高さが維持されることをうかがわせる結果を得ました（図2.6.2）。

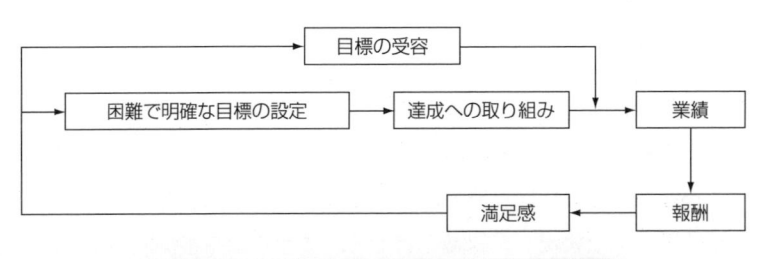

3　ハイパフォーマンス・サイクル

目標設定が繰り返される過程で動機づけが促進されていく，とする仮説を，**ハイパフォーマンス・サイクル**と呼びます。

ハイパフォーマンス・サイクルでは，まず，困難で明確な目標が設定されることにより，目標達成に向けての取り組み（努力の増大，持続，方向づけ）が促進され，業績の向上に結びつくものと想定されます。さらに，業績に対する報酬がもたらされることによって，満足感が生まれ，さらに高い目標に挑戦しようとする意欲へ結びついていくものと想定されています。ここでいう報酬には，他者から与えられる報酬のほか，自分自身の達成感のような内的報酬も含まれます。

上に述べた仮説は，一定の期間ごとに目標が達成され，その達成度が評価されるような組織やチームでの，仕事への動機づけを説明するうえできわめて有効なものと考えられます。

（野上　真）

▷3　Locke, E. A. 1982 Relation of goal level to performance with a short work period and multiple goal levels. *Journal of Applied Psychology*, **67**(4), 512-514.

▷4　ハイパフォーマンス・サイクル
パフォーマンスは「生産性」を，サイクルは「循環」を意味することばである。

図2.6.3　ハイパフォーマンス・サイクルの概要

出所：Locke, E. A. & Latham, G. P. 1990 Work motivation and satisfaction: Light at the end of the tunnel. *Psychological Science*, **1**(4), 240-246. を参考に作成

II　ワーク・モティベーション

7　公正理論

① 公正理論

　自分を含め，大勢の人がみな同じ内容，同じ分量の仕事をしているのに，自分だけ他の人より少ない報酬しかもらえていない，あるいは，逆に自分だけ他の人より多い報酬をもらっている。人がこのような状況におかれたとき，どのような感情がわきおこるでしょうか。

　前者の状況ならば怒り，後者の場合はいたたまれなさ，といった感情が生じ，そうした感情を解消するために，抗議，あるいは説明の要求といった行動がとられることも予想されます。

　上に述べたような感情，行動は，人が「**公正**な取り扱いを受けたい」という欲求を持っていることによるものです。このような欲求が活性化され，行動に結びつく過程に関心を寄せる理論を**公正理論**と呼びます。

② 報酬分配の不公平さと動機づけ

　公正理論の中でも，報酬分配における公正さに注目した理論として，アダムズ（Adams, J. S.）の**衡平理論**があります。

　仕事場面において，報酬分配はもっとも「公正さ」が要求される事柄のひとつです。報酬分配は文字通り，集団の目標達成のために働いた人々に「報酬が分け与えられること」です。ここでいう「報酬」には，金銭的な報酬のほかに，ほめことばなども含まれますが，いずれも組織や，まわりの人々から与えられる外的報酬です。

　アダムズは，報酬獲得のための努力や貢献を「入力」と呼び，獲得される報酬を「結果」と呼びました。衡平理論では，周囲の人々の入力，結果の比と，自分自身の入力，結果の比が等しいとき，「公平な状況」が実現されているものと想定されます。

　さて，衡平理論では，人が動機を刺激されるのは「不公平な状況」を認識したときである，と想定します。周りの人と比較したとき，自分が努力のわりに報われていない，あるいは，努力に見合わない大きな報酬を与えられている，といった「不公平な状況」が認識されると，まず不満や不快感が生まれ，さらに不公平さを解消するべく，自らの努力量をコントロールする，などの行動が生まれるものと想定されます。

▷1　公正
社会一般に照らして正しいこと。

▷2　Adams, J. S. 1965 Inequity in social exchange. In L. Berkowitz (Ed.), *Advances in Experimental Social Psychology.* Vol. 2. New York: Academic Press. pp. 267-299.

▷3　衡平理論
衡平（equity）は「かたよらず，つり合いのとれた状態」を意味することばである。

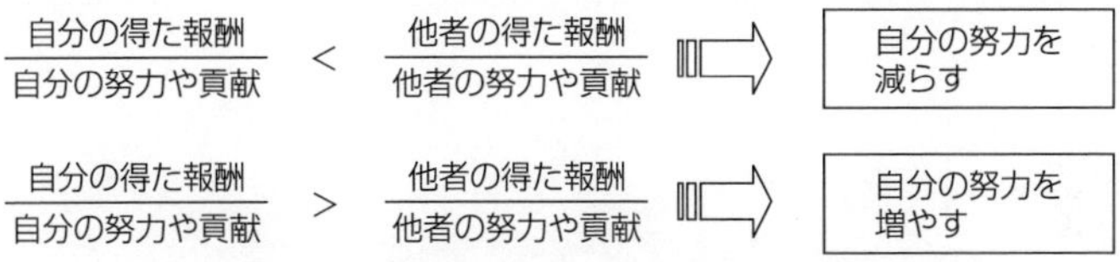

```
自分の得た報酬      他者の得た報酬              自分の努力を
―――――――― <  ――――――――    ⇒      減らす
自分の努力や貢献    他者の努力や貢献

自分の得た報酬      他者の得た報酬              自分の努力を
―――――――― >  ――――――――    ⇒      増やす
自分の努力や貢献    他者の努力や貢献
```

図 2.7.1　報酬分配の不公平さと動機づけ

出所：Adams, 1965

　例えば，人が，同じチームで働く同僚と，自分を比較したとき，同僚の努力と自分の努力が同じ量であるにもかかわらず，自分が同僚より多くの報酬を受け取っている，と認識した場合は，自分の努力量を今までよりも増やすことが予想されます。逆に，同じ努力をしているのに，自分よりも同僚が多くの報酬を受け取っている，と認識した場合は，自分の努力量を減らす，といった行動が予想されます（図 2.7.1）。

3　報酬分配における手続きの公正さ

　報酬分配の公正さが評価される基準としては，分配がどのような原理に基づいて行われているか（努力や貢献に応じて分配されているか，それともすべての人に同じ報酬が分配されているか，など）に加えて，その原理がいかに実行されているか，という「**分配の手続き**」に関わる基準も挙げられます。

　レブンソール（Leventhal, G. S.）[4]は，分配の原理に関するルールを「分配的ルール」と呼び，分配が実行される手続きに関するルールを「手続き的ルール」と呼んで区別しました。

　レブンソールは，手続き的ルールが公正なものと評価されるための条件として，一貫性，えこひいきの抑制，正確さ，修正の可能性，代表性，倫理性の6つを挙げ（表 2.7.1），これらのルールのうち，いずれが重視されるかは状況によって異なるものと考えました。

（野上　真）

[4] Leventhal, G. S. 1980 What should be done with equity theory?: New approaches to the study of fairness in social relationships. In K. J. Gargen, M. S. Greenberg & R. H. Willis (Eds.), *Social Exchange: Advances in Theory and Resarch.* New York: Plenum Press. pp. 27-55.

表 2.7.1　報酬分配の手続きが公正なものと評価される条件

条件	内容
一貫性	相手により，また場合によってルールを変えない
えこひいきの抑制	私心や偏見をはさまない
正確さ	判断が正確な情報にもとづくものであること
修正の可能性	報酬分配が決定される過程で，判断が修正される機会が存在すること
代表性	集団の中の重要なグループの関心や価値観が，報酬分配の過程に反映されていること
倫理性	報酬分配の手続きが，基本的なモラルや倫理観に沿うものであること

出所：Leventhal, 1980

II ワーク・モティベーション

8 職務満足感

1 行動の原因としての職務満足感

　仕事場面において人が感じる満足感を総称し，**職務満足感**と呼びます。職務満足感は，仕事に関わる行動の結果として捉えられる場合もあれば，行動の原因としても捉えられる場合もあります。

　たとえば，人は課題を高いレベルで達成できると満足を感じます。これは自らの有能さを実感できるためです。この場合，満足感は行動の結果であると考えられます。さらに，その満足感が励みとなって，人は自発的に努力するようになることがあります。この場合，満足感は行動の原因として捉えられます。

　このように述べますと，満足感を高めることに成功すると，人はいきいきと仕事に取り組むことができるようになる，という論理が成り立つようにも見えますが，現実はどうでしょうか。職場にかなり満足はしていても，必ずしも一生懸命に働いているわけではない，というケースはまま見られます。

　職務満足感を課題達成行動の原因として捉えた場合，とくに人を動機づけるのは，どのような事柄に対する満足感なのでしょうか。この点について論じたのが，ハーツバーグ（Herzberg, F.）の**動機づけ―衛生理論**です。

2 動機づけ要因と衛生要因

　ハーツバーグは，アメリカの**会計士**や技術者を対象とした調査で，仕事場面において，人の満足感に影響をもたらす要因には2種類があることをうかがわせる結果を得ました。ひとつは，満足感を高め，仕事への動機づけを強める効果を持つ要因であり，もうひとつは，不満を低める効果を持つものの，仕事への動機づけに影響力を持たない要因です。前者は「動機づけ要因」と呼ばれ，後者は「**衛生要因**」と呼ばれました。

▷1 Herzberg, F. 1966 *Work and the Nature of Man.* Cleveland: World Pub.（北野利信（訳）1968 仕事と人間性　東洋経済新報社）

▷2 会計士
企業の財政に関するさまざまな計算書類の検査や証明を行う職業。

▷3 衛生要因
衛生（hygiene）は環境を意味する言葉として用いられている（Herzberg, 1966）。

表2.8.1　動機づけ要因と衛生要因

満足感を規定する要因の種別	内容	機能
動機づけ要因	達成，承認，仕事そのもの，責任，昇進の望ましさ	満足感を高め，仕事への動機づけを促進
衛生要因	会社の政策と経営，監督，給与，対人関係，作業条件の望ましさ	不満を低めるが，仕事への動機づけと無関係

出所：Herzberg, 1966／北野（訳），1968, pp. 83-106.

ハーツバーグの調査で見出された動機づけ要因と衛生要因をまとめたものが表2.8.1です。動機づけ要因は，仕事の内容や結果に関わる要因であり，衛生要因は，職場の環境や待遇に関わる要因となっています。

　ハーツバーグは，仕事に関する満足感に対して影響力を持つ要因と，不満に対して影響力を持つ要因が異なるものであったことから，職務満足感と職務不満足感は連続的な1つの感情ではなく，異なる2つの感情として捉えるべきである，と考えました。

3　動機づけ要因，衛生要因と精神的健康

　先に述べたハーツバーグの調査では，衛生要因によってもたらされる満足感は短期に失われ，動機づけ要因によってもたらされる満足感は持続性があることをうかがわせる結果が得られています。

　ハーツバーグは，人が満足感を持って働くためには，精神的な成長が実現される必要があるものと考えました。この考えによれば，衛生要因が短期的な満足感しかもたらさない理由は，環境がいかに改善されても人に「**成長の実感**」を与えることができないことに求められます。ハーツバーグは，働く人の精神的健康の増進は，「成長の実感」を与えてくれる動機づけ要因によってこそ実現されるものと考えました。

　さらにハーツバーグは，職業人の類型として，健康な「動機づけ要因追求者」と，不健康な「衛生追求者」を挙げ，両者の特色を論じました。動機づけ要因追求者の特色としては，仕事の性質によって動機づけられること，衛生要因の欠乏に対してがまん強いこと，達成に大きな満足を感じることなどが挙げられています。一方，衛生追求者の特色としては，環境の性質によって動機づけられること，しかし環境に対して慢性的な不満を抱きやすいこと，達成からほとんど満足を得ないことなどが挙げられています。

　衛生追求者は，つねに良好な精神状態を保てる環境を求めていることから，ある意味，健康追求者と見なせます。しかし，ハーツバーグは，衛生追求者の行動の目的は，実は健康と縁遠いものであることを指摘しています（図2.8.1）。

（野上　真）

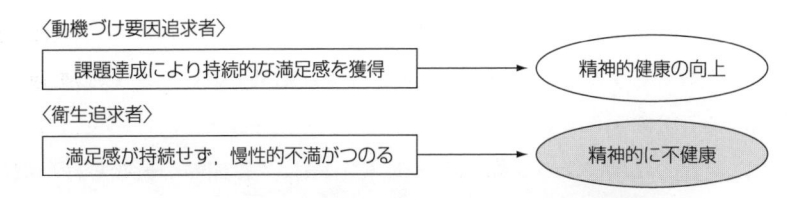

〈動機づけ要因追求者〉
| 課題達成により持続的な満足感を獲得 | → | 精神的健康の向上 |

〈衛生追求者〉
| 満足感が持続せず，慢性的不満がつのる | → | 精神的に不健康 |

図2.8.1　動機づけ要因，衛生要因の追求と精神的健康

出所：Herzberg, 1966／北野（訳），1968, pp. 83-106. を参考に作成

II ワーク・モティベーション

9 コミットメント

1 組織コミットメントとは何か

コミットメントということばは，ある目的に高い価値を見出し，その目的の遂行に力を投入しようとする積極的態度を指し，「**自我関与**」と訳されることもあります。組織の中で働く人々にとっての重要なコミットメントとしては，組織の一員として，組織の期待に応えていこうとする態度としての組織コミットメントが挙げられます。

組織コミットメントとワーク・モティベーションは内容的によく似た面がありますが，後者が仕事場面に限定された動機づけであるのに対し，前者は生活領域全般に関わるものです[1]。たとえば，人がある組織の一員として，組織の期待に応えようとする態度をとっていることにより，仕事場面だけでなく，私生活場面においても，「組織の一員として，どのようなふるまいが望ましいか」ということを意識した行動がなされる場合があります。

2 組織コミットメントの分類

高木は[2]，組織コミットメントの分類を試みた従来の研究を概観し，組織コミットメントには，功利的要因によるもの，情緒的要因によるもの，そして規範的要因によるものがあることを指摘しています。

功利的要因による組織コミットメントは，組織が自分に何らかの利益をもたらしてくれることを交換条件に形成される組織コミットメントです。かつて，日本の組織は，**年功型賃金**[3]や**終身雇用制度**[4]により，組織のメンバーに「安心して働くことができる環境」を提供してきました。こうした環境のもとでは，功利的な要因による組織コミットメントが形成される素地があったものと考えられます[5]。

情緒的要因による組織コミットメントは，組織に心からの愛着を感じるゆえに形成される組織コミットメントです。たとえば，自分の会社に誇りを感じ，損得抜きでつくそうとする心がまえを表す「愛社精神」ということばは，情緒的要因による組織コミットメントを指すものと考えられます。

また，規範的要因による組織コミットメントは，「組織の一員ならば組織のために働かなくてはならない」，という規範意識が生み出すコミットメントです。かつて日本では，ひとたび就職した組織には，一生かけて奉公することが

▷1　石田正浩　1997　組織コミットメントがもたらすもの　田尾雅夫（編）「会社人間」の研究——組織コミットメントの理論と実際　京都大学学術出版会　pp. 101-135.

▷2　高木浩人　1997　組織コミットメントとは何か——概念と方法　田尾雅夫（編）「会社人間」の研究——組織コミットメントの理論と実際　京都大学学術出版会　pp. 13-39.

▷3　年功型賃金
⇒ I-6 参照。

▷4　終身雇用制度
⇒ I-6 参照。

▷5　山口裕幸　2006　ワーク・モチベーション　山口裕幸・高橋潔・芳賀繁・竹村和久　経営とワークライフに生かそう！　産業・組織心理学　有斐閣アルマ　pp. 19-36.

当然，とする規範意識がありました。かつては一般的であった終身雇用制度も，こうした規範を支える役割を果たしていたものと考えられます。

❸ 組織コミットメントと行動の関係

組織コミットメントがもたらす結果について，従来の研究を概観した石田は，組織コミットメントが影響を及ぼすと考えられる行動として，「**逃避的行動**」と「**役割外行動**」を挙げています。

▷6 石田，前掲書

逃避的行動は，**離職**や欠勤，遅刻など，仕事から逃避する行動です。

▷7 離職
職場を辞めること。

役割外行動は，組織の中で自分の役割として定められている仕事以外にも目を向け，周りの人々を自発的に援助したり，周りの人々と協力しあったりする行動です。

石田は，従来の研究において，組織コミットメントが離職を抑制し，役割外行動を促進する，という結果が見出されていることを指摘しました。組織コミットメントが高まることにより，組織の一員として腰をすえ，周囲の人々に自主的に協力しながら仕事をする傾向が生み出されるとすれば，組織にとっては望ましい効果であるといえます。

その一方で，過剰な組織コミットメントは，社会全体から見たとき望ましいとはいいがたい行動を引き起こす可能性があることも指摘されています。それはたとえば，組織への貢献を優先するあまり，家庭生活を壊してしまったり，組織の利益を優先的に追求しようとして，社会全体に損害をもたらすおそれのある行動をあえて行ってしまう，といった可能性です（図2.9.1）。

▷8 石田，前掲書

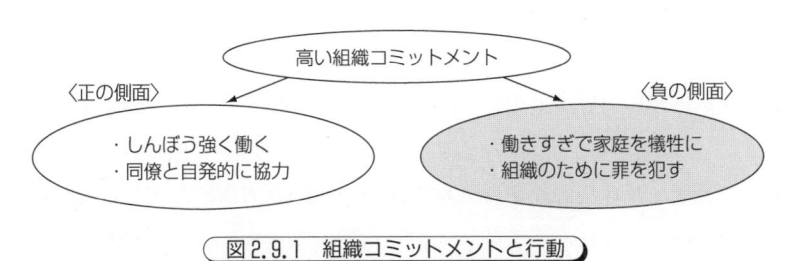

組織の中で働く人々は，組織の一員として生活していると同時に，組織を取り巻く社会の中で生活しています。組織コミットメントが著しく低いと，組織の一員としての生活に支障をきたす可能性がありますが，特定の組織の利益追求にコミットするあまり，社会一般から見て「バランス感覚がある」と認められるような行動がとられなくなると，社会人としての生活に支障をきたします。それは，成熟した組織人とはいかなる存在なのか，という問いに関わる問題であると考えることができるでしょう。

（野上　真）

```
              高い組織コミットメント
         ↙                         ↘
    〈正の側面〉                   〈負の側面〉
  ・しんぼう強く働く            ・働きすぎで家庭を犠牲に
  ・同僚と自発的に協力          ・組織のために罪を犯す
```

図2.9.1　組織コミットメントと行動

出所：石田，1997を参考に作成

III 採用と面接

1 採用選考

1 採用選考とは

　採用選考とは，求職者と企業との出会いの場であり，お互いの求める条件を確認しあって雇用関係を結ぶかどうかを判断する機会といえます。個人と企業の間は理想的には対等の関係であってほしいものですが，現実的には企業側に主導権がある場合が大半でしょう。企業の採用活動の支援をビジネスとする会社が数多く存在するように，企業側から見た判断のプロセスにはさまざまな知見が蓄積されています。

　ここ III-1 では企業人事の立場から見た採用選考について取り扱います。個人と組織が出会い，そのマッチングを目指す過程において，心理学的なアプローチによって数多くの実践的な研究が行われています。

2 企業の立場から見た採用

○経営人事における採用

　企業において採用の第一の目的は，経営活動を行うための重要な経営資源である人材を確保することにあります。日々の実務を推進するための人材を確保することはもちろん大切です。しかし，長期的な企業の成長を実現するためには，経営を推進する役割を担う中核的人材の確保がかかせません。そのため，主に新卒採用によって，長期的な雇用を前提とした人材確保が行われています。

　また，組織風土はどのような人材で構成されるかによって，その特徴は大きく変わります。そのため新たな人材を組織にとりいれることによって，組織風土を強化するもしくは変える効果もあります。どのような風土を持った組織でありたいのか，企業の採用には経営の意思が反映されることになります。

○わが国における人材採用のあり方

　わが国における人材採用は新卒一括採用と中途採用という大きく2つの方法によって行われています。とくに就業経験のない大学卒業予定者，いわゆる新規学卒者を対象に，数多くの企業が一定の期間に集中して採用選考を行っています。大学生がいっせいに就職活動を行っている姿は，一種の風物詩となっています。新卒一括採用が企業の人材確保の中心的な方法になった背景には，欧米型の職務中心ではなく，人間基準の日本型人事システムがあります。日本企業の大半は長期雇用を前提としており，同質的な人材で構成された集団となっ

ています。そのため組織に同化するには，就業経験のない白紙の状態である新卒者のほうが都合がよいのです。バブル崩壊後の「失われた10年」と呼ばれる時期に新たな人事システムが模索され，欧米型の職務基準の人事システムとの融合が図られてきました。その結果として多くの企業が年俸制に象徴される成果主義を導入してきましたが，人材採用の基本的なあり方には大きな変化はありません。

一方，就業経験者の人材確保の手段である中途採用では，これまでに蓄積した職務経験を生かすキャリア採用のほかに，**第二新卒**と呼ばれる若年層の人材移動も盛んに行われています。個人の立場から見ればより自分に合った会社組織や仕事を探し求める活動となりますが，社会全体から見ると個人と組織を改めてマッチングしなおす過程であるともいえます。働く個人の価値観が多様化する中で，一人ひとりの個性を生かしながら多様な人材をマネジメントすることが企業人事に求められています。

人材をどのように捉えているかは採用選考のあり方にも反映しています。職務を基軸におく考え方では入社後すぐに戦力となるかどうか，人を基軸におく考え方では将来的に事業を推進する存在となるかどうかが，採用選考時に着目され評価されることになります。前者は**フロー型人材**，後者は**ストック型人材**と呼ばれています（表3.1.1）。

表3.1.1　ストック型人材とフロー型人材

	ストック型人材	フロー型人材
人材への期待	・組織価値の創造と具体化 ・経営資源の蓄積と開発 ・存在価値	・ノウハウの開発と発揮 ・職務ニーズの充足 ・使用価値
雇用形態	・全人格囲い込み的 ・長期的雇用	・成果契約的 ・短期的雇用
採用リソース	・主に新卒採用 ・総合職採用	・主に中途採用 ・職種別採用
選考の対象	・全人格，個性 ・基本的資質 ・将来性 ・社員適性	・職務遂行能力，専門性 ・具体的習得スキル ・過去のキャリアや蓄積 ・職務適性

出所：二村，2000，p. 71.

▷ **第二新卒**
就職して数年の間に転職をする若年層のことをさすが，明確な定義はない。新卒入社した学生の約3割が3年以内に転職している。実務経験よりもポテンシャルが重視されることが多く，人材への期待は新卒採用に近い。

3　採用選考の科学性

採用選考は企業人事の一環としての業務そのものであり，実務面でのさまざまな工夫が行われています。米国を中心として科学的なアプローチがなされ，合理性と実証性の観点から採用選考のプロセスに対して数々の研究が行われています。たとえばどのような人材が期待されているのかを分析するプロセスや，選抜の有効性を表す基本モデル，選考システムの有効性を確認する妥当性研究などです。このような背景には多民族社会である米国の事情が色濃く反映されています。客観的な証拠によって公平性や合理性を明らかにすることが社会的に求められた結果であるといえます。

日本においても採用選考に対して科学的なアプローチを取り入れることは，経営人事の立場からだけでなく，社会全体としても有効な選考システムによって個人と組織の最適なマッチングを実現するという社会的意義を含んでいます。実践科学としての産業・組織心理学が社会に貢献できることのひとつであるといえます。

（舛田博之）

参考文献
二村英幸　2000　採用選考における人事アセスメント　大沢武志・芝祐順・二村英幸（編）人事アセスメントハンドブック　金子書房　pp.69-92.

III 採用と面接

2 適性の考え方

1 適性とは

「**適性**がある・ない」というように適性ということばは日常的に使用されていますが，歴史的・社会文化的な背景によって，その意味する内容には違いが見られます。

欧米で適性と言う場合，能力的な側面に注目しており，いかに早く学習し，仕事を習得できるかの可能性を予測する概念として捉えられていました。職業心理学者のスーパー（Super, D. E.）は適性をその人の性能的なものとして捉えています。職業への適合性を能力面と性格面に分けた上で，能力の中でも潜在的な可能性にしぼったものとして適性を捉えており，すでに獲得した技術・スキルと対比させています。当初は機械操作などの個人技能を中心として能力的側面への関心が高かったようですが，職務が高度化・複雑化するにつれて性格や興味・志向などの人間的な側面にも着目するようになってきました。

一方，日本においては比較的早くから人間的な側面を含んで適性を捉えていました。正田亘[1]は「個人の全体像を幅広く，潜在面，顕在面のすべてにわたって捉えようとする概念で，①可能性，②協調性，③感情的安定，④履歴の適合を含んでいる」と説明しています。また，山田雄一[2]は「幅広い概念で，①平均以上の成績をあげうること，つまり単に『能力のあること』，②抜群の成績をあげうる『卓越性』，③必要とされる最低限の水準としての『許容性』，④意欲の喪失や情動的不適応を起こさないことを意味する『適応性』を含んでいる」としています。

以上のように適性の概念は能力的な側面を中心として，人間的な側面に広げられてきましたが，早くから全人格的な適応性として捉えてきたところに，日本における人材観を垣間見ることができます。

2 適性の3側面モデル

適性の幅広い意味内容を説明するもので，適性を個人の職務や組織への適応によって説明した概念モデルが大沢武志の「**適性の3側面モデル**」です（表3.2.1）。

職務適応は，職務遂行の能率の高さや成果の大きさに関わる概念で，仕事に求められる能力とその人が持っている能力とのマッチングが中心となります。

▷1 正田亘 1981 適性 藤永保ほか（編） 心理学事典 平凡社

▷2 山田雄一 1989 適性と性格 本明寛（編） 性格心理学新講座1 性格の理論 金子書房

対象者の能力的側面が主に関わっており，能力的適性ということができます。

職場適応は，職場風土との適合性を中心とした概念です。組織での仕事は多かれ少なかれ周囲との協働によって行われ，良好な人間関係が必要となります。人間的・情緒的な側面であり，性格的適性ということができます。

自己適応は，興味・志向，意志に関わる概念で，本人の価値観や労働に対する満足の感じ方であるとともに，所属する組織の経営理念や事業内容，マネジメント方針との適合性といえます。働くことを通じてやりがいを感じられるかどうかに関わっています。その人なりの適応様式という意味で態度的適性ということができます。

表3.2.1　適性の3側面モデル

適応次元	適性概念	諸機能
職務適応－不適応	能力的適性	知能　知識　技能　感覚機能　運動機能
職場適応－不適応	性格的適性	気質　性格　興味
自己適応－不適応	態度的適性	意志　意欲　興味　価値観　自己概念

出所：大沢武志　1989　採用と人事測定　朝日出版社　p.26.

3　コンピテンシー

コンピテンシー[3]は経営学の領域で1950年代に登場し，1990年代半ば頃より人事の領域に広く普及した概念です。現実の職務において発揮される実践的な能力を直接的に捉えるものです。適性が能力・性格などの潜在的な特性から職務との適合性を予測的に捉えるのとは対照的です。コンピテンシーの定義にはいくつかありますが，佐久間陽一郎ほか[4]の「高い成果を生み出すために，行動として安定的に発揮される能力」という定義が象徴的です。コンピテンシーは顕在的な行動として定義されることが多いのですが，それを支える要素として動機，態度，性格，知識スキル，知的能力などが含まれています。

コンピテンシーの捉え方の特徴はつぎの3つにまとめることができます。第一に能力的な適性だけでなく，性格・態度的な適性も含めた総合的で複合的な人物特性であること，第二に顕在的な行動特性に注目していますが行動を規定している潜在的な人物特性の要素との関わりもあること，第三に高業績者の行動に注目して平均以上の成果をあげうる能力や個人特性に焦点をあてていることです。

（舛田博之）

▷3　コンピテンシー
⇒ IV-8 参照。

▷4　佐久間陽一郎・斎藤英子・綱島邦夫　1998　取締役革命　ダイヤモンド社

参考文献
二村英幸　2000　企業人能力構造モデルと人事アセスメント　大沢武志・芝祐順・二村英幸（編）人事アセスメントハンドブック　金子書房　pp.23-45.

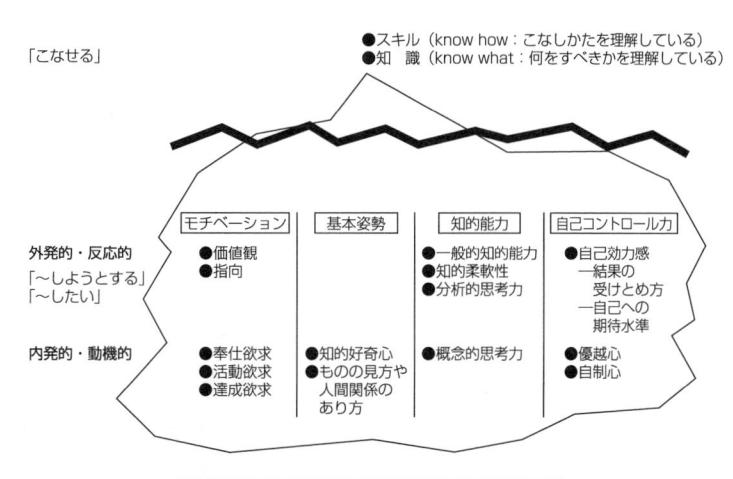

図3.2.1　コンピテンシーの氷山モデル

出所：Spencer, L. M., Jr. 1997 Competency assessment method. In L. J. Bassi & Russ-Eft (Ed.), *What Works, Assessment Development, and Measurement.* American Society for Training and Developmnet. p. 8.
二村, 2000, p. 35. より

III 採用と面接

3 採用選抜の理論

採用選考には何らかの方法によって応募者を絞り込むいくつかの選抜過程がありますが，採用選抜の有効性は必ずしも客観的に捉えられるものではありません。ここではいくつかの視点から採用選抜に関わる理論を見てみます。

1 選抜効果の基本モデル

選考ツールを用いて選抜を行う場合，その結果の有効性をつぎのような模式的なモデルで考えることができます。

縦軸に入社後のパフォーマンス（業績）をとり，横軸に選抜に使用したツールの結果をとると，応募者を図3.3.1のようにA～Dの4グループに分けることができます。それぞれ，Aは採用すべき人材を採用できたグループ，Bは採用すべき人材を不採用にしてしまったグループ，Cは採用すべきでなかった人材を不採用にできたグループ，Dは採用すべきでなかった人材を採用してしまったグループ，となります。

採用者のうち期待された以上の業績をあげた人材の割合はA／A＋Dとなり，これは一つの**選抜効果**を表していますが，本当の意味での選抜効果ではありません。これを見かけの選抜効果といいます。

ここで，すべての応募者の中に期待以上の業績をあげることのできる人材がそもそもどのくらい存在するのかということを考えてみましょう。まったく選抜せず，くじ引きなどでランダムに選んだ場合，採用すべき人材の割合は，全体（A＋B＋C＋D）に占める採用すべき人材（A＋B）の割合となります。これを基礎比率と呼びます。基礎比率と比較して，どの程度改善することができたか，その程度を真の選抜効果といい，以下の式で表されます。

真の選抜効果＝（A／A＋D）－（A＋B）／（A＋B＋C＋D）

実際には不採用者の業績データはありませんので，BやCの結果はありませんが全体の構造を考えるには有効なモデルです。

○ 選抜効果を高めるために

選抜効果を高めるためには，いくつかの方法が考えられます。一つは予測力の高い測定ツールを使用することです。選考ツールの結果が高い人ほど期待以上の高い業績をあげる可能性が高くなるため，両者がくい違うケースが少なくなり，図3.3.2のように楕円が細くなり，選抜効果が高まります。また，採用すべき人材の割合が少なくならな

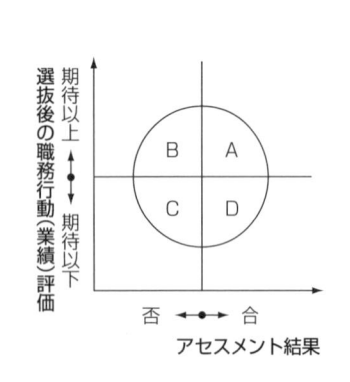

図3.3.1 選抜効果の基本モデル

出所：二村・国本，2002，p.44．

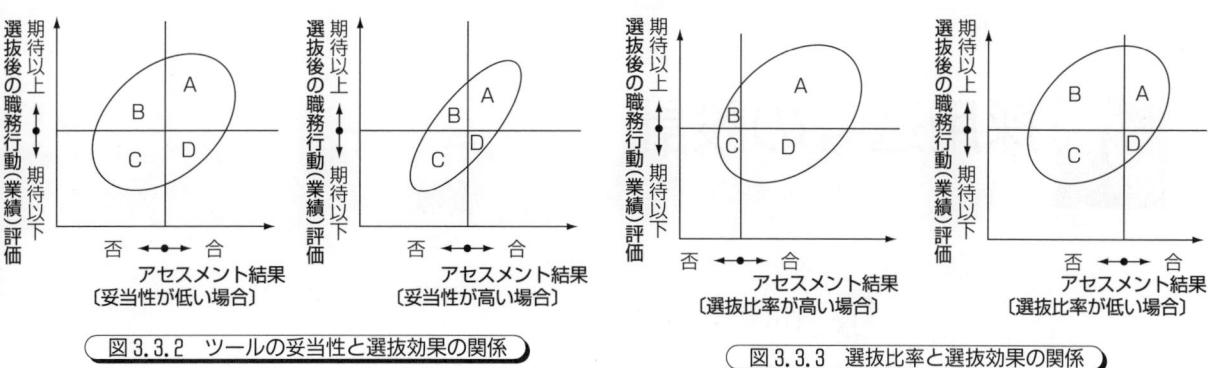

図 3.3.2　ツールの妥当性と選抜効果の関係

出所：二村・国本，2002，p.46.

図 3.3.3　選抜比率と選抜効果の関係

出所：二村・国本，2002，p.46.

いように，全体（A＋B＋C＋D）に占める高い業績をあげる可能性のある人（A＋B）の割合を保ったままでより多くの応募者を集め，競争率を上げる（選抜比率を下げる）ことです。採否の基準を厳しくすることで選抜効果を高めることができます（図3.3.3）。

❷ 選抜における公正性

　採用選考において行われる選抜行為は有効であるとともに，すべての応募者にとって公平なものでなければなりません。採用選抜のあり方が正しいものであると広く万人に受け容れられて，社会的に公正性が認められたことになります。**選抜における公正性**は「選抜結果の公正」，「手続き的な公正」，「対人的な公正」の3つの観点から検討がなされます。

　選抜結果の公正は，選考結果に対する応募者の受け止め方に関わる問題です。人種や性別，年齢などによって差別的な扱いを受けた結果，不採用になったと見なされる場合などがこれにあたります。賃金や報酬における分配的公正と同じもので，投入した労力・コストが適正に結果に反映されていると納得できることをさしています。

▶ Ⅱ-7 参照。

　手続き的な公正は，選考過程の妥当性に関わる問題です。用いる選考手法やツールの確からしさ，選考の手順の納得性など，採用選考全体に関わります。選考ツールの信頼性や妥当性が確保されているか，その内容には納得感があるか，面接での質問が職務に関係のない個人的な話題におよんでいないか，どのような応募者にも同じ選考過程が提供されているか，などがこれにあたります。

　対人的な公正は，選考過程での扱われ方に対する被評価者の受け止め方に関わる問題です。選考方法や職務や職場に関する情報をきちんと伝えてくれていると感じられるか，選考過程において真摯に対応してくれていると感じられるか，などがこれにあたります。選考プロセスに対する心情的な側面であり，手続き的公正の一部とみなされる場合もあります。

（舛田博之）

参考文献
二村英幸・国本浩市　2002　採用選考ハンドブック　リクルートマネジメントソリューションズ

III 採用と面接

4 採用選考の設計

1 採用選考の社会的機能

　採用は企業にとって大切な資源である人材の調達を目的とした活動です。そのため，それぞれの企業の経営戦略との関連性が考慮されることになります。現在もしくは近い将来必要となる人材をどのように調達し，配置・育成していくか，その全体像にしたがって採用選考の設計が行われることになります。しかし，採用選考を設計する際には企業経営における視点だけではなく社会的な機能についても認識される必要があります。

　企業側から見ると経営の一環として行われる人材確保の活動ですが，社会的には個人への雇用機会の提供であり，労働力を分配する機能を果たしているといえます。人材獲得の競争激化や採用実務の物理的な制約などによって，社会的規範を軽んじた動きがあるのも否定できない事実でしょう。一方で応募者は現在もしくは将来の顧客であるとの視点から，企業姿勢を積極的にアピールする機会と捉え，マーケティング活動の一環として採用選考プロセスを見直す企業も数多く現れています。

2 採用選考の設計上のポイント

　採用活動のプロセスは採用計画から始まって，採用広報，採用選考，内定後の教育・配属と整理することができます。採用選考は応募者の中から適材を選抜する過程であり，採用の一連プロセスの中心に位置づけられます。採用選考は前半のスクリーニングのプロセスと後半の採否の意思決定のプロセスの2つに大きく分けることができます。

　前半のスクリーニングのプロセスでは，応募者集団の中から一定の条件によって面接による選考の対象となる応募者を絞り込みます。新卒採用の場合，面接者の制約などから面接が可能となる人数に絞り込むことが主となります。絞り込みにあたっては履歴書やエントリーシートなどの応募書類，適性テスト，グループ討議などの手法が用いられます。応募書類では仕事に必要な資格，知識，スキルを持っているかが確認されます。新卒採用でのエントリーシートの簡単な作文では，文章表現力のほかに仕事に対する基本的な態度，取り組み姿勢や意欲などを確認することもあります。適性テストでは職務遂行能力に関係する資質的な特性を確認します。適性テストは限られた時間の中で多くの応募

▶ RJP (Realistic Job Preview)
採用広報，選考の過程で職務や職場の情報を積極的に開示する方策。プラス面の情報だけでなく，マイナスの情報も開示することによって現実の状態を認識させる。セルフスクリーニングを促進させ，会社や仕事への過度の期待を抑制することで入社後の導入を円滑にし，早期に仕事へのコミットメントを高める効果があることが確認されている。

者に対して実施することができ，客観的な人物情報が得られるため，多くの応募者から絞り込むときに利用されます。適材となり得る人物のみに応募してもらうという意味で採用広報によるスクリーニングの機能も見落とせません。会社や仕事の実際の姿を積極的に伝えること（RJP: Realistic Job Preview）によって，応募者のセルフスクリーニングを促進することの効果も確認されています。

後半の採否の意思決定プロセスでは，スクリーニングの過程で得られた情報と面接によって，採否が総合的に判断されます。最終的には経営者の人間観と人物を見る目にゆだねられることになります。面接は限られた時間の中で判断し意思決定しなければならないため，適性テストの客観的な情報を有効に利用することもポイントとなります。

●採用選考手法・ツールの選択

採用選考の際にはどのような人材を採用すべきかが明らかになっている必要があります。そのために事前準備として，①採用すべき人材像に関するアンケート調査を実施する，②高業績者や低業績者の人物特性の比較などの実証データを分析する，③収集した情報から総合的に人材要件を決定することが行われます。

明確化された人材要件にそって，それぞれの人材特性を評価するために適切な選考手法・ツールが選択されます。人物のすべての側面を明らかにできる手法・ツールはありませんので，複数の手法を組み合わせて選考フローが設計されます。表3.4.1は手法と人材要素との関連を整理したものです。

（舛田博之）

参考文献
二村英幸・国本浩市 2002 採用選考ハンドブック リクルートマネジメントソリューションズ

表3.4.1 採用選考場面における評価手法・ツールと人材要素との関連

側面	評定項目	応募書類	適性検査	筆記試験	面接	作文・論文	グループ討議
健康	身体的健康 精神的健康	△			△		
基本的態度・姿勢	社会性・倫理性 責任性・誠実性 自主性・自律性 協調性 挑戦心・パワー 率直・素直さ ポジティブ思考・楽観性 バランス感覚		△		○	○	○
職業観・職業興味	働く目的 働き方の好み 自分と組織の距離感 職業・職務興味指向	○			○	○	
志望動機	会社・事業の理解度 入社動機づけの程度	○			○		
性格	一般適性的な性格特性 個別適性的な性格特性	△	○		○	△	△
実践的能力・スキル	視野の広さ 課題形成力 課題推進力 リーダーシップ・統率力 コミュニケーションスキル プレゼンテーションスキル 専門的知識・技術	△		○	○	△	○
基本的能力・知識	一般知的能力 専門的基礎知識・技術 一般教養 外国語基礎能力 視覚的身体的能力 資格	△	○	○	○	△	△
個人的事情	勤務地，勤務時間など	○			○		

○：主な評価ツール　△：補助的な評価ツール
出所：二村英幸　2000　採用選考における人事アセスメント　大沢武志・芝祐順・二村英幸（編）　人事アセスメントハンドブック　金子書房　p. 81.

III 採用と面接

5 適性テスト

1 適性テストとは

適性テストは人物特性を測定するために開発された最初の科学的ツールで、人物理解や適性把握など、採用選考においても一般的に広く利用されています。能力や性格、興味などの個人差を客観的な情報として表すツールです。もともと実体のない心理特性を測定対象としているため、長さや重さのように絶対的な測定はできません。そのため、規準となる集団を想定し、その中でどのあたりに位置するかによって個人差を表す工夫がなされています。

●適性テストの種類

世の中には多種多様な適性テストが存在しますが、採用選考で用いられる主要なものには能力適性テスト、性格適性テスト、総合適性テストがあります。近年では、組織や職場との適合性に関連がある職業興味や指向を測定する興味・指向テストも用いられるケースがあります。総合適性テストは能力的側面や性格的側面および職業興味・指向を複合的に測定し、人物特徴を総合的に捉えることを狙ったもので、全人格的な適応性を問題とする日本固有の形式といえます。

2 能力適性テスト

能力適性テストの歴史は選考ツールの中でもっとも古く、20世紀初頭より開発され、採用選考に適用されています。当初は製造現場の機械操作に対する技能の適性に焦点があてられていましたが、大量の人材調達が必要となった1960年代以降、新規大学卒のホワイトカラーの採用選考に広く利用されるようになりました。能力適性テストは大きく分けると、職種をあまり限定せず一般的な能力適性に焦点をあてた「一般知的能力テスト」と、特定の職種の能力適性に焦点をあてた「職種別能力適性テスト」に分類されます。

一般知的能力テストでは、職務遂行能力と関係が深く、多くの職務一般に広く求められる一般知的能力を測定対象としています。具体的には語彙力、文章理解力、数的処理能力、論理的推理能力などの認知的能力が対象となります。認知的な能力は実践的な能力と関係があることが実証的にも確認されており、企業人能力の基本要件として位置づけられます。そのため採用選考における標準ツールとして広く普及することになりました。

職種別能力適性テストでは，特定の職務に求められる知的能力の側面を測定対象とします。事務的な職務では知覚や細かい作業の速さや正確さ，技能系職務では機械的推理能力や空間把握力，手先の器用さなどが測定対象となります。上記の職務にも前述した一般知的能力は求められますので，両者のウェイトの問題となります。

　能力適性テストは入学試験と同様の形式がとられることが多いために序列化のためのツールとして考えられてしまいがちです。採用選考においてスクリーニングが必要となる場合には，その客観性や職務遂行能力との関係性から序列付けに適切なツールとして受容されやすいといえます。しかし，適性の構造上，ひとつの特性が高ければ高いほど仕事をするうえで有利になる傾向はあまり見られないため，必要となる水準を満たしているかを確認することが本来的な利用方法といえます。

3　性格適性テスト

　性格適性テストは能力適性テストにやや遅れて開発され，1940年代にその基礎が確立されました。経営人事に適用された当初の目的は精神障害者の診断・予見でしたが，しだいにそれよりも職務遂行能力の予測，さらには個人の持ち味を把握するツールとして位置づけられるようになり，今では採用選考ツールとして定着しました。

　性格適性テストはものの見方や感じ方，行動様式など，日常的に安定して見られる行動特徴や性向の個人差を客観的に捉えるツールです。その測定手法によって質問紙法，作業検査法，投影法の３つに分類されます。

　質問紙法は採用選考ツールとしてもっとも普及している手法です。短い質問文に対して自分の行動や気持ちをふりかえり，「はい」「いいえ」などを選択して回答させる形式です。実施が容易であり，採点などのデータ処理が客観的で機械化しやすいなどの長所があります。しかし受検者の内観によるため，自己認識のない側面の測定は難しい，作為的な回答が懸念されるなどの短所があります。

　作業検査法は，単純で連続的な作業を行わせ，その作業量の推移パターンから情緒の安定性などを診断する手法です。作業の安全性や安定性の予見に有効とされ，交通機関の乗務員の選考や労務管理に利用されています。短所としては作業曲線の診断に高い専門性が要求されることなどがあります。

　投影法は，あいまいな図柄，絵，単語などを提示し，自由に回答させた内容から人格を診断する手法です。他の手法では得られにくい深層心理や精神障害に関わる情報が得られます。診断には専門的な知見の蓄積が必要であり，受検者の心証がよくないことなどから，もっぱら産業カウンセリングの臨床用に利用されています。

〔舛田博之〕

参考文献

二村英幸　2005　人事アセスメント論　ミネルヴァ書房

III 採用と面接

6 適性テストの信頼性と妥当性

　適性テストは主に採用選考の初期段階で使用される選考ツールです。選抜の有効性を考えると、そこで用いられるツールの確からしさが問題となります。ツールが測定する結果の安定性が「信頼性」という概念で、測定誤差が少なく何度測っても同じような結果が得られるかどうかということです。信頼性が低いツールではその結果が偶然性に左右されることになり、あてになりません。また、使用するツールが目的にかなっているかどうかが「妥当性」という概念です。測定したい対象をたしかに測っているか、予測したい内容と関連性があり有効な情報であるかということです。信頼性が高いツールであっても利用目的に合っていなければ妥当性があるとはいえません。信頼性はツールそのものの問題といえますが、妥当性はツールのみでなく、その適用方法も含めた問題といえます。

1 適性テストの信頼性

　テストの信頼性（reliability）はテスト結果であるスコアの安定性のことで、結果に測定誤差が含まれていない程度といえます。別の見方をすると、スコアをそのまま信頼したときに誤った判断をしてしまうリスクの小ささといえます。信頼性を確認するにはいくつかの方法がありますが、その信頼性の程度は「信頼性係数」という指標で表されます。

○ 信頼性の確認方法

　信頼性を確かめる方法の代表的なものは**再テスト法、平行テスト法、折半法、内的整合法**の4つです。再テスト法では、対象となるテストを同じ受検者集団に2回実施してその結果の**相関係数**によって信頼性係数を推定します。平行テスト法では、すでに信頼性のわかっている同種のテストと対象となるテストを同じ受検者集団に実施してその結果の相関係数によって信頼性係数を推定します。これらは同じようなテストを2回受検させなければならないため、受検者の負担が問題となります。それに対して折半法や内的整合法では1回の受検データがあれば信頼性を確認することができます。折半法では、テストを偶数番目と奇数番目の2つの項目群に分けて2つのテストを構成し、その間の相関係数によって信頼性係数を推定します。内的整合法はテストを構成する項目間の一貫した傾向によって信頼性を確認する方法で、α係数という指標を信頼性係数の推定値として用います。

▷1　相関係数
同じ集団に対して2つの変数のデータを収集したとき、その変数間の変動の関連性の強さを表す指標。−1から1の間の値で表される。正の相関（片方が大きくなるともう片方も大きくなる）が強いと1に近づき、負の相関（片方が大きくなるともう片方は小さくなる）が強いと−1に近づく。無相関の場合は0となる。数値上の関係のみを表しており、原因と結果の関係である因果関係は表していないため、解釈の際には注意が必要である。

一般に能力適性テストでは信頼性係数が0.8程度，性格適性テストでは0.7程度は必要であるとされています。テストの信頼性はその項目数とも関連しており，項目数が少ないと信頼性も相対的に低くなります。そのため実施時間の制約などで項目数を必要以上に少なくすると十分な信頼性が得られなくなる恐れがありますので，テスト時間や項目数の削減は慎重に考える必要があります。

2 適性テストの妥当性

テストの妥当性（validity）は，利用目的に対して適切なテストが用いられていること，使用するテストが目的とする内容を測定しており有効であることを表す概念です。妥当性にはいくつかの捉え方がありますが，**内容的妥当性**，**基準関連妥当性**，**構成概念妥当性**の3つが代表的なものです。

内容的妥当性は，出題される問題や項目内容が測定したい人物特性の内容を適切に代表しているかということです。テスト項目の作成時におもに意識されるもので，内容の偏りや不足がないかの観点です。基準関連妥当性は，予測したい内容を表す基準との関連性のことです。たとえば入社後の職務行動の成否を表す人事評価を基準としたときに，採用選考時のテストがどのくらい関連があるかという観点です。両者の間の相関係数を妥当性係数と呼びます。利用したテストの有効性を確認するときにおもに意識されるもので，基準となる情報は利用する目的によって対象者の業績や満足度などさまざまなものが用いられます。構成概念妥当性は，用意した人材特性を捉える枠組みと職務行動との関連性を説明する理論的な仮説が適正であるかという観点です。これらの枠組みや仮説は構成概念と呼ばれます。内容的妥当性は意味内容の側面から構成概念を見たものであり，基準関連妥当性は結果の側面から構成概念を見たものです。構成概念妥当性は他の妥当性を包括した上位の概念であるといえます。

これとは別に表面的妥当性という概念があります。これは受検者の視点から見た妥当性であり，テストの内容がそれらしく見えて納得できるものかどうかという受検者の納得性に関わる概念です。受検者がテスト結果を信頼して受け容れるためにも意識される必要があります。

◯ 妥当性の一般化

テストの妥当性は利用する目的とセットで考えられるものであり，利用者が主体となって検討すべき問題です。米国では妥当性のないテストを使用したことによって訴訟問題に発展することもあります。利用したテストの妥当性は基準関連妥当性によって議論されることがほとんどですが，個別企業において妥当性検証を行うことは難しいのが実情です。そこである一定の条件化では妥当性係数は同じような水準であることを，**メタ分析**という統計分析手法によって確認することが行われています。この取り組みのことを妥当性一般化と呼びます。

（舛田博之）

▶2 メタ分析
複数の個別研究の結果を統合してどのようなことがいえるかを，個々の研究結果をデータとして統計的に解析し，いろいろな角度からそれらを統合・比較する分析手法。妥当性一般化の研究ではハンターとシュミット（Hunter, J. E. & Schmidt, F. L.）の手続きが代表的である。

III 採用と面接

7 採用面接

1 面接選考の意義

　面接は採用選考の中核をなすもので，とくに採否の決定はほとんどの場合面接によって行われます。**面接選考**は，面接者と応募者が直接やり取りを行いながら，面接者が自らの評価観に基づいて主観的に評価し，採否を意思決定するプロセスです。米国の研究者ガイオン（Guion, R. M.）は面接選考の意義をつぎの4つにまとめています。

　第一は面接ならではの人物特徴の把握です。対面したときの印象のよさや物腰の柔らかさなど，応募書類やテストではわからない多様な情報を得ることができます。第二は応募者の個人的な事情や履歴などの背景を確認することができることです。第三は総合的な人物評価と採否の決定を判断する場となることです。これまでに得られたすべての情報をもとに人物理解が深められ，採否の意思決定が行われます。最終面接といわれる場面がこれにあたります。第四は事業活動以外の一般社会との接点となることです。採用面接は企業と個人との直接的なコミュニケーションが発生する機会であり，就業機会の分配という社会的機能を担っているといえます。

2 面接の分類

　面接のあり方は評価する内容，実施形態，手法の3つの観点によって分類することができます。

　評価内容では，職務に必要な知識・技術・スキルの評価と，基本的な能力・性格・態度などによる総合的な人物評価に分類できます。前者は主に中途採用，後者は主に新卒採用で見られることが多いようです。

　実施形態では，ひとりで面接を受けるのか，複数名で同時に面接されるのかによって，**個人面接**と**集団面接**に分類できます。面接者がひとりか複数かによってさらに分類可能です。個人面接では応募者を掘り下げて評価ができますが，時間と人的コストが必要となります。集団面接では一度に複数名を面接できるので効率がよいのですが，他の応募者のやり取りの影響を受けることなどによって人物理解が浅くなりやすく，評価が難しくなります。

　最後に面接手法では**自由面接**と**構造化面接**に分類できます。自由面接は，面接者を決めて人物評価と採否の判断をゆだね，面接の展開のしかたや質問内容

はすべて面接者に任せる方法です。構造化面接（Structured Interview）は、評価すべき内容を事前に決めておき、質問や評価の基準をあらかじめ設定してから決められた手続きによって面接を展開する方法です。定まった構造化面接のプログラムがあるわけではなく、質問の回答に応じた掘り下げる質問のしかたなど、手続きを標準化する程度は面接の設計によって異なります。経営幹部による面接は主に自由面接となりますが、多くの面接者が分担して多数の応募者を面接する場合には構造化面接が適しています。

評価手法として採用面接を見た場合、自由面接よりも構造化面接の方が信頼性や妥当性を確保する上では有利であることが、米国の研究によって明らかになっています。

③ 採用面接の心理プロセス

採用面接は面接者と被面接者との直接的なやり取りの積み重ねによって人物理解が進み、採否の決定という面接選考の結果へと至ります。面接者と被面接者との間に起こる心理的なプロセスを整理したものが図3.7.1です。

採用面接という特殊な場面では、さまざまな要因の影響があるため、被面接者は人物特徴をそのまま表すわけではありません。会社や職務、職場に関する情報のほか、労働市場の需給状況による就職の難しさや自分が採用されることの可能性など、さまざまな思いが絡み合って複雑な心理的プロセスを経て反応します。その反応はさらに面接者の風貌や表情、質問内容などによって大きな影響を受けます。

一方の面接者は、会社の状況や職務・職場の情報、採用方針のほか、労働市場が買い手市場なのか売り手市場なのかの認識などを背負いながら、その人の人物観や経験、面接スキルに基づいて質問や応答を行います。また、面接者も被面接者の反応や言動に影響を受けながら面接を展開しています。

このように面接は面接者と被面接者が相互に影響を与え合うことによって展開していくダイナミックな「場」であるといえます。面接者が変わると、同じ被面接者の評価が大きく変わることがありますが、それは面接者の人物評価眼の違いだけでなく、面接の「場」の違いによるものも大きいためです。

（舛田博之）

参考文献

二村英幸・国本浩市 2002 採用選考ハンドブック リクルートマネジメントソリューションズ

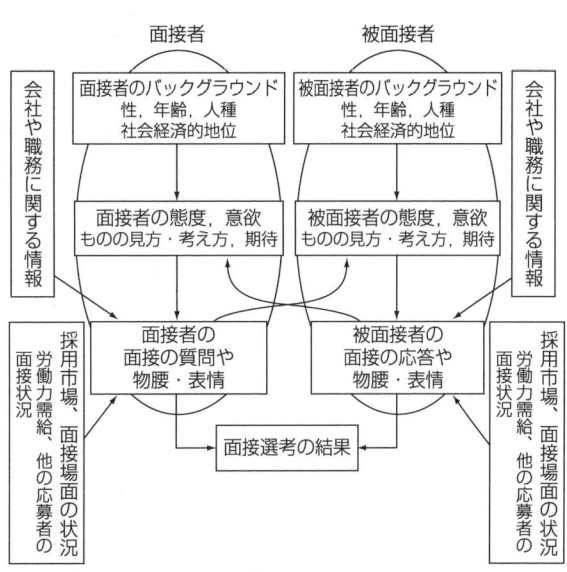

図3.7.1 採用面接の心理的プロセスモデル

出所：Schmitt, N. 1976 Social and situational determinants of interview demensions: Implications for the employment interview. *Personnel Psychology*, **29**. より再構成
二村・国本, 2002, p.191. より

III 採用と面接

8 面接の信頼性と妥当性

1 面接の信頼性

　面接は採否の意思決定を行う場面であり，採用実務の一過程と見なされることが一般的です。そのため，結果の**信頼性**について検討するという発想はほとんどないと思われます。しかし，人材評価の手法として考えると，面接は面接者の主観的な評定に基づくものであるため，その結果は不安定になりやすいといえます。測定の観点から見たときの信頼性は，評定結果を記録しておくことによって事後的に確かめることが可能となります。

　面接評定の信頼性を，テストと同じように項目間の一貫性（内的整合法）や再テスト法によって確認することはなじみません。そのため複数の面接者による面接結果の一致度によって信頼性を表すことが一般的です。結果の一致度を表すには相関係数を用いるのが普通ですが，同じ2名の面接者がすべての被面接者を面接することはほとんどありませんので，相関係数が適用できません。このような場合には「**級内相関係数**」[1]と呼ばれる指標が用いられます。

　面接は各社各様であるため，個別の状況に依存する手法でありツールであるといえます。そのため，テストのようにツールとしての信頼性を個別の面接について求めることには意味はありませんが，一般的な水準を求めることは面接という手法の特徴を捉える目安になります。米国では面接の個別性をふまえた上で，面接者間の一致度による面接の信頼性に関する研究が数多くなされています。たとえばレイサム（Latham, G. P.）らによると特定の会社における**構造化面接の信頼性**は0.76〜0.87，[2] マクダニエル（McDaniel, M. A.）らによると**自由面接の信頼性**は0.68との報告がなされています。[3] 総じてみると自由面接による信頼性よりも構造化面接の信頼性のほうが高いといえ，構造化する意味があることが確認されています。わが国での研究は数少ないものの，ある企業の3年間にわたる採用面接をもとにした研究では，構造化面接のほうが自由面接よりも信頼性が高いことが報告されています。[4]

2 面接の妥当性

　面接は採否を決める場面そのものですので，その結果の**妥当性**を考えると適材を採用できたか否かに帰着します。適材の捉え方にはいくつかの視点がありますが，もっとも関心が高いのは入社後どのくらい職務遂行能力を発揮し，業

▷1　**級内相関係数**
一組の変数があった場合，同じ組の中での変数の関連性の強さを表す指標。同じ被面接者に対しての複数の面接者の評定結果を一組と見なし，その中での一致度を確認する。相関係数の一種であるが，算出方法が異なるため，その大きさは相関と直接比較することはできない。

▷2　Latham, G. P., Saari, L. M., Pursell, E. D. & Campion, M. A. 1980 The situational interview. *Journal of Applied Psychology*, **65**, 422-427.

▷3　McDaniel, M. A., Whetzel, D. L., Schmidt, F. L. & Maurer, S. D. 1994 The validity of employment interviews: A comprehensive review and meta-analysis. *Journal of Applied Pschology*, **79**, 599-616.

▷4　今城志保・二村英幸・内藤淳　2000　採用面接の実証的研究──面接の構造化における効果　産業・組織心理学第16回大会発表論文集　pp. 80-83.

績をあげているかに関することです。面接による評価が入社後の活躍をどの程度予測しているかを，入社後の業績，能力考課，昇進スピードとの関連性を分析することによって確認することができます。また，組織への定着が問題となっている場合には，面接での評価と在籍期間や職務満足度との関連性を確認することになります。これらの取り組みは結果としての妥当性である基準関連妥当性を確認することになります。

日本では残念ながら面接の妥当性の研究は行われていないのが実状です。ツールである適性テストの有効性を検証することと違い，経営トップ層による採用の意思決定に対して分析的なアプローチで検証するという発想が起きにくいという事情があると思われます。一方米国では古くから数多くの妥当性研究が行われています。初期の研究では面接の妥当性はあまりないとの悲観的な結果が報告されていました。しかし，構造化面接の技術が導入されることによって適性テストと同等か，それを上回る妥当性が確認されています。これらのことから自由面接よりも構造化面接の方が信頼性だけでなく妥当性の面においても有効であることが広く認識されています。

3 面接評定に関する実証的研究

面接評定の性質を実証的な研究によって明らかにすることは，面接の評価手法としての特徴を理解する上でとても重要なことです。この種の研究は目的にかなった利用を促すという意味で，妥当性を支援する取り組みであるといえます。ここでは代表的なものとして，面接で焦点があたりやすい個人特性の研究と，面接者のパーソナリティが面接評定に与える影響についての研究を紹介します。

面接では能力・性格・価値観など幅広く総合的に人物を評価します。面接においてどのような個人特性に焦点があたりやすいかを，面接結果と適性テストとの相関分析によって確認することができます。29社の企業での面接評定と適性テストとの相関係数を集計した結果を見ると，性格のそれぞれの尺度において最大値と最小値のレンジがかなり大きいことが報告されています。これは個別の企業において重視されやすい性格特性が存在することを示す結果といえます。また，ある企業においての4年間にわたる研究では，面接者によって面接評定と被面接者の能力・性格尺度との相関は大きく異なり，面接者の重視ポイントの違いを反映した結果であるといえます。このことからも面接評定に対して面接者の影響が大きいことがわかります。[5]

面接者のパーソナリティが評定にどのような影響を与えるかを，被面接者との類似性の観点から実証的に確認した研究があります。面接者と被面接者のパーソナリティが似ている場合には評定は高くなる傾向が確認され，面接を構造化することによってその傾向が抑制されると報告されています。[6]　（舛田博之）

▷5　今城志保　2005　採用面接評価の実証的研究――応募者，面接者，組織が面接評価に及ぼす影響の多水準分析　産業・組織心理学研究, 19, 3-16.

▷6　同上書

参考文献
二村英幸　2005 人事アセスメント論　ミネルヴァ書房

III 採用と面接

9 面接の効用と課題

1 採用選考の中核をなす面接

　採用選考は人と組織との出会いの場であり，そこには必ず当事者となった人たちの主観的な判断と情動的な意思決定が介在します。すべてが合理的に進んでいくわけではなく，そのプロセスのどこかには人間同士の接点が必要となります。組織との適合性を重視し，総合的な人物評価がなされる日本では，面接は採用選考の中核に位置づけられます。そのため適正な面接が行われているかどうかは採用選考全体の成否に関わっているといえます。米国の研究に，採用選考における被評価者の選考手法に対する好感度の調査結果をメタ分析によって総括した研究があります。その結果によると面接がもっとも好感度が高く，被評価者に受け容れられているといえます。[1] 面接による選考を正しく行うことは応募者の納得を得るだけでなく，社会的な納得も得ることにつながります。採用面接の場面は企業の社会的責任を表現する場であり，企業姿勢が問われる場といえるでしょう。

2 面接の課題と対策

　面接は経験がなくてもかたちの上では誰でも実施できますし，自分なりの評価する観点にしたがって判断することは可能です。しかし，だれが面接者であるかによって面接結果の確からしさが大きく変わります。面接者には対人関係面で発揮される社会的スキルと人間観察力が求められますが，面接という特殊なシチュエーションであるため，いくつかの**陥りやすい誤り**があります。[2]

①面接者が話しすぎて被面接者に関する必要な情報が得られない
②質問が場あたり的で，被面接者全員について一貫した情報が得られない
③職務遂行能力との関連がない質問をしてしまう
④被面接者の緊張を解きほぐすことができず，本音が引き出せない
⑤自分を過信し，軽率な判断をしてしまう
⑥一つの特徴によって特定のタイプに決め付けてしまう（ステレオタイプ）
⑦表情，容姿，態度などの表面的な印象に左右されやすい
⑧一度に多くの面接をし続けることによって，評価が甘くなったり，逆に厳しくなったり，中心化してしまう（寛大化傾向，厳格化傾向，中心化傾向）
⑨一つの優れた点や劣った点に目を奪われてしまい，それによって人物全体

▷1 Hausknecht, J. P., Day, D. V. & Thomas, S. C. 2004 Applicant reactions to selection procedures: An updated model and meta-analysis. *Personnel Psychology,* **57**, 639-683.

▷2 二村英幸　2001　人事アセスメント入門　日本経済新聞社

を評価してしまう（ハロー効果）
⑩人物のよい点よりも不採用とする理由ばかり探してしまう
⑪直前に面接した人物と比較して評価してしまう（対比効果）
⑫面接の最初の数分で判断し，採否を決めてしまう
⑬自分と似た点を多くもっている人を高く評価しやすい（相似効果）
⑭応募書類や他の評価ツールの結果に左右されやすい

　これらは経験をつんでいたとしても陥りやすいものです。事前の面接者ガイダンスによってこれらのポイントを理解させ，ロールプレイを重ねることによって自分自身の面接の癖を自覚させながら，面接者のスキルを高めていくことが大切です。

○ **構造化面接の設計**

　ここまでは面接者の側面からの課題と対策を見てきましたが，ここからは面接の展開方法における対策に目を向けてみます。構造化面接は質問の内容や評価基準などをあらかじめ決めておき，面接の展開を標準化した面接方法です。構造化面接には面接者のスキルの優劣による影響を抑える効果があります。

　構造化面接の設計方法には決まったやり方があるわけではありません。面接を構造化することによって面接者を束縛することになり，極端な場合にはアンケート調査のような事務的な印象を与えかねません。どの程度まで手続きを標準化するかは設計者にゆだねられることになります。実際の採用面接において有効な設計ステップは以下のとおりです。

①面接で評価する内容を明確化する

　事前に抽出された人材要件のうち，面接で評価する要素を選択します。その内容は具体的な職務行動のレベルで決めておきます。

②質問内容を標準化する

　行動レベルで定義された評価要素をもとに，その特徴が顕著に現れる場面を想定して被面接者全員に投げかける幹となる質問を用意します。その回答内容に応じてさらに掘り下げる質問を用意します。

③評定項目と評定基準を設定する

　定義された評価要素を評定項目のかたちで表現します。評定段階と代表的な応答内容を対応させることで，評価基準を明らかにします。評定項目と評価基準を明記した評定票を用意することによって，評価の観点が徹底されます。

④面接者へのガイダンス・訓練を行う

　評価する内容を明確にし，質問と評価基準を標準化することによって面接の仕組みが構造化されますが，面接者がその仕組みにそって面接を展開することで構造化面接の効果を得ることができます。面接者が仕組みをしっかりと理解し，評価基準を徹底することが必要です。ロールプレイによる体験を通じて評価基準の感覚をすり合わせていきます。

（舛田博之）

参考文献
二村英幸　2005　人事アセスメント論　ミネルヴァ書房

Ⅳ 人事評価

1 人的資源管理

1 ヒトに関するマネジメント

　経営に必要な資源には，ヒト・モノ・カネ・情報があるといわれています。この4つの資源（生産要素）を組み合わせることによってさまざまなビジネスが生まれ，それをうまく切り回していくために，マネジメント（経営管理）があります。経営学という学問領域は，この4つの資源に対応して発展しています。モノの管理についてはオペレーションズ・リサーチ（OR）やマーケティングが，カネの管理については財務（ファイナンス）や会計（アカウンティング）が，情報の管理に関しては情報技術（IT）がそれぞれ担っています。そして，**人的資源管理（HRM）**が，ヒトの管理に関するさまざまな施策をカバーしています。ヒトの問題を扱う以上，人的資源管理は，心理学とも深い関連を持っています。

2 組織の役割

　われわれの多くは，小さいときから学校という組織で集団生活を学び，企業という組織で集団として行動し，組織とともに生きています。一匹狼では生きていけず，組織との関わりを切ることができません。

　組織との関係で人的資源管理の役割を考えるとすれば，それは，企業組織の目標に向かって一人ひとりの活動を調整し，人々を動機づけ，報酬を与えることだといえるでしょう。多くの人々がともに働く企業組織であれば，従業員の行動をひとつの目標に向かって集中させていかなければなりません。しかし，組織の中のわれわれは，一人ひとり自立した人格であり，他人から強制されれば反発し，主体性・自発性を損なってしまいます。そこで，組織メンバーが自由意思を持つことを前提にして，組織目標に添ってその行動を方向づけようとすれば，それを担う何らかの仕組みや制度が必要となります。それが**人的資源管理施策**といえるでしょう。

3 人的資源管理（HRM）施策

　人的資源管理は，人材を管理していくうえで実施されるさまざまな施策や制度を含んでいます。以下には，その代表的な6つの領域をあげています。[1]

　①採用・人材配置：募集，採用，昇進，昇格，配置，退職に関わる一連の活

▷1　Dessler, G. 1997 *Human resource management,* 7th ed. Prentice-Hall.

　奥林康司　2003　入門人的資源管理　中央経済社

動を行います。具体的には，採用計画を立てること，WEBや新聞，雑誌などで人材を募集すること，採用面接を実施すること，昇進選抜のための面接を行うこと，昇格試験を実施すること，異動計画を立てること，人事情報を整理して人事記録を作成すること，本人の希望や家庭の事情について情報を得ること，退職準備の講習を行うことなどがあります。

②教育・訓練：従業員の育成と能力開発のために，新入社員研修，年次別研修，管理職訓練，経営者教育などを含むさまざまな研修と教育を行います。キャリア開発として体系化されている場合もあります。具体的には，年間の研修計画と予算計画を立てること，WEBなどで社内に研修情報を提供すること，研修所・宿泊施設を手配すること，研修教材を作成・準備すること，講師の手配をすること，研修効果の検証を行うこと，キャリアに関するカウンセリングを実施することなどがあります。

③モティベーション管理：従業員のモラールを高め，動機づけるために，さまざまな活動を実施します。具体的には，モラール・サーベイ（調査）を実施し現状の問題点を洗い出すこと，モティベーションを向上させる各種の研修を実施すること，社員の能力を向上させるために人材アセスメントを運営すること，リーダーシップ開発訓練を実施し部下を動機づける上司の役割をサポートすること，**QCサークル**や小集団活動を促進し社員のやる気を高めること，表彰制度やコンテストを実施し職場に刺激を与えることなどがあります。

▷2　QCサークル
職場内で品質管理（QC）や改善を目的に従業員が自主的に行う小集団活動。

④報酬管理：基本給と賞与（ボーナス）の額，配分のルール，昇給の構造，現金給付とその他の給付とのバランスなどを工夫して，従業員の働きに報います。具体的には，賃金に関わる実務を継続して運営すること，人件費の総額を把握すること，他社の賃金相場を把握すること，賃金外給付や福利厚生に関して計画を立てることなどがあります。

⑤労使関係：労働組合と団体交渉を行ったり，労使が協議する場の設定と運営を行います。具体的には，団体交渉や労使協議会の場を設けること，労働者の不満について耳を傾けること，労働協約や労働法に関して管理職に教育を行うこと，労働条件に関する不満や苦情についての労使の話し合いで経営陣をサポートすることなどがあります。

⑥安全衛生：職場の安全を確保するために，安全設備・手順を設けたり，事故・労働災害のリスクを低めるために，原因究明や予防措置を講じます。

　人的資源管理は心理学と密に関連しています。医療や教育現場とともに，心理学の応用の場のひとつに数えることができます。そこには，心理学の知見を産業場面と組織状況に応用し，社会に貢献する活躍の場が豊かに広がっているのです。

（髙橋　潔）

Ⅳ 人事評価

② 人事評価

① 人事評価とは

　企業においては，勤めている人々の働きを通じて，利潤を追求することが求められます。そのためには，高い賃金やポスト（役職）といった皆が求める希少な資源を，公平かつ効果的に配分していくことが大切です。フェアで効果的な配分を行おうとすれば，従業員の会社に対する貢献をきちんと評価し，その結果に応じた処遇を行うことが必要であり，それと同時に，フェアな処遇によって従業員のやる気を向上させていかなければなりません。

　生徒・学生であれば，試験や内申点の形で，教師から成績を評価されるのはあたりまえのことでしょう。スポーツでも，たとえば体操，飛び込み，シンクロナイズド・スイミング，フィギュア・スケート，ジャンプ競技などの競技では，技量の高さを決めるために審判員による評価が行われています。同じように，ほとんどの企業においては，従業員の仕事ぶりが上司によって評価されます。それが，**人事評価（人事考課）**です。人事評価制度を通じて，毎年，従業員一人ひとりの能力なり仕事ぶりなりが評価されます。

② 企業において人事評価がなぜ大切か

　企業に長く勤めている人が高い地位と高い給料を得る年功制が，わが国では一般的でした。その時代には，勤続年数が長くその企業のことをよく知っていることが，会社に対する貢献の中心的中身をなしていました。しかし，現代の企業では，勤続年数に添った手厚い処遇を全員に約束することができなくなり，勤続年数に代わって，従業員一人ひとりが果たす真の貢献を割り出していかなければならなくなってきました。それが，成果主義と呼ばれる人事制度です。

　成果主義人事制度の根幹を握るのが**評価制度**だといわれています。成果や会社に対する貢献を数値によって計測することが難しいこともあって，人事評価制度による仕事ぶりの評価が避けては通れなくなっています。評価の大切さが，これまで以上に認識されているのです。また，このような流れの影響を受けて，かつて評価が行われなかった公務員や教員などにも，人事評価の仕組みが導入されてきています。

▷1　人事評価（人事考課）
「従業員の日常の勤務や実績を通じて，その能力や仕事ぶりを評価し，賃金，昇進，適正配置，能力開発等の諸決定に役立てる手続き」と定義できる。
　白井泰四郎　1982　現代日本の労務管理　東洋経済新報社

3　3つの評価制度

わが国における人事評価は，一般に，**成績評価**，**能力評価**，**情意（態度）評価**の3種類から構成されています。この3つの下位評価のうち，第一の成績評価とは，社員が担当する業務をどれだけ遂行したかを評価するものです。一定期間に従業員が示した実績や成果を判断することが主な目的ですから，評価者の主観で左右されることのない，数字に裏づけられたものが理想です。多くは，仕事の量的達成度（速さ・量）と質的達成度（正確さ・できばえ）の2側面を評価要素とし，上司によって査定されます。

第二の能力評価とは，職務を遂行するうえで必要とされる能力を，本人がどのくらい保有しているか（保有能力）を評価するものです。具体的には，理解力・判断力・表現力・渉外力・指導力・企画力などといった職務遂行能力，業務知識や専門知識などの知識，スキル（技能）・技術などを評価要素とし，それぞれの能力の保有レベルが評価されます。

第三の情意（態度）評価とは，与えられた職務に対してどのような態度をとっているかを評価するものです。情意評価では，態度や意欲，行動などを判断しようとします。具体的には，規律性・協調性・積極性・責任感などの態度・性格面に加えて，成果や数字に表れることのない影の努力や意欲の高さ，目標達成のプロセスで見過ごされがちな行動などにも視野を広げて評価します。

4　だれが評価するのか

評価者についていえば，人事評価においては，評価される従業員と日々接している直属の上司が1次考課者として，各従業員の成績，能力，情意を評価します。一般従業員から係長レベルであれば，課長クラスにある管理者が，絶対評価によって評価するのが一般的です。その次に，部門長（部長クラス）が1次考課の結果を相対評価の観点から見直して，2次考課とよばれる調整を行うことが多いようです。最後に，人事部によって，1次考課・2次考課の結果と，これまでの人事評価実績，**アセスメント**結果，被評価者の評判などをつきあわせて，評価の誤りや偏りがないかを検証していきます。

人事評価では，数段階にまたがる評価プロセスの中で，絶対評価と相対評価が組み合わされています。公平性の観点で従業員に納得されやすい絶対評価によって1次考課が実施されるものの，給与処遇の原資が限られていることから，2次考課では相対評価を取らざるを得ないと考えられています。限られたパイを分け合うとともに，働きぶりに応じてメリハリをつけたフェアな処遇を行うために，絶対評価と相対評価のバランスをとって評価を実施しています。しかし制度が複雑になると，本人に評価結果を伝えるときに，納得が得られにくくなることもあるようです。

（髙橋　潔）

▷2　鈴木敦子　1996　人事・労務がわかる事典　日本実業出版社
　荻原勝　1998　すぐに役立つ人事・労務実務全書　日本実業出版社

▷3　アセスメント
従業員のさまざまな資質，特性，行動などを，検査，筆記試験，面接，行動観察，サーベイなどを用いて診断すること。

Ⅳ 人事評価

3 絶対評価・相対評価

1 絶対評価か相対評価か

人事評価を**絶対評価**で行うか，**相対評価**で行うかは，評価制度を新しく作り上げたり，修正したりするときに，大きな問題となります。大企業であれば，絶対評価と相対評価を組み合わせてバランスをとり，両者の長所と短所を補い合うことを考えています。しかし，教育界やスポーツの採点競技では絶対評価が不可欠であり，明確な基準に照らして各人が評価されなければなりません。その一方で，ワンマン経営者の下で働いていたり，チームスポーツでレギュラーに選ばれるためには，上司や監督からの相対評価をつねに受けなければならないこともあります。そこで，絶対評価と相対評価の違いについて見ていきましょう。

2 絶対評価とは

絶対評価法とは，ある評価基準（絶対基準）に照らして，従業員それぞれが示した特性や行動，成果などを評価するものです。この評価法では，絶対基準に照らして達成度や保有度を評価するため，本人の評価に他者の評価結果が影響しません。そのため，公平な評価法であると考えられてきました。たとえば，入学試験やコンテストなどで，基準点を満たせば何人でも合格者が出るような場合には，絶対評価が実施されているといえます。

絶対評価法としてもっとも普及しているのが，**図式評定尺度法**（graphic rating scales）です。これは，個々の評価要素について，程度や段階をあらわす尺度を設け，その尺度基準に照らして評価対象者の成績や能力などを評価する絶対評価法の総称です。図4.3.1に示したように，評定に用いられる段階の数，段階や付された標語・数値の明確さの程度，測ろうとする評価要素自体の具体性の程度によってさまざまな種類のものがあげられます。人事考課表を用いて人事評価を行っている組織では，ほとんどの場合，図式評定尺度法が用いられているといってもいいすぎではないでしょう。

絶対評価では，絶対評価基準となるいくつもの評価要素を柔軟に設定できることが，大きなメリットです。基準が複数あるから，多様な側面を評価できると考えられています。また，基準が文章ではっきりと示され，それに基づいて数値による評価がなされることが多いので，結果はある意味で客観的であると

▷1 村田多嘉治 1988 精選人事考課表とつくり方 経営書院

▷2 Schneider, B. & Schmitt, N. 1986 *Staffing organizations*, 2nd ed. Scott Foresman.
金井壽宏・髙橋潔 2004 組織行動の考え方 東洋経済新報社

信じられています。評価のプロセスでは，一つひとつの評価要素を細かく区別し，分析的に査定を行った後，結果を積み上げて集計することになります。

3 相対評価とは

相対評価法では，従業員の能力や成績を，全般的観点から相互に比較して評価します。成績や能力に関わる全般的基準を念頭におき，各評価対象者について，グループ内での相対的位置づけや順位づけを行います。人材を総合的に評価できるメリットがある反面，自分の評価に他者の結果が影響してしまうことが，よく批判の的にされます。

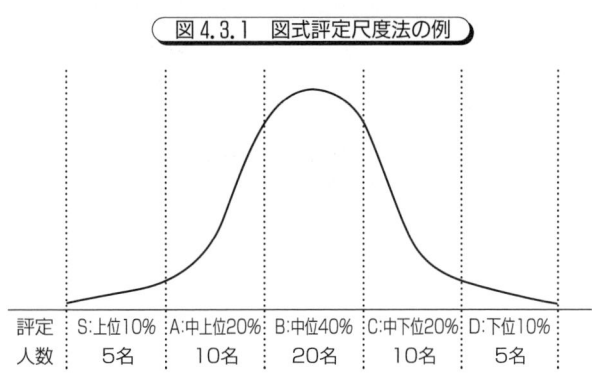

相対評価法としては，**強制分布法**（分布制限法）と**序列法**がよく用いられます。強制分布法（forced distribution）とは，あらかじめ決められた分布にしたがって，評価対象者を序列化する相対評価法です。企業や学校でもっともよく用いられる相対評価法であり，普通，相対評価といえばこれを指します。評価者は，評価基準となる観点から評価対象者を判断し，一定の人数比に割り当てられたカテゴリー（SからDなどの段階）に対象者を割りあてていきます（図4.3.2）。

一方，序列法（ranking）とは，評価対象者が示した業績，備えている能力・資質について，全般的観点から序列づけを行う方法です。もっとも優れている従業員からもっとも劣っている従業員までを，上から順に並べていくことを指します。優劣の差をはっきりとつけることができるため，コンテストなどの場面では効力を発揮します。

絶対評価と相対評価は，それぞれの評価・判断に特徴がありますから，どちらが優れているとは一概にはいえません。それぞれの手法の特徴を正しく認識することが大切です。

（髙橋　潔）

IV 人事評価

4 昇進・昇格

1 昇進と昇格

　今いる立場より上位の地位に進むことが**昇進**です。相撲であれば，序の口から十両，前頭，三役，横綱へと番付が上がることを意味していますし，軍隊であれば，二等兵から元帥に至る階級を上がることを示しています。企業においては，「現在配属されている職務よりも上位の職級に属する職務に異動すること」を指します▼1。ただし，わが国の企業では，役職（ポスト）面での昇進と，資格面での昇進（**昇格**）が分けられ，それぞれ管理されていることが多いため，昇進と昇格を区別して考えていくことが必要です。

　役職と資格の関係は，お互いに緩やかに関連するものの，1対1の対応関係があるものではありません。したがって，高い資格にある人がすべて昇進するわけではないのです。組織階層がフラット化し，管理職ポストが慢性的に不足している現代の組織では，ポスト面では昇進しませんが，資格だけは勤続年数に比例して徐々に上げていって，従業員のやる気を維持していこうとする対策が見られます。企業に適した能力を蓄積していくことと，適材適所の配置の両方を実現するために，昇進管理と昇格管理がうまく使い分けられているといえます。

2 昇進の仕組み

　まず，役職面での昇進を考えてみましょう。それは，一般従業員（平社員）として入社した人が，係長，課長，部長，取締役といった役職（ポスト）を担うようになることです。昇進にともなって仕事上の権限や裁量の幅，賃金も上がるため，望ましいことと思われています。

　実際の企業における昇進システムを詳しく見ていけば，3つの仕組みの組み合わせであることがわかります▼2。

　第一は，年功による一律昇進システムです。同期入社の社員間で差がつかず，入社後に一定期間を経過すれば，全員一律に昇進する仕組みです。これは，純粋な形での「年功制度」であり，わが国の大企業において，男子基幹従業員を中心に実施されてきた印象があります。

　第二は，昇進スピードに違いが生まれる競争システムです。同一年次でトップに昇進する「第一選抜」と，遅れて昇進する「第二選抜」や「第三選抜」な

▶1　佐藤博樹・藤村博之・八代充史　2000　マテリアル人事労務管理　有斐閣

▶2　今田幸子・平田周一　1995　ホワイトカラーの昇進構造　日本労働研究機構

どが現れ，昇進するスピードに差が現れるものです。第二・第三選抜であった人が，次のレベルでは，トップで昇進するような敗者復活が見られることもあります。

そして第三は，敗者復活のチャンスがないトーナメント型の昇進システムです。各役職レベルでの昇進競争で勝ち残った者だけが，次のレベルへ昇進するチャンスを得る，勝ち抜けの仕組みです。

企業においては，入社後の数年間は，同一年次に入社した同期にあまり差はつかず，一律昇進が行われることがあります。が，その後に，だんだんと昇進スピードに差が生まれてきます。そして，キャリアの最終段階になって，取締役レベルへの昇進決定となると，敗者復活のないトーナメント競争が行われるようになります。キャリアの段階にそって，昇進の仕組みが変わってくるのです。

❸ 昇進の基準

企業において，昇進はどのような基準に基づいて決められるのでしょうか。さまざまな要素の中で，もっとも重視されているのが，「業績」「能力の高さ」といった従業員個人の要因です。それに加えて，「それまで経験した部署」，「上長の推薦」，「昇進要件となる資格での滞留年数」など，企業の都合や上司との関係などが重視されます。

昇進するためには，高い能力と高い成果を示すことが必要なのはいうまでもありません。高い成果を示した人，能力が高い人が選ばれて昇進することが公平であり，「適材適所」の配属にも合います。しかしそれ以外にも，多くの部署で仕事を経験し，会社の事情をよく知ること，上司とうまい人間関係を築いていくことなどが，大切な要素としてクローズアップされてきます。

❹ 昇格とは

参事，主査，事務職1〜5等級といった資格面で，上位の資格に上がることを昇格と呼びます。昇格に伴って給与が上がり，企業内での序列も上がるため，昇格もまた，ほとんどの従業員にとって望ましいものと考えられています。

企業内における従業員の序列を示す等級を「資格」と呼びます。資格は，「職務遂行能力」をベースにして設定されています。各従業員は，「職能資格」を充足することによって，上位の資格に昇格することができます。そのために，必要な研修を受けたか，昇格試験に合格したか，昇格に必要な職務遂行能力をどの程度保有しているか等が，人事記録や人事評価を通じてチェックされます。

（髙橋　潔）

Ⅳ 人事評価

5 報酬制度

1 報酬形態

　企業で働くことによって，われわれは，給料やボーナスなどの現金収入を得ることができますし，また，会社に勤めていれば，福利厚生や社会保険などの恩恵を受けることができます。だから，**報酬制度**を考えるときには，**現金給付**と**間接給付**を分けて考えるとわかりやすくなります。

　現金（直接）給付とは，現金（振込み等）で支払われる給与で，給料の手取り分です。基本給と諸手当（役職手当，通勤手当，家族手当，住宅手当など）からなる毎月の給料のほかに，夏と冬に支払われる賞与（ボーナス）が主なものです。

　一方，間接給付とは，その他の形で得られる給付です。たとえば，現物支給，住居の提供，託児所の利用，食事・食費の提供，レクリエーション施設，有給休暇，退職金・年金，健康保険・雇用保険，人間ドック補助，慶弔見舞金，財形貯蓄補助・住宅融資補助など，さまざまなものがあります。

2 報酬分配の基準

　給与の配分にひいきや不公平があってはいけません。それだけで，多くの人がやる気を失い，会社に不信感を抱いてしまうことになるからです。だから，報酬を決めるにあたっては，公平の問題をとくに重大に考えてきました。しかし，一言で公平といっても，その考え方は一通りではありません。たとえば，ドイッチ（Deutsch, M.）は，以下の3つの公平基準をあげています。[1]

　①**平等分配の基準**：年齢，性別，学歴，経験，能力，知識，年功，努力，成果などといった個人の間のあらゆる区別や格差をなしにして，全員に一律平等の報酬を分配するのが公平だと考えるものです。全員がまったく一律であり，格差がなくみな平等というのは，今日のような格差社会であればあるほど，われわれに強く訴えるものがあります。[2]

　②**必要性分配の基準**：個人の必要に応じて報酬分配を決めるのが公平だと考えるものです。貧乏な人とか，困っている人（必要の程度の高い人）を助けるべきだというのは，人道主義や社会理念にも適っているので，認められやすいでしょう。たとえば，扶養家族が多いほど，また年齢が高くなるほど家計での必要の程度が高くなります。だから，勤続年数が長く年齢が高くなるほど，高

---

[1] Deutsch, M. 1975 Equity, equality, and need: What determines which value will be used as the basis of distributive justice. *Journal of Social Issues,* **31**, 137-149.
Deutsch, M. 1985 *Distributive Justice.* Yale University Press.

[2] 全員にまったく一律の分配を行うというのは，今日では，行き過ぎた平等とか悪平等などの感覚で捉えられやすくなっており，支持されにくくなってきている。

い給料を支給するのがよいとされてきました。

　③衡平分配の基準：個人の貢献に見合った報酬を与えるのが公平だと考えるものです。大きな利益を上げたり，ヒット商品を開発したり，責任の重い立場に就いたりして，会社に多大な貢献を行っている人は，その貢献を行うために，人一倍努力をし，想像以上の労力をかけていることでしょう。だから，その労力や苦労に見合うほどの高い報酬を与え，投入と報酬との間にバランス（衡平性）を保たなければ，報われていないと感じるものです。

　実際の給与を考えたとき，手当のようなものには，平等のルールがあてはまります。また，勤続年数に伴って上昇する年功給は，必要のルールに則っているといえます。また，職務遂行能力の向上に伴って昇給する職能給や，成果に応じて処遇を決める成果給は，衡平のルールに基づいているといえるでしょう。このように，いくつもの公平性のルールをうまく組み合わせながら，全体として納得できる報酬のシステムを作り上げているのです。

3　賃金構造

　図4.5.1のように，横軸に職務や人材の格付けをとり，縦軸に給与額をとって，同じ格付けにある人々の間で，実際に支払われる給与額の範囲（四角で示された枠）を示したものを，**賃金構造**といいます。

　それぞれの四角枠の中央部分（破線）は，各等級の中央に位置する給与水準を示しています。その等級と同じ職務・同じ職能資格に対し，他の企業で支払われている給料を調べて対応させる（ベンチマークする）ことによって，賃金相場との比較ができることになります。

　縦方向に幅があるのは，同じ等級の内にも報酬額に幅があることを示しています。

　欧米企業においては，職務による格付け（職務等級）が横軸にきており，その職務に従事する人がだれであっても，同じ仕事についていればだいたい同じくらいの給与が得られる仕組みが考えられています。一方，日本企業においては，本人の職務遂行能力を反映する職能資格による格付け（職能資格等級）が横軸にきており，担当している仕事がどのようであっても，同じ職能資格等級にいる人であれば，だいたい同じくらいの給与が得られる仕組みです。

　縦方向に見られる個人ごとの給与格差は，欧米企業では，果たした成果の違いを反映するものであり，日本企業では，能力差，勤続年数（年功）格差，成果差などの多様な賃金要素を反映しています。

（髙橋　潔）

▷3　家計の主たる支持者たる既婚成人男性にはメリットの高い制度ですが，女性労働者が家計の補助的役割と考えられてきたために，女性には不利な制度でもあったようである。現代では，働き方が多様になり，独身者や女性労働者が増えたため，支持されにくくなっている。

▷4　「職務給」と呼ばれている給与制度。

▷5　「職能給」や「職能資格制度」と呼ばれている。

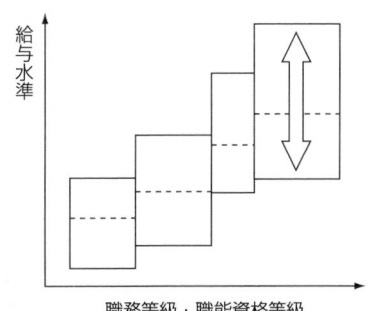

図4.5.1　賃金構造

Ⅳ 人事評価

6 360度多面評価

1 360度多面評価とは

従来から行われている直属の上司ひとりだけによる人事評価に代わる新しい評価方法として，**360度多面評価**が期待されています。360度多面評価（360度フィードバック）では，ひとりの従業員について，日常の職務上の行動，職務遂行能力，技能（スキル），期待される行動などを評価します。

まずは自己評価からはじまり，同時に，対象者の仕事をよく知っている上司・先輩・同僚・部下・後輩・取引先・顧客などからも，同じ内容の評価を行ってもらいます。さまざまな立場から得られたデータは，異なる立場から見える自分の姿と，自分に対する多様な期待を示しており，他者評価の結果と自己評価を比較することによって，自分の強みと弱みについて気づいてもらうことがその目的です。そして，評価結果を反映させた行動改善のための計画を作成し実施することによって，自己啓発を促します。要するに，「気づき」のための自己啓発施策といえます。費用と手間がかかるため，管理者層を対象として実施されることが多いようです。

対象者本人の資質や行動について，さまざまな立場の人々によって評価してもらうため，自己評価と顧客評価を含めた360度全方位からの評価データを得ることが理想ですが，場合によっては，部下による上方評価や同僚による水平評価だけを実施することもあります。

2 360度多面評価のメリット・デメリット

360度多面評価を実施することによって得られるメリットとしては，まず，①対象者が自己の強みと弱みについて知る「気づき」の効果をあげることができるでしょう。それ以外にも，②上司・部下間の双方向のコミュニケーションが活性化すること，③職場に自己責任の意識が生まれ，仕事に自発的に取り組んでいく自律的従業員が育成できること，④職場仲間の期待に敏感になり，チームワークやチームビルディングが促進されること，⑤顧客や取引先からの声を反映した顧客志向の考え方を徹底できることなどが指摘されています。

反対に多面評価の短所としては，①部下の評価という上司の専権事項を手放したり，部下に評価されたりしなければならず，伝統的役割関係や上下関係が崩れてしまうため，管理者が不安に思うこと，②本人の個人的事情に配慮した

▷1 髙橋潔 2001 多面評価法（360度フィードバック法）に関する多特性多評価者行列分析 経営行動科学, **14**, 67-85.

▷2 Tornow, W. W. 1993 Perceptions or reality: Is multi-perspective measurement a means or an end? *Human Resource Management,* **32**, 221-229.

▷3 London, M. & Beatty, R. W. 1993 360-degree feedback as a competitive advantage. *Human Resource Management,* **32**, 353-372.

Edwards, M. R. & Ewen, A. J. 1996 *360° feedback.* American Management Association.

り情実が絡んだりして，正確な評価が得られないこと，③本人が防衛的・懐疑的になって，本人と評価者との間に不和や対立が生まれたり，人間関係がぎくしゃくしたりすること，④ひとりの評価者が一度に多数の対象者を評価しなければならず，「評価疲れ」によって評価結果の信頼性・正確性が低下してしまうこと，⑤実施・運営上の煩雑な手続きが増え，時間やコスト面での負担が増えることなどがあげられます。

3 評価の枠組み

図4.6.1には，360度評価に用いられる評価表の例が示されています。このような評価表を用いて，本人が自分の仕事をよく知っている上司，同僚数名，部下数名，信頼できる顧客数名を選んで，評価を依頼します。昨今では，LANやWEBを使ってデータ収集することが一般的です。集められたデータは，対象者別に集計されて，対象者本人にフィードバックされます。結果をフィードバックされた対象者は，自己評価と上司評価，他者評価を比較し，伸ばすべき点と改善すべき点を明確化して，改善のための行動計画を立てていきます。

周りから率直な意見を受けるのを，不安に感じることも多いでしょう。親や先生から意見されることの多い子ども時代ならいざしらず，大の大人になってから，それも自分の後輩や部下などから評価を受けるとなると，一層不安が増すかもしれません。しかし，360度多面評価で得られたデータは，たとえば，自分を映す鏡です。鏡を見る勇気，自分を直視する謙虚さがあってはじめて，役に立つ道具なのです。

（髙橋　潔）

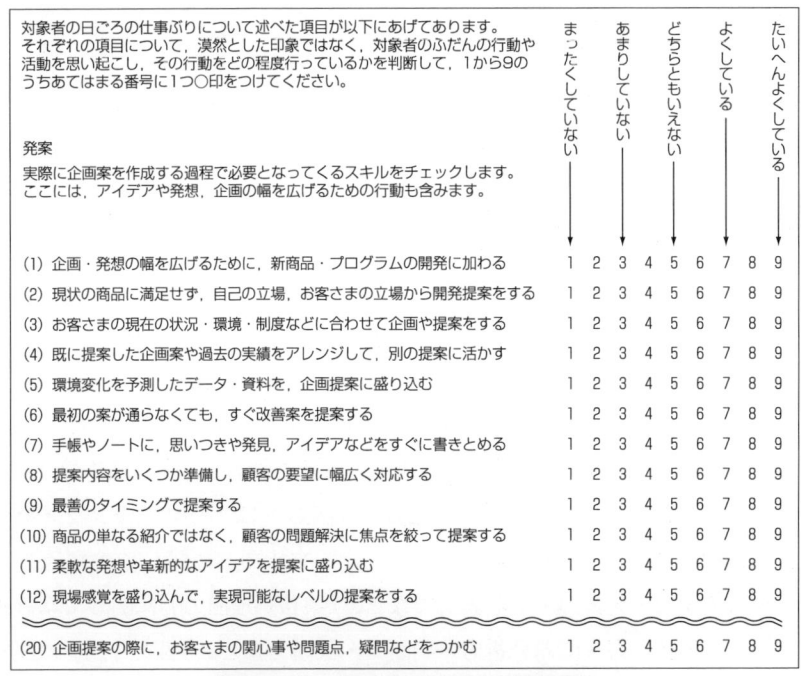

対象者の日ごろの仕事ぶりについて述べた項目が以下にあげてあります。それぞれの項目について，漠然とした印象ではなく，対象者のふだんの行動や活動を思い起こし，その行動をどの程度行っているかを判断して，1から9のうちあてはまる番号に1つ○印をつけてください。

発案
実際に企画案を作成する過程で必要となってくるスキルをチェックします。ここには，アイデアや発想，企画の幅を広げるための行動も含みます。

	まったくしていない	あまりしていない	どちらともいえない	よくしている	たいへんよくしている

(1) 企画・発想の幅を広げるために，新商品・プログラムの開発に加わる　1 2 3 4 5 6 7 8 9
(2) 現状の商品に満足せず，自己の立場，お客さまの立場から開発提案をする　1 2 3 4 5 6 7 8 9
(3) お客さまの現在の状況・環境・制度などに合わせて企画や提案をする　1 2 3 4 5 6 7 8 9
(4) 既に提案した企画案や過去の実績をアレンジして，別の提案に活かす　1 2 3 4 5 6 7 8 9
(5) 環境変化を予測したデータ・資料を，企画提案に盛り込む　1 2 3 4 5 6 7 8 9
(6) 最初の案が通らなくても，すぐ改善案を提案する　1 2 3 4 5 6 7 8 9
(7) 手帳やノートに，思いつきや発見，アイデアなどをすぐに書きとめる　1 2 3 4 5 6 7 8 9
(8) 提案内容をいくつか準備し，顧客の要望に幅広く対応する　1 2 3 4 5 6 7 8 9
(9) 最善のタイミングで提案する　1 2 3 4 5 6 7 8 9
(10) 商品の単なる紹介ではなく，顧客の問題解決に焦点を絞って提案する　1 2 3 4 5 6 7 8 9
(11) 柔軟な発想や革新的なアイデアを提案に盛り込む　1 2 3 4 5 6 7 8 9
(12) 現場感覚を盛り込んで，実現可能なレベルの提案をする　1 2 3 4 5 6 7 8 9

(20) 企画提案の際に，お客さまの関心事や問題点，疑問などをつかむ　1 2 3 4 5 6 7 8 9

図4.6.1　360度多面評価の評価項目例

IV 人事評価

7 アセスメント・センター

1 アセスメント・センターとは

アセスメント・センターは，第二次大戦時に独・英・米軍によって，敵国でスパイ活動を行う諜報部員を選抜するために，ありとあらゆる人材評価（アセスメント）方法を集積（センター化）することによって体系化されたものです。戦後に，アメリカ電話電信会社（AT＆T）ではじめて民間活用され[1]，その後に，米国をはじめ各国の企業で，管理職とその予備軍を対象にして，選抜，配置，管理能力の早期発見，昇進・昇格，キャリア開発，自己啓発，教育訓練などの目的で活用されてきました。わが国でも，アセスメント研修として広く活用されてきています。

アセスメント・センターでは，評価対象者（研修参加者）が単独で個人課題を行ったり，5人から8人程度の小人数のグループを組み，仕事の状況をシミュレート（模倣）した演習を受けたりします。専門的経験を持った数人の評価者（アセッサー）が，演習課題での活動をつぶさに観察し，演習課題の中で示された対象者の行動を，複数の評価次元（ディメンション）に添って個人別に評価します。また，個人課題を採点して，結果を検討します。そして，専門評価者がお互いに討議を行って，対象者ごとの個人結果を総合することによって，評価対象者の将来の職務遂行能力や管理職としての適性をアセスメント（評価）します[2]。

2 実施される課題演習

典型的なアセスメント・センターでは，評価対象者は2日ないし3日の研修に参加し，さまざまな課題演習を受けます。たとえば，図4.7.1にあげられた課題のいくつかを組み合わせて実施します。

専門評価者（アセッサー）は，行動の観察やテスト結果，個人別面接などを通じて，20以上の評価次元に関して，本人の資質を評価します。具体的評価次元（ディメンション）として，「対人能力」に関してはリーダーシップ・感受性・説得力・柔軟性など，「コミュニケーション能力」に関しては要点把握力・口頭表現力・発表力・文章表現力など，「業務処理能力」に関しては計画組織力・管理統制力・問題分析力・判断力・決断力など，「個人特性」に関しては対人影響力・バイタリティ・ストレス耐性・自主独立性などを評価します。

---

[1] Bray, D. W. 1964 The assessment center method of appraising management potential. In J. W. Blood (Ed.), *The Personnel Job in a Changing World.* American Management Association. pp. 225-234.

[2] Finkle, R. B. 1976 Managerial assessment centers. In M. D. Dunnette (Ed.), *Handbook of Industrial and Organizational Psychology.* Rand McNally.

> ① 能力検査：言語能力や数理能力などの知的な能力を，筆記試験形式で測定する
> ② 性格検査：外向性や情緒安定性，責任感といった性格特性を，自問式筆記形式で測定する
> ③ 投影検査：あいまいな刺激に対して反応したパターンを分析し，対象者の性格特性を見抜く
> ④ 略歴作成課題：これまでの対象者の業務経歴や自分史を作成してもらう
> ⑤ インバスケット課題：ビジネス書類を処理して未決・既決に仕分け，業務処理の速さと正確さを判断する
> ⑥ 面接：これまでの仕事経験や管理者としての心構えなどについて，アセッサーと面接する
> ⑦ グループ課題：グループで共通の課題を実行し，結果をまとめて発表する
> ⑧ 役割なしグループ討議：議長や書記といった役割を決めずにグループで討議を行い，結論をまとめる
> ⑨ 役割演習（ロールプレイ）：部下役の演者に対して，上司の役割に立って模擬的に指導と相談を行う
> ⑩ 口頭発表：個人課題の成果をプレゼンテーションする

図4.7.1 アセスメント・センターで用いられる演習課題例

最終的に，複数のアセッサーが合議をして，総合評価と各評価次元についての評価結果を決定します。あわせて，対象者ひとりについて，所見（コメント）を自由記述します。

③ アセスメント・センターのメリット・デメリット

アセスメント・センターの長所としては，①管理職としての適性を備えている人を早期に発見できること，②適性テストや面接などの他の人材評価法と比べて，将来の管理職としての成果・業績をより正確に予測できること，③管理職の職務内容をシミュレートしているために，選抜方法として内容的にふさわしく，対象者に受け入れられやすいことなどがあげられます。

反対に，短所としては，①他の人材評価法と比べて費用が高いこと，②対象者に不安や緊張を呼び，精神的負担をかけてしまうこと，③他の参加者との比較や，別の演習との比較が自然に行われ，評価がそれに引きずられてしまうこと，④アセッサーの評価能力次第では，2ないし3次元の要素しか正確には評価されないこと，⑤複数の演習を通して総合的に評価されるのではなく，個別の演習での出来・不出来が評価結果を大きく左右してしまうことなどがあげられています。

重要な責任を担う管理職であるがゆえに，会社はだれを管理職に昇進させればよいか，その能力の把握に力を注いできました。しかし，管理職の適性を判断するのは簡単ではありません。アセスメント・センターでは，管理能力をアセスメントできる可能性のある課題をひとまとめに集積することで，解決を図ってきました。他の人材評価方法と比べれば，かなり有効であることは間違いないでしょうが，評価結果には，まだまだ不正確な部分があることを認識しなければなりません。

（髙橋　潔）

▷3　髙橋潔・髙井博夫・外島裕・片岡大輔　1998　アセスメントセンター技法は何をはかっているか——構成概念モデルと演習形式モデルとの対比　産業・組織心理学研究，11，41-50.

IV 人事評価

8 コンピテンシー

1 コンピテンシーの多義性

「結果がすべてではない」「結果は後からついてくる」などといわれます。スポーツにおいて，結果至上主義を批判したことばです。企業でも同じように，金額や数量で測ることのできる成果や出来高だけで，従業員の仕事ぶりを判断してはいけないと考えられることがあります。そこで，結果ではなく，個人の能力や結果に至る行動プロセスに注目して，一人ひとりを評価するために，**コンピテンシー評価**という，新しい能力観に基づいた評価の仕組みが注目されています。

それでは，**コンピテンシー**とは何でしょうか。それは，ある職業で成功した人材がもつ優れた資質や，高業績者が示す行動面での特徴を示しています[1]。が，コンピテンシーとは多義的な構成概念であり，それを一言で言い表すことは簡単ではありません。実際，この用語は，幅広い能力や有能さを指し示しており，さまざまな場面で異なった意味合いで使われています[2]。

たとえば，司法では，コンピテンシーが知能や精神状態に関する法的基準を示す用語として使われ，心神が耗弱したり，喪失しているかどうかを問題にする場合の「責任能力」を指しています。また，臨床場面では，日常生活におけるさまざまな活動を自力で行うこと，すなわち，身の回りの世話を「自力」で行うための，身体能力や精神能力のごく基礎的な部分だけを取りあげています。

教育場面に目を移せば，コンピテンシーとは，知識を効果的に習得するための広い範囲の学力を指しています。教科・科目での学業成績だけではなく，数学的センスや英語によるコミュニケーション能力などといった，勉学全般に結びついた総合的「学力」を示しています。また，職業カウンセリングの分野では，コンピテンシーが特定の職種と結びついた広い範囲の知識・技能・能力を意味しており，職業に密接に関連した個人特性を指し示します。このように，新しい能力概念であるコンピテンシーは，使われる文脈に応じて多義的であることがわかるでしょう。

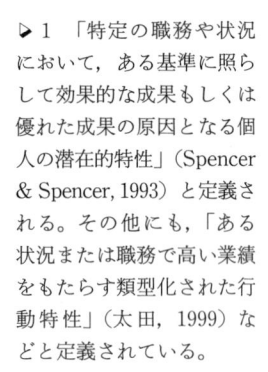

2 能力との違い

さて，コンピテンシーと密接な関連を持つ「能力」概念に注目すれば，伝統的な心理学における能力観は，知能指数（IQ）と強く結びついた知的側面に大

▷1 「特定の職務や状況において，ある基準に照らして効果的な成果もしくは優れた成果の原因となる個人の潜在的特性」（Spencer & Spencer, 1993）と定義される。その他にも，「ある状況または職務で高い業績をもたらす類型化された行動特性」（太田, 1999）などと定義されている。
太田隆次　1999　アメリカを救った人事革命コンピテンシー　経営書院

▷2 Shippmann, J. S., Ash, R. A., Battista, M., Carr, L., Eyde, L. D., Hesketh, B., Kehoe, J., Pearlman, K., Prien, E. P. & Sanchez, J. I. 2000 The practice of competency modeling. *Personnel Psychology,* **53**, 703-740.

きな比重が置かれてきました。能力として，計画立案能力や対人折衝力など，幅広い資質を含み入れるわが国の考え方とは違い，欧米では頭のよさや回転の速さなど，知的側面に関わる個々人の資質が，第一に重視されてきたといえるでしょう。

これに対して，コンピテンシーは，人間の能力を幅広く定義しようとしており，また，その測定と観察を意図しているために，潜在能力よりは，他者から観察可能な，外に現れた行動や顕在能力を重視しています。知性に偏向した能力観に対する批判と反省に根ざしているといってもよいかもしれません。

3 コンピテンシーのモデル

コンピテンシーの定義や意味するところがどのようであれ，実務場面でもっとも関心が持たれるのは，コンピテンシーをどのようにしてモデル化していくかということでしょう。コンピテンシーは，具体的にはどのような形で評価・測定されるのか，職場にあてはまるコンピテンシーの要素や評価項目とは，いったいどのようなものなのかについては，さまざまな提案がなされています。

モデル化の試みとして，とくに有名なものに，ボヤツィス（Boyatzis, R. E.）が提唱している「コンピテンシー・モデル」と，スペンサーとスペンサー（Spencer & Spencer）の「コンピテンシー・ディクショナリー」があります。図4.8.1に示したように，それぞれ6領域からなる20程度の要素で構成されています。

▷ 3 Boyatzis, R. E. 1982 *The Competent Manager: A Model for Effective Performance.* Wiley.

▷ 4 Spencer, L. M., Jr. & Spencer, S. M. 1993 *Competence at Work: Models for Superior Performance.* Wiley.

多くの場合，各要素5から10項目の質問によって，その要素の保有のあるなしを自己回答してもらいますから，一度に100から200項目の質問に応えて，複雑なコンピテンシー領域と要素を測定します。また，360度多面評価と同じ方法を用いて，上司や同僚，部下などの周囲の人々に回答してもらって，保有の程度を測ろうとすることもあります。

コンピテンシーは，高い成果につながる職務遂行能力を捉えるものですから，求められる能力は，職場ごとで異なっていることが多いでしょう。だから，職務に合ったコンピテンシーを特定していくためには，職場ごとにコンピテンシー・モデルの設計が必要です。

コンピテンシー・モデル（6領域21要素）	コンピテンシー・ディクショナリー（6領域20要素）
A）目標と行動の管理 1）効果性指向 2）主体性の発揮 3）コンセプトによる分析 4）影響力への関心 B）リーダーシップ 5）自信 6）口頭プレゼンテーション 7）論理的思考 8）概念化 C）人的資源管理 9）社会的影響力の行使 10）ポジティブな見方 11）グループマネジメント 12）正しい自己評価 D）部下への指揮命令 13）他者育成 14）一方的パワー行使 15）自由奔放 E）他者指向 16）自己管理 17）客観的認識能力 18）スタミナと順応性 19）親密な関係への関心 F）専門知識 20）専門的知識 21）関連知識・知識活用	A）達成・行動 1）達成指向 2）秩序・品質・正確性への関心 3）イニシアチブ 4）情報収集 B）援助・対人支援 5）対人理解 6）顧客支援指向 C）インパクト・対人影響力 7）インパクト・影響力 8）組織感覚 9）関係構築 D）管理領域 10）他者育成 11）指導 12）チームワークと協力 13）チームリーダーシップ E）知的領域 14）分析的思考 15）概念的思考 16）技術的・専門職的・管理的専門性 F）個人の効果性 17）自己管理 18）自信 19）柔軟性 20）組織コミットメント

図4.8.1 コンピテンシーのモデル

出所：Boyatzis, 1982; Spencer & Spencer, 1993

（髙橋 潔）

V キャリア発達

1 キャリアとは

1 キャリアの語源

キャリア（career）の語源はcart, chariot（荷車や戦車），あるいは，cararia（荷車や戦車が通過する道，わだち）です。日本語訳としては，経歴，生涯，生き方などとされますが，十分にその意味合いを示しているわけではないので，最近ではキャリアと原語で使われることが多くなっています。

「荷車」「戦車」という語源からは，何かを積んで運ぶ，移動することから，身に付いた何かというイメージが連想されます。また，道についた車輪の跡「わだち」という語源は，キャリアが過去からずっとつながってきて，現在に至り，そして未来につながっていくといったイメージを連想させます。

2 キャリアの4つの定義

▷1 Hall, D. T. 1976 *Careers in Organizations.* Glenview, IL: Scott, Foresman.

ホール（Hall, D. T.）は，キャリアには少なくとも4つの意味があると述べています。まず，公務員のキャリア・ノンキャリア組といったことで代表される，①昇進や昇格によって職業上の地位が上昇することです。次に，キャリア・ウーマンといった呼び名がありますが，ここでいうキャリアは②医師，法律家，教授，聖職者などの伝統的に評価されてきた専門的職業を指しています。

これらの定義を見ると，昇進するものや専門的職業に就いているものだけがキャリアを持っていることになりますが，次の，③ある人が経験した仕事（職業）の系列，という定義では，職業に就いたことのあるすべての人がキャリアを持っていることになります。また，④職業に限らず，生涯を通じてのあらゆる役割や地位，ないし身分の系列，という定義では，まだ職業に就いたことのないものも，キャリアを持っていることを示していると考えられます。

3 ライフ・キャリア

▷2 Super, D. E. 1980 A life-span, life-space approach to career development. *Journal of Vocational Behavior,* **16**, 282-298.

スーパー（Super, D. E.）は，この職業に限らないキャリアを**ライフ・キャリア**と呼んでいます。

ライフ・キャリアは，家庭管理者（主婦），市民，余暇享受者など，職業的キャリアを補うか，それに代わるような役割をも含む生涯発達の視点に立った包括的概念で，「一生の間にある人が携わる地位の系列」と定義しました。

4 職業的キャリアの定義

これらの定義が示すように，キャリアが人生を基盤として展開することは了解されるところですが，しかし，**職業的キャリア**がこのライフ・キャリアの大きな核になることは間違いありません。シャイン（Schein, E. H.）が「（職業的）キャリアとは生涯を通しての人間の生き方・表現である」と述べているのは，まさにその点を強調しているものと考えられます。

職業的キャリアの定義として，金井壽宏は「成人になってフルタイムで働きはじめて以降，生活ないし人生（life）全体を基盤にして繰り広げられる長期的な（通常は何十年にも及ぶ）仕事生活における具体的な職務・職種・職能での諸経験の連続と，（大きな）節目での選択が生み出していく回顧的意味づけ（とりわけ，一見すると連続性が低い経験と経験の間の意味づけや統合）と，将来構想・展望のパターン」と述べています。ここでは，職業的キャリアが人生の連続線上にあること，職務等経験の連続であることの2つが述べられていると同時に，キャリアの節目での選択が強調されています。

5 節目のキャリア・デザイン

キャリアは諸経験の連続ですが，いくつかのポイントで何らかの選択が迫られる分かれ道が用意されており，それらがキャリアの節目となります。それは人生の必然的な節目であることもありますし，自ら作り出す節目もあります。

たとえば，学校を卒業して，はじめて職業を選ぶ場面もそうですし，何年か経験をつんだ頃に新しい仕事の誘いが来て，このまま今の仕事をつづけるのか，新しい仕事に移るのか，という選択をする場面もあるかもしれません。会社から転勤を打診されたときに，転勤を承諾するのか，拒否するのか（転勤することもそれなりに負荷がかかりますが，拒否することの方がもっと負荷がかかる場合があります）という場面もあるでしょう。

これらの場面で積極的にキャリアを選択すること，これを金井壽宏は**キャリア・デザイン**と呼んでいます。

6 キャリアの特徴

これらのキャリアの特徴を，金井篤子は①系列性（個々の職業や経験を指すのではなく，その連なりを指す），②生涯性（その連なりは，一生涯に渡る），③因果と意味性（個々の職業や経験の連なりは個人によって，過去・現在・未来の時間軸上で意味づけられている），④独自性（たとえ同じ職業，同じ系列を体験していても，その意味合いは個人により異なり，個々人に独自である），⑤普遍性（キャリアは特別な人だけのものではなく，誰もが所有し，普遍的である），の5つにまとめています。

（金井篤子）

▷3 Schein, E. H. 1978 *Career Dynamics: Matching Individual and Organizational Needs.* Addison Wesley.（二村敏子・三善勝代（訳）1991 キャリア・ダイナミクス 白桃書房）

▷4 金井壽宏 1999 経営組織 日本経済新聞社

▷5 金井壽宏 2002 働く人のためのキャリア・デザイン PHP新書

▷6 金井篤子 2003 キャリア・カウンセリングの理論と方法 蔭山英順・森田美弥子・川瀬正裕（編） 21世紀の心理臨床 ナカニシヤ出版 pp. 212-227.

V　キャリア発達

2　キャリア発達理論

1　キャリア発達理論の展開

　キャリア発達に関しては，とくに産業革命以後多く論じられてきました。それらは，キャリアとは何か，個人はどのようにキャリアを選択していくのかなどについて，知見を提供しています。ここでは**キャリア発達理論**の展開を見てみましょう。

2　特性論的アプローチ

　パーソンズ（Parsons, F.）[1]は，「職業指導の父」と呼ばれ，20世紀初頭，世界で最初の職業指導機関を開設しました。

　当時アメリカ社会ではそれまでの第一次産業から工業・商業等への産業構造の変化に伴い，都市に労働者が集中しましたが，労働力として地方から駆り集められた若年層のうち，仕事にうまく適応できなかった者たちがそのまま浮浪者となり，町がスラム化するという状況が生まれました。

　この状況に対し，パーソンズは適切な職業ガイダンスにより，青少年の適切な職業選択を促進して彼らの職業生活の確立を図れば，ひいては社会全体が改善されると考えました。

　ガイダンスでは，①自分自身（能力，適性，興味，希望，才能，欠点など）をはっきり知ること，②職業および職業につくために必要な能力について理解すること，③自分自身と職業との間の関係を正しく推論することが必要であると述べています。

　ここから，職業に適合する個人の特性を明確化するウィリアムソン（Williamson, E. G.）[2]の特性研究などが展開しました。

3　発達段階説

　発達を俯瞰しようとした場合，**発達段階説**はもっとも一般的で，有力な学説のひとつです。キャリア発達に関しても，多くの発達段階説が論じられてきました。その特徴として，生涯をいくつかの年齢段階に区切り，その段階における達成されるべき固有の課題と，達成されなかった場合の心理社会的危機，あるいは達成に伴う心理社会的危機を提示します。当該段階の固有の発達課題の達成・不達成は，その後の段階に何らかの影響を及ぼすと考えられています。

[1]　Parsons, F. 1909 *Choosing a Vocation.* Boston: Houghton Mifflin.

[2]　Williamson, E. G. 1965 *Vocational Counseling.* Mcgraw-Hill.

[3]　Super, D. E. 1957 *The Psychology of Careers.* New York: Harper.（日本職業指導学会（訳）1960　職業生活の心理学　誠信書房）

発達段階説で代表的なものを見てみると、スーパー(Super, D. E.)は、①成長期(受胎から14歳)②探索期(15歳から25歳)③確立期(25歳から45歳)④維持期(65歳まで)⑤下降期(65歳以降)の5段階を示しています。

また、ミラーとフォーム(Miller, D. C. & Formm, W. H.)は、①就業準備期②初等就業期(14歳頃 初めてのパートタイムや夏休みのアルバイト)③試行就業期(16歳から25歳 正規の労働市場への参入、35歳まで 一つの安定した地位が決定するまで)④安定就業期(35歳から60歳)⑤引退期(60歳ないし65歳に始まる)と、これも5段階を提唱しています。

シャイン(Schein, E. H.)は、とくに**組織内キャリア**に焦点を当て、①成長・空想・探求(0歳から21歳)②仕事世界へのエントリー(16歳から25歳)③基本訓練(16歳から25歳)④キャリア初期の正社員資格(17歳から30歳)⑤正社員資格、キャリア中期(25歳以降)⑥キャリア中期危機(35歳から45歳)⑦キャリア後期(40歳から引退まで)⑧衰えおよび離脱(40歳から引退まで)⑨引退の9段階を示しました。

4 その他のアプローチ

その他、パーソナリティの六角形モデルのホランド(Holland, J. L.)、社会的学習理論を発表しているクランボルツ(Krumboltz, J. D.)、プロティアン・キャリアのホール(Hall, D. T.)、バウンダリーレス・キャリアのアーサーら(Arthur, M. B. & Rousseau, D. M.)、キャリア意思決定理論のジェラッド(Gelatt, H. B.)、トランジッション(転機)について論じたブリッジズ(Bridges, W.)、シュロスバーグ(Schlossberg, N. K.)などの理論家がいます。

図5.2.1は渡辺らがキャリア発達理論の展開を鳥瞰図として示したものです。このように多くの理論の積み上げがあるものの、十分説明されていない部分や実証的に確認されていない部分も多く、今後のさらなる理論構築とその検証が期待されています。

（金井篤子）

▷4 Miller, D. C. & Formm, W. H. 1951 *Industrial Sociology.* New York: Harper.
▷5 Schein, E. H. 1978 *Career Dynamics: Matching Individual and Organizational Needs.* Addison Wesley.（二村敏子・三善勝代（訳）1991 キャリア・ダイナミクス 白桃書房）
▷6 渡辺三枝子（編著）大庭さよ・岡田昌毅・黒川雅之・中村恵・藤原美智子 2003 キャリアの心理学——働く人の理解〈発達理論と支援への展望〉ナカニシヤ出版

参考文献
宮城まり子 2002 キャリア・カウンセリング 駿河台出版社

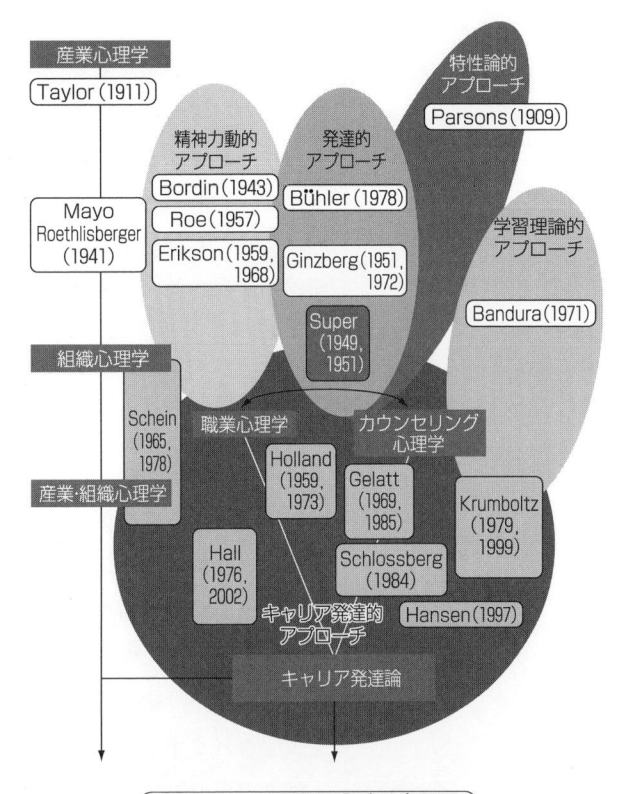

図5.2.1 キャリア発達論鳥瞰図

出所：渡辺ほか，2003, p. v.

V　キャリア発達

3　ホランドの六角形モデル

1　ホランドの6つの理念

ホランド（Holland, J. L.）[1]は職業行動に関した先行する多くの研究をもとに，次の6つの理念をベースとした理論を展開しています。

①職業の選択はパーソナリティの表現のひとつである。
②職業興味検査はパーソナリティ検査である。
③職業的なステレオ・タイプは心理学的・社会学的にたしかで重要な意味を持つ。
④同じ職業についている人々は似かよったパーソナリティ特性および発達史を共有している。
⑤同一の職業群に属する人々は似たようなパーソナリティを持つので，さまざまな問題や状況に対して同じように反応したり，それぞれ特徴的な対人関係の作り方をするであろう。
⑥職業的な満足，安定性，業績は個人のパーソナリティとその人の働く環境との一致の程度に依拠する。

彼によれば，個人のパーソナリティ特性は成長過程における環境との相互作用によって決定されます。上の6つの理念は，そのパーソナリティ特性の表現のひとつとして職業が選択されること，パーソナリティ特性と職業特性との一致の程度が職業満足や定着，業績に結びつくことなどを示していると考えられます。

2　六角形モデル

ホランドはさらに，以下のようにパーソナリティ，環境あるいはそれらの相互作用の心理学的類似性を定義するための**六角形モデル**を提示しています。

彼によれば，まず，個人のパーソナリティは，現実型，研究型，芸術型，社会型，企業型，慣習型の6つのタイプのどれかに分類されます。また，私たちの生活環境は個人の6つのパーソナリティ・タイプに影響されるので，環境の特徴も現実型，研究型，芸術型，社会型，企業型，慣習型の6つの環境モデルで説明されます。

個人は自分の持っている技能や能力が生かされ，価値観や態度を表現でき，自分の納得できる役割や課題を引き受けさせてくれるような環境を求めます。

▷1　Holland, J. L. 1985 *Making Vocational Choices*, 2nd ed. Englewood Cliffs, NJ: Prentice-hall.（渡辺三枝子・松本純平・舘暁夫（訳）1990　職業選択の理論　雇用問題研究会）

また，個人の選択や業績や定着などの行動はパーソナリティと環境との相互作用によって決定されます。

この6つのパーソナリティと環境およびそれらの相互作用について，模式化したものが六角形モデル（図5.3.1）です。

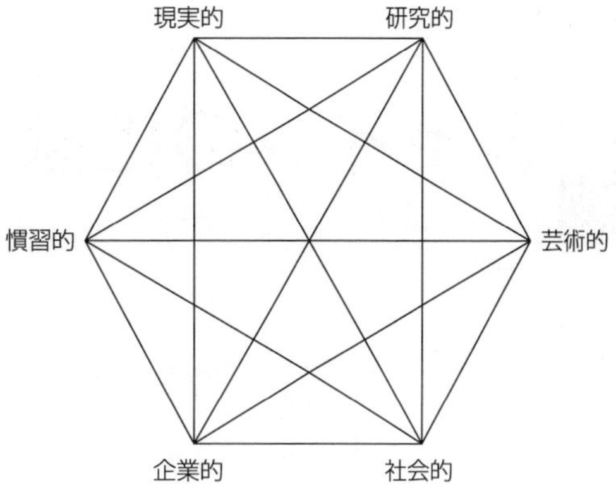

ここで，各パーソナリティ・タイプについて説明すると，現実型は，物，道具，機械や動物等を対象とした，明確で秩序的かつ組織的な操作を伴う活動を好み，逆に，教育的，治療的活動を嫌います。

研究型は，物理的，生物的，文化的現象の理解やコントロールを目的とした，それらの観察，言語的記述，体系的，創造的な研究を伴う活動を好み，説得的，社会的活動，あるいは反復を伴う活動を嫌います。

芸術型は，芸術的な形態や作品の創造を目的とした，物，言語，人間性に関係する素材の操作を伴う活動を好み，逆に，具体的，体系的，秩序的活動を嫌います。

社会型は，情報伝達，訓練，教育，治療，啓発を目的とした他者との対人接触を伴う活動を好み，逆に，物，道具，機械を用いた具体的，秩序的，体系的活動を嫌います。

企業型は，組織目標の達成や経済的利益を目的とした他者との交渉を伴う活動を好み，逆に，観察，言語的記述，あるいは体系的な活動を嫌います。

慣習型は，組織や経済的目標の達成を目的としたデータの具体的，秩序的，体系的操作を伴う活動を好み，逆に，あいまいで，基準がなく，探索的で非体系的な活動を嫌います。

個人と環境の一致の視点から，これらのパーソナリティ・タイプは同じ型の環境において活躍することができると考えられています。同じ型の環境はこれらのパーソナリティ・タイプが好む環境を提供できると考えられるからです。

これらのパーソナリティ・タイプを測定するVPI（Vocational Preference Inventory）は，日本でも「VPI職業興味検査」として日本人を対象とした標準化テストの作成が行われています。ただし，日本版ではパーソナリティを測定するのではなく，職業興味を測定するテストとして構成されている点が特徴です。

図5.3.1　パーソナリティ，環境，あるいはそれらの相互作用の心理学的類似性を定義するための六角形モデル

出所：Holland, 1985／渡辺・松本・舘（訳），1990, p. 55.

▷2　日本労働研究機構 2002　VPI職業興味検査（第3版）手引　雇用問題研究会

（金井篤子）

V キャリア発達

4 シャインの組織内キャリア発達段階

1 組織内キャリア発達段階

組織内におけるキャリア発達について，シャイン（Schein, E. H.）[※1]は表 5.4.1のように**組織内キャリア発達段階**説を展開しました。

シャインは組織内キャリア発達を，エリクソン（Erikson, E. H.）[※2]の生涯発達

表 5.4.1 組織内キャリア発達の諸段階

発達ステージ	直面する問題	具体的課題
成　長 空　想 探　索 （21歳頃まで）	・職業選択基盤の形成 ・現実的職業吟味 ・教育や訓練を受ける ・勤労習慣の形成	・職業興味の形成 ・自己の職業的能力の自覚 ・職業モデル，職業情報の獲得 ・目標，動機づけの獲得 ・必要教育の達成 ・試行的職業経験（バイトなど）
仕事世界参入 （16～25歳） 基礎訓練	・初職につく ・自己と組織の要求との調整 ・組織メンバーとなる ・現実ショックの克服 ・日常業務への適応 ・仕事のメンバーとして受け入れられる	・求職活動，応募，面接の通過 ・仕事と会社の評価 ・現実的選択 ・不安，幻滅感の克服 ・職場の文化や規範の受け入れ ・上役や同僚とうまくやっていく ・組織的社会化への適応 ・服務規定の受け入れ
初期キャリア （30歳頃まで）	・初職での成功 ・昇進のもととなる能力形成 ・組織にとどまるか有利な仕事に移るかの検討	・有能な部下となること ・主体性の回復 ・メンターとの出会い ・転職可能性の吟味 ・成功，失敗に伴う感情の処理
中期キャリア （25～45歳）	・専門性の確立 ・管理職への展望 ・アイデンティティの確立 ・高い責任を引き受ける ・生産的人間となる ・長期キャリア計画の形成	・独立感，有能感の確立 ・職務遂行基準の形成 ・適性再吟味，専門分野の再吟味 ・次段階での選択（転職）検討 ・メンターとの関係強化，自分自身もメンターシップを発揮 ・家族，自己，職業とのバランス
中期キャリア危機 （35～45歳）	・当初の野心と比較した現状の評価 ・夢と現実の調整 ・将来の見通し拡大，頭打ち，転職 ・仕事の意味の再吟味	・自己のキャリア・アンカーの自覚 ・現状受容か変革かの検討 ・家庭との関係の再構築 ・メンターとしての役割受容
後期キャリア （40歳から定年まで） 非リーダーとして	・メンター役割 ・専門的能力の深化 ・自己の重要性の低下の受容 ・"死木化"の受容	・技術的有能性の確保 ・対人関係能力の獲得 ・若い意欲的管理者との対応 ・年長者としてのリーダー役割の獲得 ・"空の巣"問題への対応
リーダーとして	・他者の努力の統合 ・長期的，中核的問題への関与 ・有能な部下の育成 ・広い視野と現実的思考	・自己中心から組織中心の見方へ ・高度な政治的状況への対応力 ・仕事と家庭のバランス ・高い責任と権力の享受
下降と離脱 （定年退職まで）	・権限，責任の減少の受容 ・減退する能力との共存 ・仕事外の生きがいへ	・仕事以外での満足の発見 ・配偶者との関係再構築 ・退職準備
退　職	・新生活への適応 ・年長者役割の発見	・自我同一性と自己有用性の維持 ・社会参加の機会の維持 ・能力，経験の活用

出所：Schein, E. H., 1978 より若林，1988が抄訳
若林満　1988　組織内キャリア発達とその環境　若林満・松原敏浩（共編）組織心理学　福村出版　pp. 230-261.

理論を参照して9つの段階に分け，それぞれの発達段階に特有の発達課題と心理・社会的危機を設定しています。

この「危機」とは，うまく対処すれば，新しい自分に出会える可能性があるチャンスでもあり，うまく対処できないと，その後不適応に陥る可能性があるという点で，臨界的（critical）であることを示します。ここでは，そのうちのリアリティ・ショックと中期キャリア危機を紹介します。

❷ リアリティ・ショック

リアリティ・ショック（現実ショック）は仕事社会の外から仕事社会へのバウンダリー（境界線）を越える，初職についた直後の仕事世界へのエントリー期に生じます。職業人として，理想や希望を抱いて就職したものの，思っていたものと違うといった幻滅感や理想どおりにはいかない現実の厳しさにショックを受けるというものです。これはいわば社会人への通過儀礼のようなものと位置づけられ，だれもがその程度に差はあるもののなんらか感じるショックとされています。

❸ 中期キャリア危機

中期キャリア危機はキャリア中期からキャリア後期への移行期に位置しています。これまでの人生を振り返り，青年期の夢や希望と比べて現実を評価し，このままのキャリアを続行するか，それとも別のキャリアに変更するかの決定を行う時期です。この際に抑うつなどを生じる場合がありますが，今後の人生に必要な時期と位置づけて取り組む構えを持つことが有効であると考えられます。

❹ シャイン・モデルの意義と今後の課題

シャインのモデルは，白人男性を対象とした1960年代，70年代の研究結果ですが，男性のみではなく女性についても，また21世紀を迎えた現在においても，十分適合的であり，これらのことから，キャリア発達の普遍的な部分が記述されていると評価できます。

しかし，女性のキャリア発達に関しては適用可能ではあるものの十分ではなく，直接的に女性のキャリアを記述するにはいたっていません。これをより詳細に組み込むことや，時代の変化によるキャリアのあり方の変化，たとえば雇用の流動化を背景とした**バウンダリーレス・キャリア**[3]（アーサーとルソー，Arthur, M. B. & Rousseau, D. M.）[4]などをどのように組み込んで考えるかなどが，今後の課題として残されていると考えられます。

キャリアは社会的影響をもっとも受ける概念のひとつです。キャリア発達の普遍的な部分と同時に，変化する社会に対応した部分についての考察が重要であると考えられます。

（金井篤子）

▷1 Schein, E. H. 1978 *Career Dynamics: Matching Individual and Organizational Needs.* Addison Wesley.（二村敏子・三善勝代（訳）1991 キャリア・ダイナミクス 白桃書房）

▷2 Erikson, E. H. 1959 Identity and the Life Cycle. *Psychological Issues,* **1**, 1-171.

▷3 バウンダリーレス・キャリア
職務，組織，仕事と家庭，産業の壁を越えて変化するキャリア。

▷4 Arthur, M. B. & Rousseau, D. M. 1996 *The Boundaryless Career.* New York: Oxford University Press.

コラム4

ライフ・キャリアの虹

　スーパー（Super, D. E.）は，キャリアを労働者としての役割の他に，子ども，学生，余暇享受者，市民，家庭人の役割を含めて総合的に捉えた「**ライフ・キャリアの虹（Life-Career Rainbow）**」を提唱しています（図C.4.1）。これは人生を虹にたとえ，各役割が同時に存在していることを示しています。

　図C.4.1は，ある人の生涯キャリアの虹を示したものです。図中の影の部分の面積は，それぞれの役割での時間とエネルギーの消費量を示しており，同時期の影を足してもかならずしも100％にはなりません。

　この人の生涯を見てみると，4歳頃までは子どもとしての役割だけですが，4歳を過ぎて，幼稚園にはいると，幼稚園児としての役割を同時に果たすことになります。

　また，16歳から2～3年は学生としての役割が生活の大半を占めていることがわかります。この時期は大学進学などで，受験勉強に励む時期にあたっています。

　さらに，20歳には市民としての役割が登場します。この間，子どもとしての役割は徐々に減少していることがわかります。その後，27歳頃に就職し，29歳で結婚しており，それぞれ労働者としての役割，家庭人としての役割が発生しています。

　ユニークなのは，45歳でいったん職場を離れて，学生に戻っていることです。そのときには，家庭人としての役割での費やす時間とエネルギーも増加しています。その後，減少していた子ども役割が老親の介護などで増加し，65歳には親を亡くしているため，子ども役割が終了しています。同じ時期に仕事から引退し，79歳で亡くなります。

　ライフ・キャリアの虹を見ると，まったく役割のなくなる時期のある労働者と学生以外は，子ども，余暇享受者，市民，家庭人として，つねに何らかの役割を持っています。スーパーがライフ・キャリアをこれらの役割のバランスの上で考えていたことが分かります。

（金井篤子）

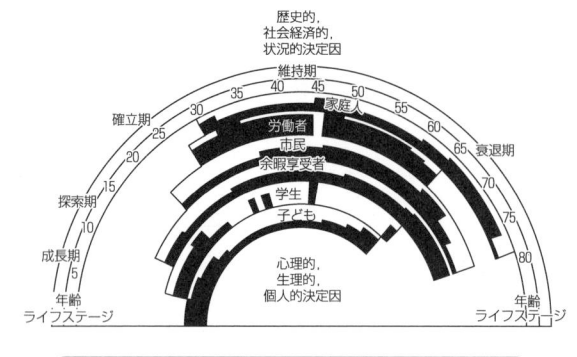

図C.4.1　ライフ・キャリアの虹（Super, 1990）

出典：Super, 1990, p. 212.

▷　Super, D. E. 1990 A life-span, life-space approach to career development. In D. Brown, L. Brooks & Associates, *Career Choice and Development: Applying Contemporary Theories to Practice*, 2nd ed. San Francisco: Jossey-Bass.

コラム5

キャリア・アンカー

キャリア・アンカーとは，シャイン（Schein, E. H.）▷1の提唱した概念で，アンカーは文字通り「錨(いかり)」の意味です。このことからわかるように，キャリア・アンカーはキャリアの落としどころ，拠りどころということを指します。

彼はマサチューセッツ工科大学のビジネススクールの卒業生を継続的に10年間インタビューした結果，本人たちが気づいているかいないかにかかわらず，彼らのキャリアに関する選択やその理由，出来事に対する感じ方にはそれぞれ一貫性がありました。それは一人ひとりにとって，選択を迫られたときに，どうしてもあきらめきれないことがらだったのです。シャインはこの一人ひとりの根底にある，もっとも大切にしたい一貫したテーマを錨（アンカー）にたとえたのです。

キャリア・アンカーには以下の8つがあると考えられています。▷2

①専門・機能別コンピタンス：ある領域に関して，才能を発揮し，専門家（エキスパート）であることを自覚して満足感を覚えます。

②全般管理コンピタンス：組織の段階をあがり，責任のある地位につき，組織全体の方針を決定し，自分の努力によって組織の成果を左右したいという欲求を持ちます。

③自律・独立：どんな仕事に従事しているときでも，自分のやり方，自分のペース，自分の納得する仕事の標準を優先します。

④保障・安定：安全で確実と考えられ，将来の出来事を予測することができ，しかもうまくいっていると知りつつゆったりとした気持ちで仕事ができることを望みます。

⑤起業家的創造性：新しい製品や新しいサービスを開発したり，財務上の工夫で新しい組織を作ったり，新しい事業を起こしたりする欲求を持ちます。

⑥奉仕・社会的貢献：何らかの形で世の中をよくしたいという欲求に基づいてキャリアを選択します。

⑦純粋な挑戦：不可能と思えるような障害を克服すること，解決不能と思われていた問題を解決すること，きわめて手強い相手に勝つことに「成功」を感じます。

⑧生活様式（ライフスタイル）：個人のニーズ，家族のニーズ，キャリアのニーズをうまく統合させた生活様式を実現することを望んでいます。

キャリア・アンカーは働きはじめて，10年ほどたって明確になってくると考えられています。その基礎になるものは働く以前からあるとしても，実際に働くことによって，より明確に，確実なものとなって現れてくるのです。

（金井篤子）

▷1　Schein, E. H. 1978 *Career Dynamics: Matching Individual and Organizational Needs.* Addison Wesley.（二村敏子・三善勝代（訳）1991 キャリア・ダイナミクス　白桃書房）

▷2　Schein, E. H. 1990 *Career Anchors: Discovering Your Real Values,* Revised edition. San Francisco, CA: Jossey-Bass/Pfeiffer.（金井壽宏（訳）2003 キャリア・アンカー――自分の本当の価値を発見しよう　白桃書房）

V キャリア発達

5 クランボルツの計画された偶発性

1 キャリア意思決定における社会的学習理論

クランボルツ（Krumboltz, J. D.）▶1 はバンデューラ（Bandura, A.）▶2 の**社会的学習理論**▶3 を基礎として，「キャリア発達は学習プロセスの結果である」とし，**キャリア意思決定における社会的学習理論**（Social Learning Theory of Career Decision Making: SLTCDM）を理論化しました。

この理論は，人がなぜ特定の職業を選択するのか，なぜ職業を変えるのか，いろいろな職業に対しての好みがあるのはなぜかといった問いに答えようとするものであり，個人のキャリア意思決定に影響を与える要因として，①遺伝的な特性・特別な能力，②環境的状況・環境的出来事，③学習経験，④課題接近スキルの4つをあげています。

遺伝的な特性や特別な能力とは，人種，性別，身体的特徴，知能，芸術的才能，運動能力などを指し，これらは人が生まれながらに持つもので，コントロールするには限界があるとしています。環境的状況や環境的出来事とは，気候条件，地理的条件，文化，教育環境，労働環境などで，これらについても，自分で変えることは困難としています。

学習経験とは，それまでのさまざまな学習経験を指し，学習のタイプには**道具的学習**▶4 と**連合的学習**▶5 があります。課題接近スキルとは，目標の設定，価値の分析，代替案の策定，優先順位の付け方，職業の情報収集，選択などのスキルを指します。

2 キャリア意思決定モデル

クランボルツは，これらの要因の影響を受ける，**キャリア意思決定**の段階を次の7段階で示しています。

①これから解決すべき問題を明確にし，その上で選択肢をあげる。
②課題解決を行うための具体的な行動計画を立てる。
③課題解決において，大切にしたい価値基準を明らかにする。
④代替案を作成する。
⑤それぞれの代替案の予想される結果について考える。
⑥必要な情報を収集することにより，代替案を絞り込む。
⑦絞り込まれた代替案を実際に行動に移す。

▶1 Krumboltz, J. D. 1979 A social learning theory of career decision making. In A. M. Mitchell, G. B. Jones & J. D. Krumboltz (Eds.), *Social Learning and Career Dicision Making.* Cranston, RI: Carroll Press.

▶2 Bandura, A. 1977 *Social Learning Theory.* Engle-cliffs, NJ: Prentice-Hall.

▶3 社会的学習理論
社会的現象や人間のパーソナリティの発達を学習理論によって説明しようとする立場。バンデューラは従来の学習理論で説明されてきた直接経験による学習に加え，観察による学習を提唱した。

▶4 道具的学習
行動の直後に生じる結果によって強化されることで獲得・維持される学習。直接経験による学習のこと。

▶5 連合的学習
中性的な刺激とある反応が関連づけられることによる学習。レスポンデント条件づけと観察学習が含まれる。

3 キャリア・カウンセリングにおける学習理論

引き続き，クランボルツは，キャリア・カウンセリングの場面に学習理論を取り込み，**キャリア・カウンセリングにおける学習理論**（The Learning Theory of Career Counseling: LTCC）を提唱しました。

クランボルツは，キャリア・カウンセリングの目標は「現在クライエントが有している興味・価値・能力にマッチした職業を見つけることではなく，変化し続ける仕事環境において満足のいく人生を作り出していけるようにスキル・興味・信念・価値・職業習慣・個人特性に関する学習を促進させること」であると述べています。

クライエントがキャリア問題で相談に来るのは，その問題がこれまでのスキルや興味を越えているために混乱しているからであり，これらの問題の解決のためには新しいスキルや興味を学習しなければならないとして，キャリア・カウンセラーをその「新しい学習」を促進する役割に位置づけています。

▷ 6 Krumboltz, J. D. 1996 A learning theory of career counseling. In M. Savickas & B. Walsh (Eds.), *Handbook of Career Counseling Theory and Practice*. Palo Alto, CI: Davies-Black.

4 計画された偶発性

クランボルツは，従来のキャリア・カウンセリングにおいて，「職業未決定」は問題行動として取り上げられてきたが，学習理論の立場に立てば，未決定は新しい学習が促進される契機であるとしています。また，特性論や類型論のように「個人の特性と職業の特性の一致を重視しすぎること」は，同一職業内においてもさまざまな特性を持つ人々が成功し得ることや，職業自体も変化し続けることを見過ごすことになるとして批判しています。

これらを背景に，クランボルツは，**「計画された偶発性（Planned Happenstance）」**について論じています。

クランボルツによれば，わたしたちのキャリアは用意周到に計画できるものではなく，予期できない偶発的な出来事によって決定されます。そのため，わたしたちのできることは，心を大きく開いて，その偶発的な出来事を見のがさないようにすること，偶発的な出来事に出会ったときのために準備していること，偶発的な出来事に出会ったときにはその偶然を自らの主体性や努力によって，自らのキャリアに最大限活かしていくことであると述べています。

一方，偶発的とはいっても，その出来事が起こる前にはさまざまな自分の行動があるわけですから，自分の行動がその偶発的な出来事を決定しているとも考えることができます。クランボルツはパスツールの「チャンスは，それを迎える準備のできている人にだけやってくる」ということばを引用して，「偶然は必然でもある」と述べています。つまり，少し逆説的ないい方になりますが，「偶然の出来事を意図的に創りだす」ことになります。これが，「計画された偶発性」という所以です。

（金井篤子）

▷ 7 Mitchell, K. E., Levin, A. S. & Krumboltz, J. D. 1999 Planned happenstance: Constructing unexpected career opportunities. *Journal of Counseling and Development*, **77**, 115-124.

▷ 8 クランボルツ, J. D. 2005 予期せぬ出来事から得る「偶然」を，自らのキャリアへと最大限に活用しよう——第6回慶應義塾大学キャリアラボ・シンポジウムより 人材教育, **10**, 18-21.

V　キャリア発達

6　ブリッジズのトランジッション論

1　トランジッションとは何か

トランジッションとは，通常，移り変わり，移行，過渡期，変わり目などと訳されますが，キャリアの分野では，「転機」と訳されます。金井は「節目」とも呼んでいます。

文字通り，これまでの人生が変わってしまうような，人生のターニング・ポイントやライフ・イベントから，それほどではなくても，今までのやり方を少し変えなければならないような出来事まで，人生にはいろいろなトランジッションがあると考えられますが，トランジッションに関する研究の中で，もっとも有名な理論のひとつが，ブリッジズ（Bridges, W.）のトランジッション論です。

2　ブリッジズのトランジッション論

ブリッジズは，トランジッションについて，図5.6.1のようなプロセス・モデルを提示しました。彼によれば，トランジッションは次の3つの段階を追って展開します。

第一段階は「終焉（ending）」です。人生の転機は新しい何かの始まりとして捉えられることが多いわけですが，実際には今までの何かの終わりでもあります。まず，終わることを強調している点にこのモデルの特徴があります。

この段階には，4つの構成要素があります。それまで自分を位置づけていた文脈からの「離脱」，それに伴うそれまでの自分の「アイデンティティの喪失」，それまで自分を取り巻いていた世界がもうそれまでのようではないことへの「幻滅」，それまでの将来に関する計画や感覚が失われる「方向感覚の喪失」です。

第二段階は「中立圏（neutral zone）」です。ここで求められることは一時的な喪失感に耐えることです。この段階では喪失に伴う空虚な感覚を受け入れる

▷1　金井壽宏　2002a　働く人のためのキャリア・デザイン　PHP新書

▷2　Bridges, W. 1980 *Transitions.* Addison-Wesley.（倉光修・小林哲郎（訳）1994　トランジッション――人生の転機　創元社）

終焉　→　中立圏　→　開始

図5.6.1　ブリッジズのトランジッション・モデル

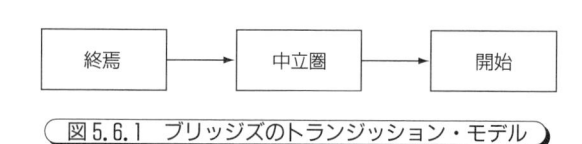

出所：金井，2002 a, p.76.

しかなく，何も生産的なことをしていないような感覚がありますが，自己の内面世界に向き合う段階でもあり，次の第三段階を迎えるために必要なプロセスと捉えられます。

第三段階は「開始（making a beginning）」です。終焉と中立圏の段階を過ぎるといよいよ始まりです。この段階は，第一段階，第二段階を通して実現される，「内面の再統合」によって始まると考えられています。

ブリッジズの理論は，人生全体，いわゆるライフ・キャリアの展開におけるトランジッションの研究から生み出されたものです。しかし，職業的キャリアにおけるさまざまなトランジッション（たとえば就職，配置転換，転勤，昇進，新しいプロジェクト，転職など）においても十分あてはまると考えられます。

3 キャリア・トランジッション・サイクル

より職業的キャリアに限定したトランジッション・モデルとして，ニコルソンら（Nicholson, N. & West, M. A.）の**トランジッション・サイクル・モデル**があります。ひとつのトランジッションは準備→遭遇→順応→安定化の4つの段階のサイクルで考えられますが，それで終結するのではなく，ひとつのトランジッションの終結が再び，準備→遭遇……といったように次のトランジッションのサイクルに結びつくとしている点が特徴的です。これは安定期と移行期が繰り返し現れるというライフ・サイクルの考え方をベースとしています。

▷3 Nicholson, N. & West, M. A. 1988 *Managerial Job Change: Men and Women in Transition.* Cambridge University Press.

4 キャリア・トランジッション論

金井は，ニコルソンらの理論を背景に，キャリア・トランジッション論を展開しています。彼は節目におけるキャリア・デザインを重視していますが，節目における「**一皮むけた経験**」について論じています。

一皮むけた経験とは，一回り大きくなった，より自分らしいキャリア形成に結びついた経験を指します。この一皮むけた経験はキャリア・トランジッションの場面で生じ，一皮むけた経験とはキャリア・トランジッションの結果と考えることができます。

私たちの経験するキャリア・トランジッションが「一皮むけた経験」に結びつくためには，ニコルソンのいうトランジッション・サイクルを①数年の時間幅では一つひとつのサイクルをより深く生き抜くこと，サイクルの途中で投げ出さないこと，必要なときにはメンターなどの支援を受けること，②10年，20年を越えた長期的な時間幅では，同じところを回るのではなく，スパイラル状にサイクルを高度化させていくことであると述べています。

▷4 金井壽宏 2003 キャリア・トランジッション論の展開 金井壽宏（編）会社と個人を元気にするキャリア・カウンセリング 日本経済新聞社

▷5 金井壽宏 2002b 仕事で「一皮むける」——関経連「一皮むけた経験」に学ぶ 光文社新書

（金井篤子）

V　キャリア発達

7　人材育成

1　人材育成

「組織はひと，もの，かね，情報」といわれるように，組織にとって人材の確保とその育成は重要な課題です。**人材育成**は大きく分けると，職場内訓練（On the Job Training: OJT），職場外訓練（Off the Job Training: Off-JT），自己啓発の3つから構成されます。

2　職場内訓練（On the Job Training: OJT）

職場内訓練は，職場の先輩や上司が，後輩や部下を対象に，日常業務を通じて知識やスキルを教え，経験を積ませる中で，後輩や部下の業務遂行能力を発揮させ，向上させるように指導する教育・訓練です。

職場内訓練の利点としては，基本的に個別に行われるので，個別の意欲や能力に合わせて行うことができる点や，職務に直結する実践的なことを学ぶことができる点，マニュアル化できない態度や考え方を習得できる点，時間や費用を効率的に運用できる点などがあげられます。

一方，問題点としては，教える側の意欲や能力に効果が左右される点，体系的な知識や技能にまでは結びつきにくい点などがあります。

「習うより馴れろ」ということばがあるように，従来職場ではこの職場内での実質的な訓練が重視されてきましたが，近年では，職場の人員削減による多忙化の進展や，短期的な成果をあげることが求められるような職場環境などにより，仕事を教える精神的・時間的余裕が無くなっているため，職場内訓練が実施されにくくなっている状況が指摘されています。

3　職場外訓練（Off the Job training: Off-JT）

職場外訓練は，組織内で行われる集合研修や組織外で開催される講習会や研修会への参加など，職場を離れたところで行われる教育・訓練です。新任係長研修や管理職訓練などの職階別研修や，新入社員研修，入社10年目研修，退職前研修などの年次別研修，OA研修や特定の技術に関する講習会などの職能別研修などがあります。

また，研修の方式としては，講義形式だけでなく，グループ討議，ケーススタディ，ビジネスゲーム，ディベート，ロールプレイなど，受講者参加型の多

様な形式が開発されています。

　職場外訓練の利点としては，知識やスキルの獲得が期待される対象者を一堂に集めて，体系的，効率的に教えることができる点や，受講者が部門や組織を越えて知り合う機会になる点，社内外の専門家から学ぶことができる点などがあげられます。

　一方，問題点としては，一定期間職場から離れることになるので，業務上支障をきたすなど参加しにくい場合があること，会場費や講師料などのコストがかかること，参加者の意欲や取り組み姿勢によって研修成果に個人差が出ること，研修で学んでも実際の仕事には直接結びつかない場合があることなどがあげられます。

④ 自己啓発

　自己啓発は，従業員が自己の能力向上あるいはキャリア・アップのために，自発的に行う取り組み全般を指します。

　組織で行う自己啓発支援には，資格取得のための通信教育講座の受講の際の金銭的援助や資格取得奨励制度，最近では社会人大学院への入学支援などもあります。職場外訓練についても，自分で選択できるコースを用意している場合もあります。

　人材育成は，組織の側の必然的な要請に基づいて構成されますが，受け手の方は，自分のキャリア発達の方向性をイメージしつつ，これらの制度を活用できると自己の能力開発やキャリア発達が促進されると考えられます。

⑤ 人材育成を意味あるものにするために

　人材育成は，以上の教育・訓練のみで達成されるわけではなく，組織のポリシーや風土，組織構成，評価制度などとうまく組み合わさることにより，成果が出ます。

　というのは，教育・訓練の仕組みがあっても，仕事に支障が出るといって，職場がそういった教育・訓練の場に出て行くことをいやがったりすれば，教育・訓練を受ける人が減り，さらに研修に行く人にも肩身の狭い思いをさせたり，研修成果を職場で出しにくくさせたりすることになります。

　また，教育・訓練で得たものを実際に活かす場面がなければ，研修への動機づけは高まりません。そのため，昇進や配置換えなどの直接的な人事評価，社内評価との関係も明確になっている必要があります。組織内におけるさまざまな仕組みが有機的につながってこそ，効果的な人材育成が達成されると考えられます。

（金井篤子）

参考文献

関口和代　2005　キャリア開発とメンタリング　馬場昌雄・馬場房子（監修）岡村一成・小野公一（編）産業・組織心理学　白桃書房　pp. 137-157.

V キャリア発達

8 メンター・プロテージ関係と垂直的交換関係

1 キャリア発達を促進する要因としての支援関係

キャリア発達の促進要因を検討すると,「他者からの支援」を無視することはできません。ここでは,このうちでもっとも影響力が大きいと思われる「メンター・プロテージ関係」と「垂直的交換関係」について紹介します。

2 メンター・プロテージ関係

「あの時,あの人に出会わなければ,今の私はなかった」といったように,自分のキャリアのもとになった出会いを表現することがありますが,その出会いにおいて,今のキャリアに導いた人をメンター,導かれた人をプロテージと呼びます。

メンターは指導者とも訳されますが,適切な訳語がないので,組織内ではメンターとそのまま使われることが多くなっています。一方,プロテージはメンターとの関係で,指導される者となりますが,これも適当な訳語でなく,プロテージとそのまま使われます。

メンターとプロテージとの間で,有形無形に仕事上の技術や態度が伝達されることを**メンタリング**と呼び,これがプロテージの成長に寄与すると考えられています。

もともとメンターとプロテージの関係は,その人の人生を変えるような,生涯に一度の,あるいは運命的な出会いと考えられてきましたが,80年代にメンタリングの効果が明確になるにつれて,組織内では新入社員に数年先輩のメンターを公式的につけるというかたちで,新入社員の組織社会化を支援する制度を設けるところが増えてきています。

3 メンタリングの機能

メンタリング行動の機能には,キャリア的機能と心理・社会的機能の2つがあると考えられています。

キャリア機能とは,おもにプロテージのキャリア発達を促進,向上させる働きで,知識やスキルの伝達やリスクからの保護,プロジェクトへの推薦,挑戦的課題に取り組むことの支援などが含まれます。

また,心理・社会的機能とは,おもにプロテージに対して,能力の意味や明

▷1 久村惠子 1997 メンタリングの概念と効果に関する考察 経営行動科学, **11**(2), 81-100.

▷2 Graen, G. & Schiemann, W. 1978 Leader‑member agreement: A vertical dyad linkage approach. *Jounal of Applied Psychorogy*, **63**, 206-212.

Danseresu, F., Graen, G. & Haga, W. J. 1975 A vertical dyad linkage approach to leadership within formal organizations. *Organizational Behavior and Human Performance*, **13**, 46-78.

確なアイデンティティ，社会や企業（仕事）における役割についてなどの考えを向上させる働きで，役割モデルの提示やプロテージを個人として尊重すること，カウンセリング，インフォーマルな人間関係の提供などが含まれます。

メンタリングは，自分の培ってきたスキルや価値を伝達する点で，メンター自身にとっても意味を持つと考えられています。

❹ 垂直的交換関係

リーダーシップのあり方の視点から，支援関係を論じているのが，グレーンら（Graen, G. & Schiemann, W.; Danseresu, F., Graen, G. & Haga, W. J.など）の論じた垂直的二者連関モデル（vertical dyad linkage model）です。

彼らは，従来のリーダー対メンバー集団という考え方では集団の生産性を予測することはできても，メンバー一人ひとりの職務満足や意欲，退職を予測することはできないとして，リーダーとメンバーの1対1の関係に着目することを提唱しました。この1対1の関係を**垂直的交換関係**と呼びます。

❺ 垂直的交換関係がキャリア発達に果たす役割

入社後13年間にわたって行われた追跡調査で，入社3年間における垂直的交換関係が7年目の係長昇進時，および13年目の課長補佐昇進時の，昇進の程度を予測することが明らかとなりました。

これについて若林は，恵まれた垂直的交換関係が，高い達成目標や要求水準の獲得，仕事の上での自律性の促進，仕事遂行上のノウハウや対人関係スキルの向上などの，大きな教育的効果を持つと指摘しています。

若林らは垂直的交換関係の測度の開発を行っています。垂直的交換関係の具体的な項目を表5.8.1に示しました。

表からわかるように，単に上司との人間関係の良さを測定しているのではなく，「職務上」のよい関係が重要です。また，一方的にわかってくれるのを待つということでは，良好な関係は成立せず，相互のコミュニケーションが重要であると考えられます。

（金井篤子）

▷3　南隆男・浦光博・角山剛・武田圭太　1993　組織・職務と人間行動──効率と人間尊重との調和　ぎょうせい

▷4　若林満　1987　管理職へのキャリア発達──入社13年目のフォローアップ　経営行動科学，**2**(1)，1-13.

▷5　若林，同上書
Wakabayashi, M. & Graen, G. B. 1984 The Japanese career progress study: A 7-year follow-up. *Journal of Applied Psychology*, **69**, 603-614.
若林満・斎藤和志　1988　役割開発能力の形成とキャリア発達──民間企業の中間管理職を中心に　経営行動科学，**3**(2)，63-73.

表5.8.1　垂直的交換関係

1　私の上司は，私の仕事上の問題や希望を十分理解している。
2　従来とは違うやり方で仕事を進めるなど，自分の職務に変化を持ち込もうとするとき，私の上司は実際にそれを取り上げる裁量を十分示してくれる。
3　私の上司は私の能力や持ち味を十分的確に把握している。
4　仕事上での私と上司とのコミュニケーションは十分効果的である。
5　私が仕事でやっかいな事態を引き起こしてしまったというような困難な状況にぶつかったときには，私の上司はその持っている力（権限など）を十分行使し，対応してくれる。
6　私の上司は日頃，職務上私に何を望んで（期待して）いるかを十分はっきり伝えてくれる。
7　私の上司は私の仕事に満足しているかどうかを十分明確に伝えてくれる。
8　私が従来とは違ったやり方で仕事を進めるなど，自分の職務に新しい変化を持ち込もうとした場合，私の上司は十分柔軟に対応してくれる。
9　仕事が終わったあとなど，私は上司と一緒に食事をしたり，話をしたりということがよくある。

出所：金井篤子　1994　働く女性のキャリア・ストレス・モデル──パス解析による転職・退職行動の規定要因分析　心理学研究，**65**(2)，112-120.

V　キャリア発達

9　キャリア・ストレス

1　キャリア・ストレスとは何か

ラタック（Latack, J. C.）は「従来ストレス研究で取り上げられてきた職務ストレスや組織ストレスの問題は**キャリア・ストレス**の問題に集約される」と述べて，その理由として以下の3点をあげています。[1]

①職務はキャリアを構成する重要な要素であることから，長期的に見れば，ストレスフルな職務体験はストレスフルなキャリアに結びつく。

②個人は職場において，仕事の過重や役割曖昧性などの直接職務に関連するストレスに加えて，エイジング，キャリア中期における振り返り，失業や失業のおそれ，早期退職への圧力，女性やマイノリティの非伝統的分野への進出，ワーク・ノンワーク・バランスといった，いかにキャリアが展開するかの問題に，日常的あるいは人生の節目において直面している。

③キャリア研究は，組織社会化，キャリア・トランジッションなどの多くのキャリア・イベントやプロセスはストレスフルであり，効果的に管理されるべきことを指摘している。

2　キャリア・ストレス・モデル

金井は，個人がキャリアを展開する際に生じるストレスをキャリア・ストレスと名付け，**キャリア・ストレス・モデル**（図5.9.1）を提案しています。これはラザルスとフォルクマン（Lazarus, R. S. & Folksman, S.）のストレス・モデルを援用し，とくに個人のキャリア開発志向に注目して，構成されたものです。[2][3]

キャリア・ストレスには，先行要件として，個人のキャリア開発志向と家庭志向，および職場のキャリア開発圧力と家庭からの要求があります。

個人のキャリア開発志向と職場からのキャリア開発圧力との出会いが適合的であれば，個人には挑戦や意欲，スキルの獲得など，ポジティブな結果が期待され，その出会いが不適合であれば，何らかのネガティブなストレス結果が引き起こされます。

個人と環境との不適合な出会いには，過剰な圧力と阻害的圧力が考えられます。個人のキャリア開発志向に対して，過剰なキャリア開発圧力がかかった場合には，過剰適応としてのワーカホリズムが生じ，最悪の結果として過労死に

▷1　Latack, J. C. 1989 Work, stress, and careers: A preventive approach to maintaining organizational health. In M. B. Arthur, D. T. Hall & B. S. Lawrence (Eds.), *Handbook of Career Theory.* Cambridge: Cambridge University Press. pp. 252-274.

▷2　金井篤子　2000　キャリア・ストレスに関する研究――組織内キャリア開発の視点からのメンタルヘルスへの接近　風間書房

▷3　Lazarus, R. S. & Folksman, S. 1984 *Stress, Appraisal, and Coping.* New York: Springer Publishing & Company, Inc.（本明寛・春木豊・織田正美（監訳）1991　ストレスの心理学――認知的評価と対処の研究　実務教育出版）

```
先行条件 ──────→ 媒介過程 ──────→ 一次的結果 ──────→ 二次的結果
```

個人内的要因　　　　　　　　　　　　　情動反応　　　　　　長期的反応
　キャリア開発志向　　　　　　　　　　被差別感・疎外感　　（ポジティブな結果）
　家庭志向　　　　　　　　　　　　　　ワーカホリズム　　　　メンタルヘルス
　　　　　　　　個人内的要因と　　　　ワーク・ファミリー・　職務挑戦
　　　　　　　　環境要因の出会い　　　コンフリクト　　　　　創造的活動
　　　　　　　　（適合と不適合）　　　　　　　　　　　　　　活性化など
　　　　　　　　対処
環境要因　　　　　　　　　　　　　　　　　　　　　　　　　（ネガティブな結果）
　組織からの要求　　　　　　　　　　　　　　　　　　　　　　職務不満足
　　キャリア・ストレッサー（キャリア開発への圧力：過剰と阻害）　神経症傾向
　　一般的な職務ストレッサー（職務の要求）　　　　　　　　　身体的疾病
　家庭からの要求　　　　　　　　　　　　　　　　　　　　　　喫煙・飲酒
　ソーシャル・サポート　　　　　　　　　　　　　　　　　　　欠勤
　　キャリア形成サポート　　　　　　　　　　　　　　　　　　転職
　　ワーク・ファミリー・コンフリクト・サポート　　　　　　　退職
　メンタルヘルス風土（組織風土）　　　　　　　　　　　　　　過労死など

図5.9.1　キャリア・ストレス・モデル

出所：金井，2000，p.20.

結びつきます。

　一方，キャリア開発への阻害的な圧力がかかった場合には，被差別感や疎外感が生じ，結果として，職務不満足，意欲低下，抑うつ，転職，退職などに結びつきます。また，家庭からの要求とキャリア開発志向との不適合な出会いにより，ワーク・ファミリー・コンフリクトが生じます。この結果として，家庭と職場の両領域におけるネガティブなストレス結果が引き起こされます。

③ キャリア・ストレスの第一次性・優先性（primary）

　クーパーとマーシャル（Cooper, C. L. & Marshall, J.）[4]は職務（組織）ストレス研究をレビューし，キャリア開発（career development）に関するストレッサー（ストレスの原因）が存在することを示しましたが，その際，キャリア開発に関するストレッサーを他の職務ストレッサー（職務そのもの，組織における役割，人間関係，組織構造や風土）と同列に並べています。

　しかし，同列に扱った場合，いくつか説明しにくいストレス状況が発生します。たとえば，上司から残業を言い渡された場合，そのことがストレスになる人とほとんどその影響がない人，場合によっては嬉々として残業をこなす人もいます。なぜなら，その残業に何らかのキャリア開発への見通し，すなわち**キャリア・パースペクティブ**があれば，残業も意味が違ってくるからです。

　一方，キャリア開発に関するストレッサーは，その組織におけるキャリア・パースペクティブを見出せない状況そのものですから，その他の職務ストレッサーに対して，より問題視される必要があると考えられます。

（金井篤子）

[4] Cooper, C. L. & Marshall, J. 1976 Occupational sources of stress: A review of the relating to coronary heart disease and mental ill health. *Journal of Occupational Psychology*, **49**, 11-28.

V キャリア発達

10 キャリア・カウンセリング

1 キャリア・カウンセリングとは

近年，キャリアの問題を支援する**キャリア・カウンセリング**が注目されています。キャリア・カウンセラーの国家資格化の動きも顕著で，「キャリア・コンサルティング技能士」と「キャリアコンサルタント」の２つがあります。

キャリア・カウンセリングとは何かということについて，渡辺とハー（Herr, E. L.）は「キャリア・カウンセリングとは，(1)大部分が言語をとおして行われるプロセスであり，(2)カウンセラーとカウンセリィは，ダイナミックで協力的な関係のなかで，カウンセリィの目標をともに明確化し，それに向かって行動していくことに焦点を当て，(3)自分自身の行為と変容に責任をもつカウンセリィが，自己理解を深め，選択可能な行動について把握していき，自分でキャリアを計画しマネージメントするのに必要なスキルを習得し，情報を駆使して意思決定していけるように援助することを目指して，(4)カウンセラーがさまざまな援助行動をとるプロセスである」としています。[1]

一方，学校から社会への移行段階に目を向けると，文部科学省はキャリア・カウンセリングを「進路相談」と訳し，「学校段階では生徒の進路発達をめざして行う，生徒一人ひとりに対する進路指導であり，生徒が卒業における進路選択の意思決定を行うまでの，一連の継続的，発展的な援助活動である」としています。[2]

2 キャリア・カウンセリングの３つのステップ

キャリア・カウンセリングのステップとして，①**キャリア開発志向の明確化**，②**キャリア・ストレッサーの明確化**，③**複数キャリアの統合（将来を見込み，かつ現実的な）**の３つがあげられます。[3]

まず，キャリア・ストレスの起点は個人のキャリア開発志向と環境が出会ったときの不適合から生じると考えられますので，個人がどのようなキャリア開発をしたいと考えているかを丁寧に明らかにする必要があります。

次のステップとして，明確化された一つひとつのキャリアを何が阻害しているのかを丁寧に検討します。これがキャリア・ストレッサーの明確化です。そしてそれらの問題の所在を明確にします。その問題が個人的問題なのか，それとも夫婦あるいは家族の問題なのか，職場あるいは組織の問題なのか，あるい

▷1　渡辺三枝子・E. L. ハー　2001　キャリアカウンセリング入門——人と仕事の橋渡し　ナカニシヤ出版

▷2　日本進路指導学会（編）1996　キャリア・カウンセリング——その基礎と技法，実際　実務教育出版

▷3　金井篤子　2000　キャリア・ストレスに関する研究——組織内キャリア開発の視点からのメンタルヘルスへの接近　風間書房

は社会的問題なのかということを見極めることは非常に重要です。これらは相互に関係している場合も多いですが，社会や職場の問題を個人が背負ってしまっていることは往々にしてありますし，逆に，個人の問題を社会や職場の問題にしてしまっていることもないとはいえません。

以上の2つのステップはひとつ終わったら，次ということはなく，両ステップを何度も行ったり来たりすることを通じて，キャリア開発志向とキャリア・ストレッサーが明確化されていくと考えられます。

最後のステップとして，検討された複数のキャリアを調整して統合しますが，その際には，たとえ今は難しくてもいつか実現させるための将来的な展望（パースペクティブ）を組み込み，今できることから始めるという現実的な調整が重要です。

3 キャリア・カウンセラーが持っているべき3つの視点

キャリア・カウンセリングを実施する際に，カウンセラーが持っているべき視点として，①**自己責任による選択と決定**，②**パースペクティブと変化への自己効力感**，③**複数領域の複数キャリアへの適度な，しかし積極的な関与**の3点があげられます。

就職後比較的早期に退職する事例では，「親や先生が勧めてくれたので，そこに就職したが……」といった発言が多くあります。しかし，実際に仕事をするのは自分であり，仕事を辞めることになってしまうのも自分であることから，たとえ人の勧めであっても決めた以上，その責任を自分で取らざるを得ない，ということをきちんと理解する必要があります。一般にキャリア選択の場合，自分で決める責任が強調されることが多いですが，ここでいう責任は，自分で決める責任というよりも，決めたことに伴って必然的に生じる責任です。

パースペクティブとはキャリアに関する何らかの見通しを指します。キャリアは必ずしも自分の思い通りになるわけではありませんが，しかし，生きていくということそのものが何らかのかたちでキャリアを形成していくわけですから，その意味で明確すぎず，不明確すぎない適度な将来の見通しを持つことが役に立ちます。このとき，**キャリア・モデル**を見つけるとパースペクティブ形成が促進されます。また，パースペクティブを持つには自分が今はできなくても，いつかできるようになるといった成長する自分に対する効力感が必要であり，この効力感の認識をキャリア・カウンセリングの中でサポートします。

また，個人は複数領域に複数のキャリアを持つので，これらが拮抗し，葛藤することは十分に考えられます。ワーク・ファミリー・コンフリクトはその典型ですが，個人がどこかの領域だけで生きられる存在ではない以上，関わらざるを得ない領域へは積極的に関わった方がメンタルヘルス上効果的であると考えられます。

（金井篤子）

▷4 同上書

▷5 金井篤子・三後美紀 2004 高校生の進路選択過程の心理学的メカニズム——自己決定経験とキャリア・モデルの役割 寺田盛紀（編著）キャリア形成就職メカニズムの国際比較——日独米中の学校から職業への移行過程 晃洋書房 pp. 25-37.

▷6 金井篤子 2002 ワーク・ファミリー・コンフリクトの規定因とメンタルヘルスへの影響に関する心理的プロセスの検討 産業・組織心理学研究, 15(2), 107-122.

Ⅵ　職場のコミュニケーションと人間関係

1　職場集団の特性

1　職場集団とは

　組織はその内部に営業，生産，販売など，独自の目的を持ついくつかの部門を設けています。従業員たちは，いずれかの部門に所属し，それぞれの職場で集団として協働し，仕事をするのがふつうです。また，部門内で新製品の企画や研究開発のためのプロジェクトチームが一時的に編成されることもあるでしょう。このように，組織における活動の大半は，集団状況で行われます。したがって，組織内における人間の行動を十分に理解するうえでは，職場集団の持つ特性や，それが個人の態度や行動に及ぼす影響に目を向けることが重要です。

2　職場集団の特性

●集団の一般的な特性

　まず，**集団**とは何かということを考えてみましょう。たんに複数の人が同じ場所に集まった状態，たとえば同じ電車に乗り合わせた人々などは，**集合**または**群衆**と呼ばれ，集団とは区別されます。集合・群衆と集団とを区別する一般的な特徴として，山口は図6.1.1に示す6つを挙げています。

▷1　山口裕幸　1994　集団過程　藤原武弘・高橋超（編）チャートで知る社会心理学　福村出版　pp. 111-124.

　ただし，これらの特徴をすべての集団が十分に備えているわけではありません。まとまりの良い集団もあれば，まとまりの悪い集団もありうるのです。最初は個々の意見がバラバラでまとまりに欠ける職場でも，一緒に仕事をしていくうちに集団としての結束を高め，優れた業績をあげることもあります。こうした集団の発達については Ⅵ-2 で詳しく紹介します。重要なことは，これらの特徴で表される集団らしさが，集団のメンバー間，メンバー個人と集団全体の間の相互作用によって変化していくという点です。

●職場集団の凝集性と規範

　職場集団の集団らしさを端的に反映する特性として，**凝集性**と**規範**が

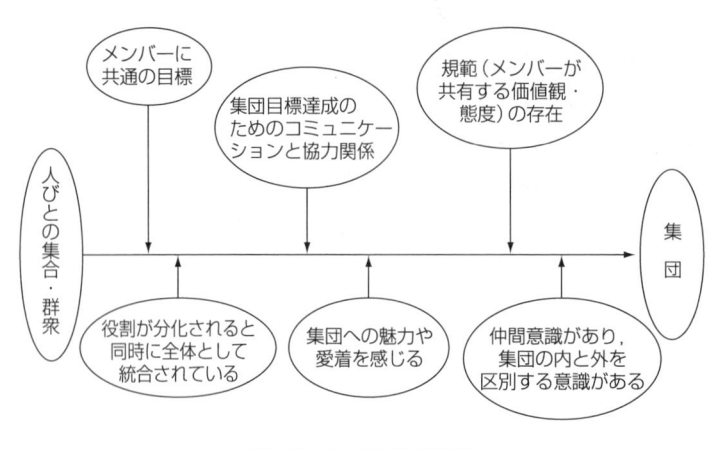

図6.1.1　集団の特性

出典：山口，1994，p. 113.

（人びとの集合・群衆 → 集団）
- メンバーに共通の目標
- 集団目標達成のためのコミュニケーションと協力関係
- 規範（メンバーが共有する価値観・態度）の存在
- 役割が分化されると同時に全体として統合されている
- 集団への魅力や愛着を感じる
- 仲間意識があり，集団の内と外を区別する意識がある

あります。凝集性とは，メンバーたちが集団に対して感じる魅力のことです。魅力を感じる対象は，集団の目標や従事する仕事内容，あるいは他のメンバーでもあります。集団の凝集性が高いほど，メンバーたちはその集団にとどまりたいという思いが強い状態にあります。もうひとつの特性である規範は，集団の多くのメンバーが共有する判断や行動の枠組みのことです。詳細はVI-3で述べますが，規範は集団内で理想あるいは標準的とされる行動の基準となり，集団活動のさまざまな側面に影響を及ぼします。

○ 職場のコミュニケーション

図6.1.1の中でも，職場集団が集団として機能するために不可欠の特徴が，メンバー間でのコミュニケーションの成立です。まず話をしないことには，お互いのことを知り合うことは不可能ですし，仲間意識も芽生えず，協力関係を築くことも困難です。コミュニケーションなしには，職場で何を優先的な目標とするかも定まらず，集団の凝集性や規範などの特性も生まれません。コミュニケーションの重要性についてはVI-5～VI-7で改めて述べます。

○ 職場集団の構造

職場集団では仕事を効率的に進めるために，役割を定めて仕事を配分したり，地位を定めて命令系統を明確化します。これは組織図などに表現される集団の公式な構造です。一方，仕事上の役割や地位とは無関係に，気の合う者同士の飲み仲間のような非公式な構造も自然とつくられていきます。これら2種類の構造に基づいて，職場の人間関係は公式なものと非公式なものとが，幾重にも重なっています。この点については，VI-8で詳しく述べます。

○ 職場集団の機能

カートライトとザンダー（Cartwright, D. & Zander, A.）によると，集団の機能は，**目標達成機能**と**集団維持機能**の2つに大別されます。目標達成機能とは，「メンバーの注意を目標に向けておく」，「問題をはっきりさせる」，「手続き・計画をすすめる」といった集団目標の達成に関する機能です。また，集団維持機能とは，「対人関係を快適なものに保つ」，「紛争を仲裁する」，「励ます」など，集団それ自体の維持と強化に関する機能です。

これら2つの機能が両方とも十分に果たされるのがもっとも望ましいことは明らかです。しかし，職場の人間関係の調和に関心を払いすぎて仕事が進まなかったり，逆に仕事上の目標達成に関心が集まりすぎて人間関係上の問題が放置されることは，日常的によく経験されます。いずれの機能にも注意を向けつつ，職場集団の活動を理解していくことが重要だといえます。これに関連する職場での対人葛藤の問題については，VI-9とVI-10で解説します。

（三沢 良）

▶2 カートライト, D.・ザンダー, A. リーダーシップと集団の業績 三隅二不二・佐々木薫（訳編）1970 グループ・ダイナミックス第2版Ⅱ 誠信書房 pp. 581-608.

参考文献
佐々木薫・永田良昭（編）1987 集団行動の心理学 有斐閣

VI 職場のコミュニケーションと人間関係

2 職場集団の発達論

1 職場集団の発達

メンバーが知り合ったはじめの頃と，長い間一緒に仕事をした後とでは，職場集団内の相互作用のあり方が大きく異なることは容易に想像できます。集団も個人と同じように，形成されてから時間が経つとともに発達を遂げていきます。タックマン（Tuckman, B. W.）は，集団の形成と発展，そして衰退を時間的なプロセスとして捉え，**集団発達**の5段階モデルを提示しています。このモデルによれば，集団の発達は図6.2.1に示す5つの段階をたどると考えられます。

第一の形成期では，メンバーたちはまだお互いのことをよく知りません。集団の一員としての意識は希薄であり，集団の目的やメンバー間の役割分担についても不明確な状態です。「何をするべきか」という判断も，リーダーが提供する情報や指示に頼りがちです。

第二の騒乱期では，目的の優先順序や役割・責任に関する意見の対立など，集団内でさまざまな葛藤が生じます。葛藤があまりに激しいと，集団から抜け出すメンバーが現れてしまいます。とはいえ，意見の食い違いを放置しておくと，不満や怒りがたまり，後の仕事に支障をきたす恐れもあります。葛藤をうまく解決できると，集団は次の段階に移ります。

第三の規範期は，真の意味で，人々の集合がひとつの集団になる時期といえます。役割分担が行われ，集団内での望ましい態度や行動といった規範が確立します。メンバーが仲間意識や好意的感情を強め，互いに信頼感を持つように

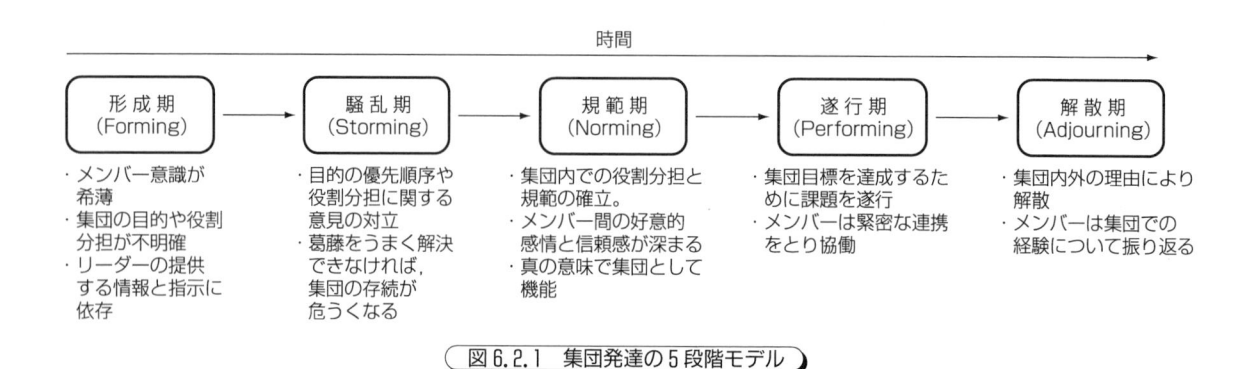

▷1 Tuckman, B. W. 1965 Developmental sequences in small groups. *Psychological Bulletin*, *63*, 384-399.

時間 →

形成期 (Forming)	騒乱期 (Storming)	規範期 (Norming)	遂行期 (Performing)	解散期 (Adjourning)
・メンバー意識が希薄 ・集団の目的や役割分担が不明確 ・リーダーの提供する情報と指示に依存	・目的の優先順序や役割分担に関する意見の対立 ・葛藤をうまく解決できなければ，集団の存続が危うくなる	・集団内での役割分担と規範の確立 ・メンバー間の好意的感情と信頼感が深まる ・真の意味で集団として機能	・集団目標を達成するために課題を遂行 ・メンバーは緊密な連携をとり協働	・集団内外の理由により解散 ・メンバーは集団での経験について振り返る

図6.2.1 集団発達の5段階モデル

出所：Tuckman, 1965, Tuckman & Jensen, 1977を元に作成

なる時期でもあります。

　第四の遂行期において，集団はその存在目的として課された課題へ実際に取り組みます。集団目標を達成するために，メンバーは緊密に連携をとりながら仕事に励みます。ただし，すべての集団がこの段階に到達できるとは限りません。これ以前の段階での問題（たとえば，葛藤を未解決のまま放置）が，集団の課題遂行の妨げとなることもあるからです。

　最後の段階は解散期です。製品や企画の開発のために一時的に編成されたプロジェクトチームのような集団は，その目的を達成することによって解散します。解散期において，メンバーは集団での経験を振り返ります。「集団は成功を収めたか？」，「集団で働くことは良い経験になったか？」，「他のメンバーと一緒に働くことは楽しかったか？」といった具合です。この内省は，集団で仕事をすることに関する一般的な考え方に影響を及ぼし，ひいては組織内で再び結成される集団の成否を左右します。

　では，長期的活動を視野に入れた集団はどうなのでしょうか。活力に満ちた遂行期が継続されていくとよいのですが，場合によっては，やはり解散期を迎えます。集団の衰退と硬直化について，以下で紹介します。

❷ 集団年齢と集団の硬直化

　職場集団が発達を遂げ，目的達成に機能するようになっても，その状態はいつまでも続くものではありません。カッツ（Katz, D.）は研究開発チームを対象に，**集団年齢**（集団が形成されてからの経過時間）と集団の業績との関係を調べました。その結果，集団年齢が1.5年から3.5年の時期に業績はピークに達し，その後は業績が低下することを報告しています。つまり，集団は形成されてから一定期間は生産性を向上させますが，それ以降は機能不全に陥ってしまうと解釈することができます。

　集団年齢が増すにつれ，集団が機能不全に陥り，活力を失うのは，さまざまな面で集団に**硬直化現象**が生じるためです。古川は，集団に硬直化が生じる理由として，次の5つを挙げています。①各メンバーの役割と行動が固定化する（「型にはまりだす」）こと，②メンバーの考え方が均質化し，刺激を与え合えなくなること，③メンバーが互いに情報を伝達する相手を選択するようになり，コミュニケーションのルートが固定化すること，④集団外部の情報と疎遠になり，集団内部のことに関心を狭めること，⑤リーダーが過去の前例と経験に縛られ，変化に抵抗を示す自己呪縛に陥ること。

　現在の激しい企業競争と厳しい経営環境のもとでは，職場集団が硬直化を脱し，いかに活力に満ちた状態を保つかが一段と重要です。適切な対処をとることにより，職場集団を再活性化することが必要とされます。

（三沢　良）

▷2　解散期は，当初は4段階で構成されたオリジナルのモデルを，タックマンとジェンセン（Tuckman, B. W. & Jensen, M. C.）が改訂して追加された。
　Tuckman, B. W. & Jensen, M. C. 1977 Stages of small-group development revised. *Group and Organizational Studies,* **2**, 419-427.

▷3　Katz, D. 1982 The effects of group longevity on project communication and performance. *Administrative Science Quarterly,* **27**, 81-104.

▷4　古川久敬　1990　構造こわし──組織変革の心理学　誠信書房

VI 職場のコミュニケーションと人間関係

3 職場の規範と社会化

1 職場の規範

◯ 職場集団の規範とは

職場集団では，公式な文書などに明文化された規則とは別に，メンバー間で暗黙のルールとして共有された**規範**が発達します。規範は，外部者からは見えにくく，集団のメンバーにとっても普段は明確に意識されず，状況に応じて見え隠れする決まりごとです。

一般に，規範は集団が活動を進めていくうちに，メンバー間の相互作用が深まり，考え方，態度，行動が類似したものになることから形成されます。これを行動の**斉一化**と呼びます。斉一化した行動の仕方は，集団内で多くのメンバーがとる行動となり，これがその集団での標準的な行動の仕方と見なされるようになるのです。

規範は，職場内でどのような行動が望ましいか，またどのような行動が望ましくないかといった判断や行動の枠組みとなります。メンバーたちには，規範の示す理想や標準的な行動の仕方に同調するよう，集団からの圧力がかけられます。規範から外れた行動をとるメンバーには，他のメンバーが規範に従うように説得，勧告，非難などを行います。

◯ 規範が確立される理由

仕事の優先順序，会議の進め方，さらには服装のあり方など，職場のさまざまな事柄について，規範は確立されます。規範が確立される理由のひとつは，人は自分の判断や行動について「正しい」と確信を持てるだけの客観的基準がない場合に，他者の判断や行動を参考にするためです。このように「正しくありたい」ために，他のメンバーの判断や行動から受ける影響を**情報的影響**と呼びます。

また，メンバー間の結束を維持し，集団の活動に一定の秩序を保つためにも，規範は重要な役割を果たします。他のメンバーから「嫌われたくない」，「認められる存在でありたい」という気持ちに基づいて，人は他者の期待にそって行動することがあります。集団内で拒絶されるのを避け，受容されることを求めるがゆえに，他のメンバーの判断や行動から受ける影響を**規範的影響**と呼びます。[1]

さらにハックマン（Hackman, J. R.）は規範が確立されることで，メンバー[2]

▷1 情報的影響と規範的影響はドイッチとジェラード（Deutsch, M. & Gerard, H. B.）が提唱した概念である。
Deutsch, M. & Gerard, H. B. 1955 A study of normative and informational social influence upon individual judgement. *Journal of Personality and Social Psychology,* **51**, 629-636.

▷2 Hackman, J. R. 1992 Group influences on individuals in organizations. In M. D. Dunnette & L. M. Hough (Eds.), *Handbook of Industrial and Organizational Psychology,* 2nd ed. Vol. 3. Consulting Psychology Press. pp. 199-267.

は互いの行動を予測することが可能になり，集団活動がスムーズに行えるようになると指摘しています。仕事を進める中で，どのようなタイミングで，どのような行動が必要とされるのか，メンバーが互いに了解しあっていれば，優れたチームワークを発揮することができるでしょう。

❷ 職場における新入メンバーの社会化

　個人が職場集団に参入し，規範や価値観を学びつつ集団の一員としてのメンバーらしさを身につけていくことを社会化と呼びます。モアランドとルヴァイン（Moreland, R. L. & Levine, J. M.）は，この社会化の過程を，個人が集団に抱く**コミットメント**の変容と，それに応じた集団内での役割や立場の変化として捉えています。図6.3.1には，社会化の5つの段階と集団内の立場の4つの移行点が示されています。①どの集団に参入するか，将来的メンバーとして情報を探し求める調査段階（企業の説明会に参加するなどの就職活動），②集団に参入後，新メンバーとして職場の規範や価値観に自分を合わせていく社会化段階（入社したての新入社員），③完全なメンバーとして活躍し，自分の貢献に見合う昇進・昇給などの報酬を求める維持段階（出世を望む中堅・ベテラン社員），④望んだ報酬が得られず，職場で貢献に努力するか脱退するかの分岐に立たされる再社会化段階（職場の戦力から外れかけた古参社員），⑤職場を脱退し，集団での過去の経験を懐かしむ回想段階（退社後，過去の業績を思い出として振り返る）。

（三沢　良）

▷3　VI-4 参照。
▷4　Moreland, R. L. & Levine, J. M. 1982 Socialization in small groups: Temporal changes in industrial-group relations. In L. Berkowitz (Ed.), *Advances in Experimental Social Psychology*, Vol. 15. Academic Press. pp. 137-192.
▷5　コミットメント
集団に所属することに基づく情緒的な愛着である。帰属意識と訳されることもある。強いコミットメントを抱く個人は，集団の価値観や目標を受けいれ，メンバーとしてのふさわしさを意識して，自分の役割に積極的に関与する傾向が高い。詳細は II-9 参照。
▷6　再社会化段階において，個人が望む報酬を獲得し，集団へのコミットメントを上昇させることができれば，その個人は再び完全なメンバーとなることができる。

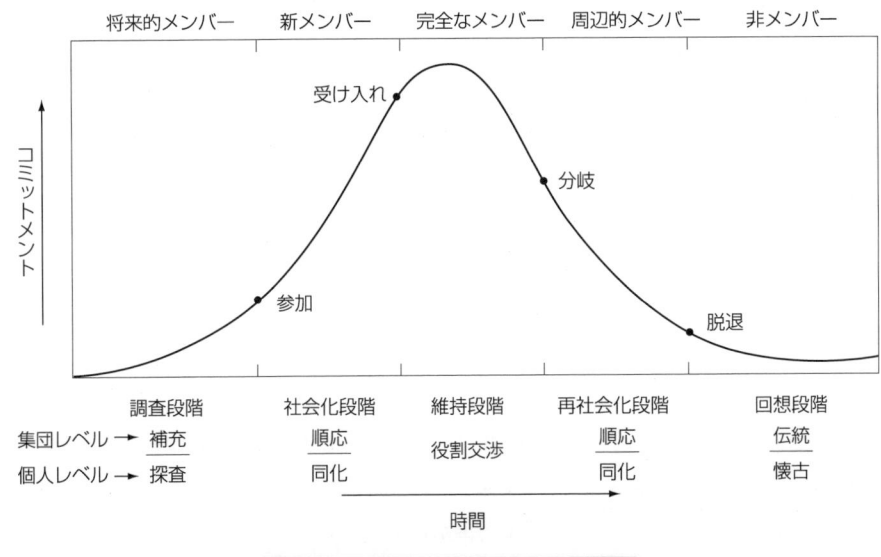

図6.3.1　集団における社会化のモデル

出所：Moreland & Levine, 1982
　　　山口裕幸 1994 集団過程　藤原武弘・高橋超（編）チャートで知る社会心理学　福村出版 p. 118. より

コラム 6

職場規範の測定法

1　リターン・ポテンシャル・モデル

　目に見えない職場集団の**規範**は，捉えどころがなく，その特徴を知るのは容易ではありません。集団にどのような規範が存在しているのかを，具体的かつ量的に把握する有効な測定法として，ジャクソン（Jackson, J. M.）の**リターン・ポテンシャル・モデル**があります。この測定法により，規範は図C.6.1のようなグラフとして表現されます。この図は，集団でディスカッションを行う際に，何回くらい発言するのが好ましいかという規範の架空の例です。横軸は行動の仕方を表し，この例の場合は発言回数にあたります。左端の0回から，右端の8回の発言まで目盛りがとられています。縦軸はそれぞれの行動の仕方について，集団メンバーから与えられる評価の程度を表しています。上に行くほど好ましい肯定的な評価（是認），下に行くほど好ましくない否定的な評価（否認）を表します。

　図を見てみますと，発言が3回以下の場合には，集団から否定的な評価が与えられています。「積極的に参加していない，けしからん！」ということですね。4回から7回の発言には，集団から肯定的な評価が与えられています。しかし，発言が8回以上になると，評価は下がっています。あまり頑張りすぎると，「お前はしゃべりすぎだ！」という否定的な評価に転じてしまうことが表されています。

　さらに，規範のさまざまな特徴を読み取ることができます。たとえば，図では6回の発言に最高の評価が与えられています。これは最大リターン点と呼ばれ，集団で理想的とされる行動の仕方を表します。また，集団から肯定的な評価を与えられていたのは，発言が4回から7回までの範囲でした。つまり，この範囲内の行動をとっていれば，集団の他のメンバーからとがめられることはありません。これは規範の許容範囲と呼ばれます。許容範囲が狭ければ，メンバーにとって選択できる行動の幅が狭いという意味で，厳しい規範が存在するといえます。

2　職場規範を測定した研究例

　佐々木はリターン・ポテンシャル・モデルを用いて，消防職員を対象に出勤時刻に関する職場の規範を測定しました。図C.6.2の横軸には出勤時刻，縦軸には各時刻に出勤した場合に集団から与えられる評価が表されています。担当業務の異なる職場別に，規範がグラフとして描かれています。これによると，「警防防災」

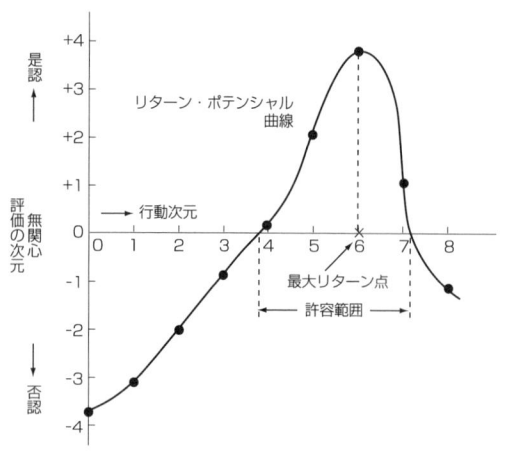

図C.6.1　リターン・ポテンシャル・モデル（Jackson, 1960）

出所：佐々木, 2000, p. 11.

や「救急救助隊」といった緊急の対応を職務とする職場では，遅刻をすることに強い否定的な評価が与えられることが読み取れます。それに比べ，「調査・予防・査察」や「人事厚生・企画・庶務」などの定常業務がメインの職場では，遅刻にさほど否定的な評価が与えられていません。緊急性の高い職場では，遅刻に厳しい規範が形成されるといえます。このように，仕事の性質の違いに応じて，職場に形成される規範に違いが見られることが明らかにされています。

では，リターン・ポテンシャル・モデルで把握された規範は，集団の行動にどの程度影響をおよぼしているのでしょうか。この規範の実効性を検討するため，三沢と山口は2つの生産工場の従業員を対象に，リターン・ポテンシャル・モデルで測定した出勤時刻に関する規範と，観察調査で調べた実際の出勤行動傾向を照合しました（図C.6.3）。集団から否定的な評価を受けない規範の許容範囲は，工場1で始業15分前，工場2で始業10分前でした。この許容範囲内に出勤していた従業員の数は，工場1で64.2%，工場2で62.7%です。つまり，許容範囲の狭い厳しい規範が存在する工場1では，出勤行動が早い時刻に集中していました。このことから，リターン・ポテンシャル・モデルで把握される規範とその特徴は，実際の行動傾向にも，ある程度反映されることがうかがえます。

（三沢　良）

▷1　ジャクソン，J.M.　末吉悌次・片岡徳雄・森しげる（訳）1967　規範の構造的特性　ジェンセン，G.E.（編）学級集団の力学　黎明書房　pp.160-190.

▷2　佐々木薫　1994　欠勤および遅刻に関する職場規範の調査研究――都市消防の事例研究　関西学院大学社会学部紀要，**71**，45-68.

▷3　三沢良・山口裕幸　2003　集団規範の実効性に関する研究――出勤時刻に関する集団規範と実際の出勤行動傾向　九州大学心理学研究，**4**，223-231.

（参考文献）

佐々木薫　2000　集団規範の実証的研究――拡充されたリターン・ポテンシャル・モデルの活用　関西学院大学出版会

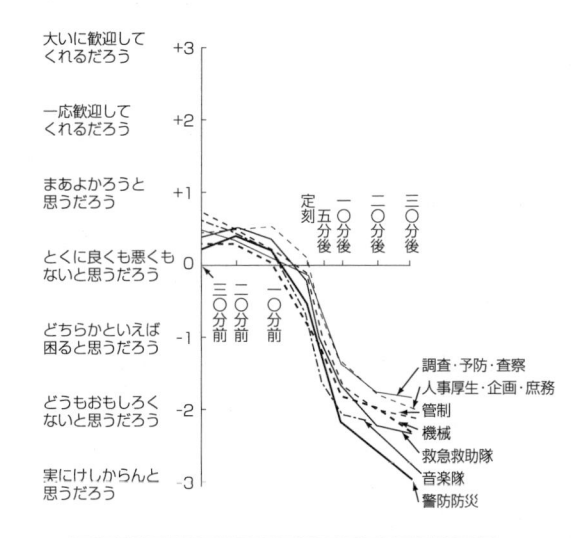

図C.6.2　担当業務と遅刻に関する職場規範

出所：佐々木，1994, p.52.

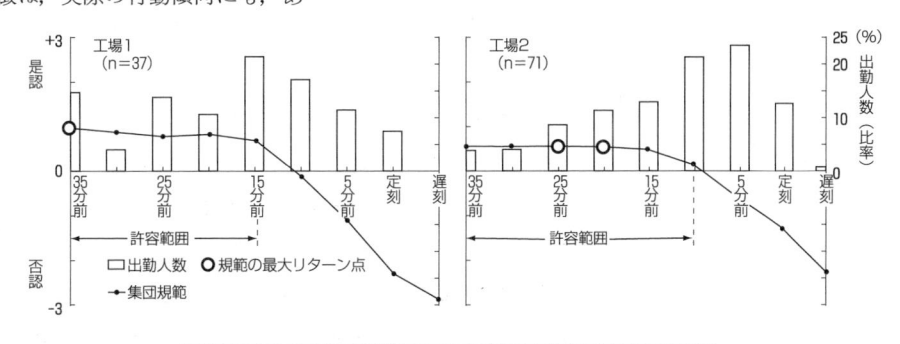

図C.6.3　出勤時刻に関する規範と出勤行動傾向の照合

出所：三沢・山口，2003, p.228.

VI 職場のコミュニケーションと人間関係

4 職場のチームワーク

1 集団による協働作業の落とし穴

○プロセス・ロス

集団で仕事をしても，必ず優れた成果をあげることができるとは限りません。集団による協働作業では，課題そのものにかける労力とは別に，他のメンバーとの相互作用に労力を払わなければなりません。この労力の分だけ，集団の実際の仕事量は潜在的に可能な仕事量を下回ってしまいます。スタイナー（Steiner, I. D.）は，この現象を**プロセス・ロス**と呼んでいます。

○社会的手抜き

また，集団で協力して仕事をする場合，単独個人で仕事をするときよりも，一人あたりの仕事量が低下することがあります。ラタネ（Latané, B.）らが報告した**社会的手抜き**という現象です。社会的手抜きが生じる理由は，集団の成果に対する各人の貢献度が識別できないため，メンバー間で責任が分散したり，「自分ひとりくらい構わないだろう」と努力を怠るメンバーが出現するためと考えられます。

2 職場のチームワーク

○チームワークの要素

以上のように，集団で協働することには，課題遂行を妨げるメカニズムが内在しています。この点に留意し，集団での協働作業を円滑に進めるためには，**チームワーク**が十分に発揮される必要があります。チームワークとは，チーム全体の目標達成に必要な協働作業を支えるために，メンバー間で交わされる対人的相互作用です。ディキンソンとマッキンタイア（Dickinson, T. L. & McIntyre, R. M.）は，チームワークを7つの要素に整理し，それらの相互関係を図6.4.1のモデルで表しています。

まず，**チームの志向性**と**チーム・リーダーシップ**は，チーム活動全体の基盤になると考えられています。志向性とは，チーム内で良好な対人関係を維持しよう，仕事に積極的に取り組もうといった心構えであり，メンバーたちに共有された心理的要素です。チーム・リーダーシップとは，文字通り，チームのリーダーが発揮する影響力のことです。

モニタリングは，他のメンバーの活動を観察し，仕事の進み具合はどうか，

▷1 Steiner, I. D. 1972 *Group Process and Productivity.* Academic Press.

▷2 Latané, B., Williams, K. & Harkins, S. 1979 Many hands make light in the work: The causes and consequences of social loafing. *Journal of Personality and Social Psychology,* **37**, 822-832.

▷3 Dickinson, T. L. & McIntyre, R. M. 1997 A conceptual framework for teamwork measurement. In M. T. Brannick, E. Salas & C. Prince (Eds.), *Team Performance Assessment and Measurement: Theory, Methods, and Applications.* Lawrence Erlbaum Associates. pp. 19-43.

▷4 チームの志向性には，規範や凝集性なども含まれる。

▷5 チーム・リーダーシップは，公式なリーダーの地位にある単独個人だけでなく，チーム内の複数のメンバーが発揮する可能性もある。詳細は VII 参照。

困っているメンバーはいないかなど，チームの現在の状態を把握することです。この現状把握なしには，チーム内で円滑な連携をとるのは困難です。なお，適切にモニタリングを行い，現状を正確に把握するには，各メンバーが職務に関する相応の知識や技術を備えておく必要があります。職務遂行能力が乏しければ，他のメンバーの活動を気にする余裕はなく，活動の中で何が起きているのかもわからないからです。

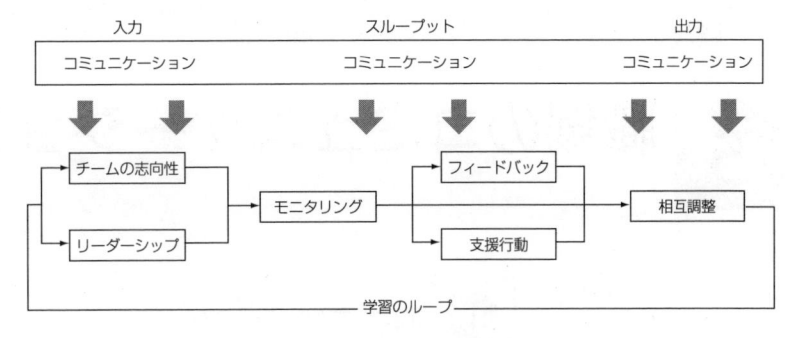

図6.4.1 チームワーク要素モデル
出所：Dickinson & McIntyre, 1997 を訳出

　メンバーはチームの現状を把握した後，必要に応じて，フィードバックと支援行動を行います。仕事をうまく進めるための情報や改善案を与えあうといった行動がフィードバックの例です。また，負担が偏りすぎたメンバーの仕事を肩代わりする，他のメンバーのミスの挽回を手伝うなどの行動が支援行動にあたります。加えて，援助を提供するだけでなく，逆に自分が困ったときに他のメンバーへ助けを請うことも，支援行動の一部とされています。

　相互調整とは，メンバーがお互いの仕事の進捗状況にあわせて，全体的な活動を調整しあうことです。仕事のスケジュールやペース配分をうまく調整できれば，各メンバーの努力はチームの全体成果へと結実します。当然ながら，相互調整を上手に行うには，他のチームワーク要素が有効に機能していることが前提となります。

　コミュニケーションは，報告や連絡などに代表されるメンバー間での情報伝達です。この要素は，他のチームワーク要素を結びつける重要な働きを担っているとされています。

▷6 詳細はⅥ-5参照。

●チームワークのレベル

　古川は，チームワークの良好さを3つのレベルで捉えています。レベル1はメンバーが，各自の職務を適切な報告，連絡，相談を通して密なコミュニケーションをとり，協力的な人間関係の中で円滑な連携がとれている状態です。このレベル1がチームワークの基礎となります。レベル2は，メンバーがチーム全体のことを考慮して，善意によって自分の役割を超えるなど，柔軟で建設的な行動を示す状態です。そしてレベル3は，緊密な協力や役割を超えた行動だけでなく，メンバー相互の知的刺激や交流があり，それを通して新規の発想，創造的なアイディアが触発される状態です。企業間の競争が熾烈な現在，職場のチームワークをいかにしてレベル3の水準まで引き上げるかという，チームマネジメントが重要だといえます。

▷7 古川久敬 2004 チームマネジメント 日本経済新聞社

（三沢　良）

VI 職場のコミュニケーションと人間関係

5 職場のコミュニケーション

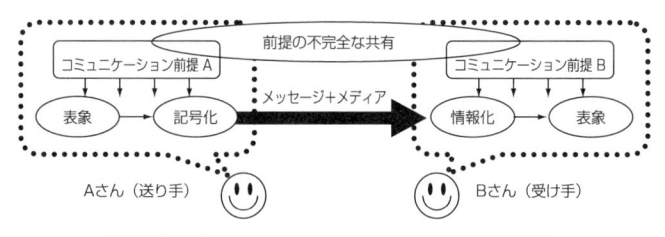

1 コミュニケーションとは

コミュニケーションは、組織の目標を達成するために職場で行われるさまざまな活動の要です。チーム活動も、上司と部下との間の報告や指示命令も、あるいは他部門との調整も、コミュニケーションによって成り立っています。

ここではまず、コミュニケーションとは何かについて考えてみましょう。

○ コミュニケーションの基本モデル

図6.5.1は、2者間のコミュニケーション過程を、池田のモデルに基づいて描いたものです。伝達者Aさんは、自らの頭にある事柄（**表象**）を変換（**記号化**）して**メッセージ**にします。メッセージは、**メディア**にのって運ばれます。伝えられる側のBさんは、運ばれたメッセージを解読（情報化）し自らの表象として復元します。

ここで注意したいのは、メッセージの送り手Aさんの記号化システムとBさんの情報化システムは、同じものではないということです。記号化と情報化のプロセスは、それぞれが持つ"**コミュニケーション前提**"に影響を受けます。"コミュニケーション前提"とは、記号化や情報化のルールであり、ことばの意味や使い方、互いの関係性、既有知識などが含まれます。コミュニケーションが成立するためには、送り手と受け手の間で"コミュニケーション前提"が共有されている必要がありますが、完全に一致していることはあり得ません。

コミュニケーションとは、この"前提"を共有し、意味を形成していく過程です。コミュニケーションを通じて、互いの"前提"にズレがあることを認識し、修正して、共通の**意味**が形成され、また次のコミュニケーションのための"前提"となります。たとえば、業界用語や集団の規範などは、その業界や集団の人の間で形成され共有された意味といえます。

▷1 池田謙一 2000 社会科学の理論とモデル5コミュニケーション 東京大学出版会

▷2 表象
頭の中にある感情やイメージを表象と呼ぶ。ここでは、送り手の意図や考え、受け手が理解する内容など、その人の頭の中にある情報をさしている。

▷3 メッセージ
送り手と受け手の間でやり取りする記号のことで、ことば、表情、声の調子などが含まれる。ただ、送り手が送ったつもりのメッセージと、受け手が受け取るメッセージは必ずしも同じとは限らない。たとえば、ことばが発せられるタイミングや何も話さないことがメッセージとなることもある。

▷4 メディア
メッセージが通る搬送路のことで、対面状況、電話、Eメールなどがあげられる。

▷5 コミュニケーション前提
池田（2000, pp. 9-10）は、コミュニケーション前提には、以下の6つが含まれるとしている。①意味の体系、②統語の体系、③語用論、④役割・地位・規範・場所などの社会関係コード、⑤コミュニケーション・パートナーとの間の共有の既有知識、⑥コミュニケーション目標。

▷6 相互作用
ことばのやり取りをはじめとするさまざまな行動によ

図6.5.1 コミュニケーションの基本モデル

出所：池田，2000 をもとに作成

❷ 情報伝達における罠

コミュニケーションとは，前述のように意味形成の元になる**相互作用**[6]すべてをさしますが，以下では，言語による情報の伝達について論を進めます。

私たちは情報を伝達する際，相手が自分と同じ"前提"を共有していると思い込みがちです。しかし，実際には，送り手と受け手の"前提"は完全には一致しないため，送り手は記号化の際に情報をカットして圧縮したり逆に補ったりし，受け手は情報化の際に自分の欲求や知識に基づいて情報を選択したり解釈したりします。このようにして，誤解や「話に尾ひれがつく」ことが起こります。情報伝達を的確に行うことは容易ではありません。

○職場における情報伝達の歪み

多くの職場では，各メンバーが役割を分業しています。分業しながらもチームや組織で共通の目標を達成していくためには，各自が持つ情報を，伝達しあい，メンバー皆で共有し，チームや組織の**意思決定**[7]に生かす必要があります。

しかし，職場における情報伝達，とりわけ，部下から上司への情報伝達は，歪みやすいことが知られています[8]。上司への伝達が歪みやすいのは，部下と上司とでは，経験や職務内容の違いから，"コミュニケーション前提"の違いが生まれやすいためです。この"前提"のギャップにより，部下が重要と思い報告しても上司が取りあわなかったり，逆に，上司が大切と思う事柄でも部下がそう判断できずに情報があがってこなかったりということが起こります[9]。

また，上司は部下に対して評価や昇進に関する権限を持っているため，部下は，上司からの評価を恐れて，自分にとって都合のいい情報を積極的に伝達し，都合の悪い情報を伝達したがらない傾向があります。これも，情報伝達を歪める要因のひとつです。これまでの研究で，昇進願望の強い部下ほど上司への情報伝達に偏りがあることが示されています[11]。

さらに，人は，一般的に，嫌われたくないという自己防衛の心理から，相手にとってネガティブな情報を伝達したがらないものです（これはMUM効果とよばれます）[12]。たとえば，看護師が，他者のミスを指摘しづらく，自分より職位が上の相手にはとくにミスを指摘できないという研究報告があります[13]。

では，効果的な情報伝達が行われるための要件は何でしょうか。これまでの研究では，①信頼関係[14]，②役割分担や職務課題の明確な理解[15]，③情報伝達のためのシステム（連絡ノートやミーティング，イントラネットなど）の整備[16]，および④メンバーの自律性を尊重する風土[17]などが明らかにされています。これらは，コミュニケーションを通じた"前提"の共有に関連しています。つまり，メンバーがコミュニケーションにより"前提"のギャップを埋める努力をすること，および，その努力が必要であることを理解することによって，効果的な情報伝達が可能になるのです。

（田原直美）

って互いに影響を与えあうこと。

[7] **意思決定**
ここでは，会議をはじめとする集団意思決定をさす。VI-7 を参照。

[8] Glauser, M. J. 1984 Upward information flow in organizations: Review and conceptual analysis. *Human Relations*, **37**, 613-643.

[9] 古川久敬 1988 集団とリーダーシップ 大日本図書

[10] 同上書

[11] Athanassiades, J. C. 1973 The distortion of upward communication in hierarchial organizations. *Academy of Management Journal*, **16**, 207-236.

[12] Rosen, S. & Tesser, A. 1970 On reluctance to communicate undesirable information: The MUM effect. *Sociometry*, **33**, 253-263.

[13] 大坪庸介・島田康弘・森永今日子・三沢良 2003 医療機関における地位格差とコミュニケーションの問題――質問紙調査による検討 実験社会心理学研究，**43**, 85-91.

[14] Glauser, 前掲書
Gaines, J. 1980 Upward communication in industry: An experiment. *Human Relations*, **33**, 929-942.

[15] 古川，前掲書
徳島辰夫 1998 仕事と人間関係 ブレーン出版

[16] Glauser, 前掲書

[17] Glauser, 前掲書

参考文献

古川久敬 1988 集団とリーダーシップ 大日本図書

VI 職場のコミュニケーションと人間関係

6 職場のナレッジ・マネジメント

1 ナレッジ・マネジメントとは

ナレッジ・マネジメント（knowledge management）とは，日本語に直訳すると「知識管理」あるいは「知識経営」となります。これは，個人が得た情報，知識，あるいはスキルをチームや組織全体で共有し，活用するプロセスのことです。ナレッジ・マネジメントの目的は，おもに2つ考えられます。第一に，組織外の状況（環境の変化やライバル組織の動向など）を正確にスピーディーに把握し組織の意思決定に反映させること，そして，第二に，チームや組織が経験を教訓にして学習し，次の活動に生かすことです。

○ "ナレッジ（知識）"とは

知識とは，**情報**や経験を元に創り出されたものです。職場のナレッジ（知識）について考える上で，知識を「**形式知**」と「**暗黙知**」の2つの側面で考えることが有効です。形式知とは，その職場において標準化された様式ではっきりと表すことができる知識を指します。これには，マニュアルや科学的な公式などが含まれます。一方，暗黙知とは，はっきり表したり他者に伝達したりすることが難しい知識で，形式知に個人的な経験則やひらめきを加えて加工されたものです。暗黙知には，価値や信念，専門的なスキル（たとえば熟練した職人の技など）が含まれます。

○ ナレッジ・マネジメントのプロセス

図6.6.1は，**ナレッジ・マネジメントのプロセス**を示したものです。個人は，上記のように経験を元に形式知を加工して暗黙知を創造します。また，他者の暗黙知を模倣や訓練によって学習し，自らの暗黙知を獲得すること（共同化）もあります（たとえば，先輩のスキルを真似ながら習得するなどがこれにあたります）。いずれの場合も，自らの暗黙知を他者にも理解可能な形式知に翻訳してチームに伝達します（表出化）。

チームでは，こうして個人から提示された形式知を入手し，メンバー間で共有し，多面的に検討します（共有と練り上げ）。練り上げた知識はマニュアルや計画書にまとめたり，製品に組み込んだりすることで標準化され，新たな形式知が創造され（連結化），貯蔵されます。この形式知は，チーム活動を経て個人の暗黙知へ取り込まれたり（内面化），他のチームや管理部門に伝達・共有されたりします（伝播と増殖）。

▷1　知識と情報
知識と情報の区別についてはさまざまな考え方があるが，ここでは，情報とは「受け手がメッセージとして受け取った表象（VI-5 の図6.5.1を参照）」，知識とは「情報を利用可能な状態に加工したもので，判断や行動の枠組みになるもの」という意味で使用する。

▷2　野中郁次郎　2000　知識創造企業　Harvard Business Review（編）DIAMONDハーバード・ビジネス・レビュー編集部（訳）ナレッジ・マネジメント　ダイヤモンド社　pp. 37-68.

組織レベルでも同様に，意思決定に重要と見なされる知識が個人やチームから収集され，取捨選択され精査されます（評価）。そして，利用しやすいように統合化され（分析），蓄積され，チームへ伝達されます。

このように，ナレッジ・マネジメントは，知識を共有し，新たな知識を創造・伝達しながら，個人，チーム，および**組織が学習**する循環プロセスといえます。

② ナレッジ・マネジメントの実践

ナレッジ・マネジメントの実践によって，①個人の能力の向上，②チームの業績の向上，および③業務や意思決定の効率化が可能になると期待できます。たとえば，古川は，チームで**知識を共有**する活動（入手と提示，共有と練り上げ，および貯蔵と活用）の度合いが業績の如何と密接に関わること，また，そのようなチーム活動を通じて個人の知識やスキルの学習が刺激されることを見出しています。[3]

しかし，有効な知識の貯蔵とタイミングの良い伝達および学習は容易に実践できるものではないでしょう。実践に際して必要なのは，第一に，個人に，知識の創造者であり提供者であるという自覚を促すことです。そのために，社員教育や，知識の提供が業績評価に反映されるなどの対策が有効と考えられます。[4] また，古川は，チームのメンバー相互の信頼や協力関係によって個人の情報提供が促進されることを示しています。[5]

第二に，ナレッジ・マネジメントを実践するための仕組みやチャンスが必要です。たとえば，営業日報や，電子メールなどの電子情報ツールの利用，定期的ミーティングなどが有効でしょう。ただし，いずれも道具であって，そこで知識の加工・創造・学習が促進されない限り有効なしくみにはなり得ません。[6] 現在行われている情報管理は，個人の得た情報（たとえば，失敗談や成功談）をそのままネットワーク化あるいはデータベース化したものにとどまっている場合も少なくありません。やみくもに関連情報を貯蔵するだけでなく，有効な"知識"が必要なときにすぐに取り出せるようなナレッジ・マネジメントの仕組みづくりはこれからの課題といえるでしょう。

（田原直美）

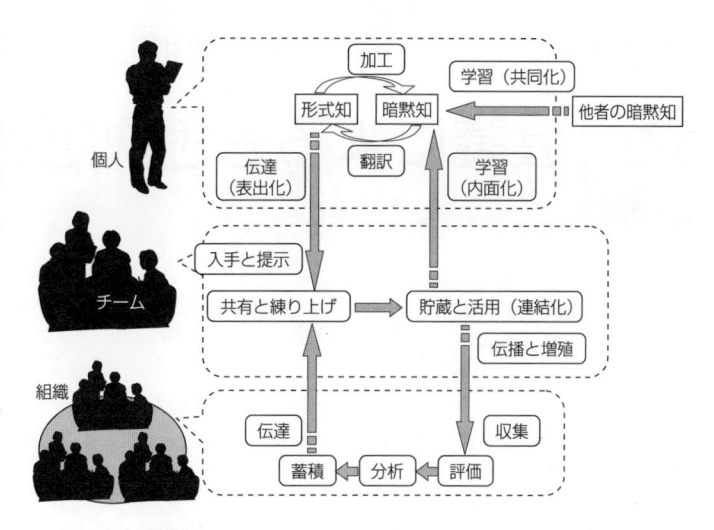

図6.6.1 ナレッジ・マネジメントのプロセス

出所：野中（2000）によるSECIモデル，古川（2003）によるチームの情報処理活動の4つの位相，およびベンジャミンら（1996）のビジネス・インテリジェンス・システムの5つの機能を参考に作成。それぞれのモデルに関する詳細は各引用文献を参照。

▷ 3　古川久敬　2003（新版）基軸づくり――創造と変革を生むリーダーシップ　日本能率協会マネジメントセンター　pp. 251-329.

▷ 4　ベンジャミン，G.・タマール，G.　中川十郎・尾本康造・香取一昭（訳）1996　グローバル企業の情報組織戦略――競争優位のためのビジネス・インテリジェンス・システム　エルコ　pp. 21-30.

▷ 5　古川，前掲書

▷ 6　古川，前掲書

VI 職場のコミュニケーションと人間関係

7 会議による意思決定過程の特性

▷1 山口裕幸 2006 組織の情報処理とコミュニケーション 山口裕幸・高橋潔・芳賀繁・竹村和久 経営とワークライフに生かそう！ 産業・組織心理学 有斐閣アルマ pp. 49-50.

▷2 Stasser, G. & Titus, W. 1985 Pooling of unshared information in group decision making: Biased information sampling during discussion. *Journal of Personality and Social Psychology,* **48**, 1467-1478.

▷3 亀田達也 1997 合議の知を求めて――グループの意思決定 共立出版

▷4 同上書
▷5 同上書
▷6 **多数派**
ある社会や集団の中で，類似の考え方や行動様式を持つ者の集まりのうち所属者が多数を占めるグループのことを多数派，所属者が少ないグループを少数派といいう。

▷7 亀田，前掲書

1 会議が行われる目的

職場では，打ち合わせから役員会議まで大小さまざまな**会議**が多く行われています。経営方針や業務の方針，あるいは人事や待遇など，あらゆる事柄に関する決定は，集団による討議過程を経て行われるのが普通です。会議が行われるおもな目的は，①**情報の共有**（メンバーがそれぞれの持ち場で得た情報を持ち寄り，共有し，さまざまな行動や判断の基準にすること），②**民主的な決定**（ある決定をする際に特定個人の独断ではなく，できるだけ民意を反映させた形で行うこと），および③**質の高い決定**（個人では解決や決断が難しい問題でも集団で話し合うことにより客観的で質の高い決定をすること）の3つであると考えられます。ここでは，これら3つの側面から会議による意思決定過程を考えます。

○会議により情報は共有されるか

ステイサー（Stasser, G.）らは，表6.7.1に示されるような"**隠れたプロフィール**"**事態**において，メンバー間であらかじめ共有されていない情報（非共有情報）が集団討議を経て共有されるのか，またそれが集団の決定に生かされるのかについて検討しました。研究の結果，集団討議は最初からすでにメンバー同士の間で共有されている情報（初期共有知識）にのみ基づいて行われる傾向があり，非共有情報の探索および共有には失敗することが示されました。

また，その他の研究知見で，他のメンバーと多くの知識を共有するメンバーが集団討議を主導しやすく，知識を共有する者同士が話し合いを行いやすいことが示されています。このため，討議前に存在していたメンバー間の知識の違いは集団討議を経ることで増幅・促進されることになります。

このように，集団による討議は初期共有知識の再確認に終わる確率が高く，非共有情報が討議を経て共有されるのは困難です。メンバーが独自に持つ非共有情報を提供する確率を上げるために有効な手段の一つとして，亀田は，討議以前の段階でメンバーが持つ情報を外部化するという方法を挙げています。つまり，各メンバーの頭の中だけに情報がインプットされているという状態ではなく，メンバー全員の目に見える形（たとえばレジュメやファイルなど）にしておくことは，情報を共有する上で重要なことです。

表6.7.1 "隠れたプロフィール"事態の例

	田中さん	鈴木さん
Aさんの受け取った情報	頭脳明晰	明朗・誠実・行動力あり
Bさんの受け取った情報	冷静沈着	明朗・誠実・行動力あり
Cさんの受け取った情報	誠実	明朗・誠実・行動力あり
Dさんの受け取った情報	ユーモア豊か	明朗・誠実・行動力あり
Eさんの受け取った情報	行動力あり	明朗・誠実・行動力あり
長所の数	5	3

次のリーダーに田中さんと鈴木さんのどちらを選ぶかについてA～Eさんが話し合う場面を考える。客観的に見れば，田中さんの長所が多いが，A～Eさんが持つ初期共有知識は田中さん1個に対して鈴木さん3個であるため，話し合いでは，鈴木さんの3つの長所が議論され，田中さんの5つの長所は見逃されてしまう。そして鈴木さんがリーダーに決定してしまう。
出所：山口，2006, p.52.

◯会議では民意が反映されるか

会議による意思決定は，個々のメンバーの意見を平均的に集約したものになると思われがちです。しかし，実際には，集団の決定は，**多数派**の意見により強く傾いたものになることが知られています。

代表的な現象として，**集団分極化**現象があります。これは，討議前の個々のメンバーが持つ見解で多数を占めた意見が，集団討議を経てより極端な方向に偏って集団の決定に現れることを指します。たとえば，新規開発商品AとBのどちらを採用するかについて集団で討議する場合を考えてみましょう。本来，集団討議によって，商品Aおよび商品Bのそれぞれに対する賛成意見も反対意見もうまく集約され，それぞれの長所・短所が明らかになることが期待されます。しかし，集団分極化により，討議前の個人見解で商品Aを推す意見が多数を占めた集団においては，討議後の集団の意見は，商品Aに対するひいきと商品Bに対する否定的な態度が強まったものになってしまいます。

集団分極化が起こる理由は，第一に，個人が集団から**情報的影響**を受けるためです。個人は，集団討議により他のメンバーの見解を知ることによって，その集団において何が望ましいかを知ります。そして，その望ましさに照らして自分の意見の妥当性を確認し，さらにより望ましい方向へ意見を強めるのです。

第二に，集団分極化は**規範的影響**によっても説明できます。各メンバーが，多数派と同じ意見へ自分の意見をシフトさせることで，自分こそがこの集団の規範に合致していることを**自己顕示**します。すると集団全体の意見が極化することになります。

◯決定の質

上記の2点と同様に，集団による決定が期待されているほど質の高いものにはならないことが知られています。ジャニス（Janis, I. L.）は，歴史上の政策決定の失敗事例を分析し，集団による決定がむしろ愚かで浅はかになる現象，**集団浅慮**現象を指摘しました。彼によると，**集団浅慮**は，集団のまとまりが非常によく，外部との接触がない隔絶された状況において，また，強いリーダーのもとで起こります。このような集団においては，メンバーが結束を乱すまいとしたり，メンバーを過剰に信頼したりするため，異質で批判的な意見が排除されます。このことが集団の決定を誤らせてしまいます。

❷ 会議を意義深いものにするために

会議を意義深いものにするために，外部の環境を利用することは有効です。集団内の閉じた世界の議論は，上記のように，多数派主導の歪んだものになりがちです。メンバーが常に外部の異質な環境と接触する機会を設け，会議において異質な意見や考え方を積極的に受け入れることで，集団の決定は客観的で独創的なものになると考えられます。

（田原直美）

▷8　**集団分極化**
集団の決定が，より危険な方向に偏ること（たとえば，成功確率が低くリスクの伴う行動を選択するなど）をリスキーシフト，逆に，より慎重な方向に偏ること（たとえば，成功確率がより高い安全な行動を選択するなど）をコーシャスシフトと呼ぶ。
　Wallack, M. A., Kogan, N. & Bem, D. J. 1962 Group influence on individual risk taking. *Journal of Abnormal and Social Psychology*, 65, 75-86.
　McCauley, C., Stitt, C. L., Woods, K. & Lipton, D. 1973 Group shift to caution at the race track. *Journal of Experimental Social Psychology*, 9, 80-86.

▷9　**集団分極化が起こる理由**
ここでは，集団の討議を経ることにより個人の意見が極端化するという情報的・規範的影響による説明を紹介した。しかし，亀田（1997）は，集団分極化が起こる理由として，個人の意見に変化がなくとも，意見を集約する過程で多数派の意見への極化が起こることを示している。詳しくは，亀田（1997）を参照。

▷10　**情報的影響と規範的影響**
⇒ VI-3 参照。

▷11　**自己顕示**
自分の存在を目立たせること。

▷12　Janis, I. L. 1972 *Victims of Groupthink: A Psychological Study of Foreign-Policy Decisions and Fiascoes*. Houghton Mifflin.

▷13　亀田，前掲書

VI 職場のコミュニケーションと人間関係

8 職場の人間関係の特徴

　職場では，多くの人がお互いに関わりあいながら仕事をこなしています。たとえば，上司は部下に仕事の指示を出します。反対に，部下は上司に指示された仕事の進み具合を報告します。また，部下と上司が一緒になって，今後の営業方針について話し合うこともあります。こうしたやりとりをとおして，人と人とのつながり，すなわち人間関係が作られていきます。

　職場の人間関係は，どのような特徴を持っているのでしょうか。学校で作られる友人関係や近所付き合いと，どのような点が異なるのでしょうか。ここでは「職場ならでは」の人間関係の特徴について考えます。

1 水平的関係と垂直的関係

　まず，職場全体の目的について考えてみましょう。職場の目的は，会社全体の利益に貢献することです。しかも，より短い時間で，より大きな成果を得ることがつねに求められます。

　こうした要求に応えるためには，職場に属する一人ひとりが効率よく仕事をこなさなければなりません。そこで，多くの職場では，一人ひとりに細かく仕事を割り振っています。このような制度を「**分業制度**」といいます。

　分業制度には，2つの側面があります。ひとつはヨコのつながりに基づく分業です。たとえば，商品を作る人，注文を受け付ける人，商品を届ける人は，お互いに連絡を取りあい，協力して仕事をこなします。このような仕事の分担を「**水平の分業**」といいます。また，水平の分業に基づく人と人とのつながりを「**水平的関係**」といいます。

　もうひとつはタテのつながりに基づく分業です。職場では，仕事を細かく割り振るため，立場の異なる人との間で意見の食い違いが起こります。たとえば，営業担当者は大々的にPR活動をしたいと考えている一方で，経理担当者は営業にかかる資金をできる限り抑えたいと考えている，といった状況です。意見の違いを収拾するには，部長など上の立場にある人から，強い強制力を持った指示（たとえば，短期的な赤字は覚悟の上で，大々的にPR活動を実施する）が必要となります。つまり，上下関係（**権力構造**）によって「命令する」「命令を受ける」といった分業を生み出し，職場全体としての活動をまとめるのです。こうした分業を「**垂直の分業**」といいます。また，垂直の分業に基づく人と人とのつながりを「**垂直的関係**」といいます。

❷ フォーマル・グループとインフォーマル・グループ

　水平的関係や垂直的関係は，職場の名簿や組織図などを参考にして，客観的に把握することができます。こうした客観的な地位体系（階層構造）によって作られた集団を「**フォーマル・グループ**」と呼びます。フォーマル・グループは「客観的な一定の地位体系を持ち，各地位に個人が一定の手続によって配置されている集団」と定義されます。

　その一方で職場の人々は，地位体系だけではなく，個人的な感情によっても結びついています。職場には，個人的に気が合う人もいれば，どうしても気が合わない苦手な人もいるでしょう。気が合う人同士だと，やりとりする回数も増え，自然と人間関係も作られていきます。こうした「個人的な感情によって自然発生的に作られ，形式的な階層構造やルールがない集団」のことを「**インフォーマル・グループ**」と言います。

　職場では，フォーマル・グループの中に，複数のインフォーマル・グループが二重，三重に入り組んでいます。職場の人間関係を適切に把握するには，フォーマル・グループとインフォーマル・グループという2つの視点から捉える必要があります。また，2つの視点は互いに関連性を持っています。たとえば，インフォーマル・グループの規範（ルール）が強力な力を持ち，フォーマル・グループとしての機能を高めたり，あるいは弱めたりすることがあります。

❸ インフォーマル・グループを把握するには

　フォーマル・グループとは異なり，インフォーマル・グループは個人的な感情で結びついていますので，客観的に把握することができません。そのようなインフォーマル・グループを浮き彫りにする分析として，モレノ（Moreno, J. L.）の開発した**ソシオメトリック・テスト**があります。

　この分析では，集団の中で，親しみを感じる人をあげてもらいます（これを「選択」といいます）。また，親しみを感じない苦手な人もあげてもらいます（これを「排斥」といいます）。この回答結果を集計し分析を施すことで，集団の中で誰が一番人気者か，もっとも嫌われている人は誰か，誰と誰がお互いに親しみを感じあっているかなど，さまざまな人間関係の特徴がわかります。最終的には「ソシオグラム」という図によって，その全体像を示すことができます（図6.8.1）。

（稲富　健）

▷ Moreno, J. L. 1953 *Who Shall Survive?: Foundations of Sociometry, Group Psychotherapy, and Sociodrama.* Beacon House.

参考文献

　大橋正夫・長田雅喜 1987 対人関係の心理学 有斐閣

　田中熊次郎 1959 ソシオメトリーの理論と方法――人間教育の心理学的基礎技術の研究 明治図書出版

　服部祥子 2003 人を育む人間関係論――援助専門職者として，個人として 医学書院

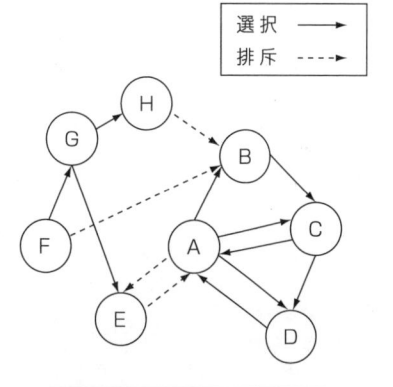

図6.8.1　ソシオグラムの例

VI 職場のコミュニケーションと人間関係

9 職場で起こる対人葛藤：その原因と影響

職場には，経歴や専門性，価値観や考え方が異なる人々が集まっています。そのため，お互いに関わりあいながら仕事をこなしていくうちに，職場のメンバーの間で意見の対立が起こることがあります。こうした，メンバーの間で起こる意見の対立や不一致のことを「**対人葛藤**」といいます。

職場における対人葛藤は，どのような原因で起こるのでしょうか。また，対人葛藤は，当事者や職場全体に対してどのような影響を与えるのでしょうか。

1 職場で起こる対人葛藤の原因は何か

実際の職場ではさまざまな問題が原因となって，対人葛藤が起こっています。大西は，どのような問題が対人葛藤の原因になりやすいかを調べるため，企業に勤務する日本人を対象に調査を行いました。

まず，「同じ職場のメンバーを相手に不愉快な思いをしたり，イライラさせられたりした経験があるか」について尋ねました。その結果，そのような経験をしたことがない人は，全回答者423人の中で4人しかいませんでした。このことから，ほとんどの人が職場で対人葛藤を経験していることがわかります。

続いて，対人葛藤の原因と想定される15項目を回答者に示しました。回答者は自身の対人葛藤の経験を振り返り，実際に対人葛藤の原因となった項目をすべて選択するように求められました。

▶1 大西勝二 2002 職場での対人葛藤発生時における解決目標と方略 産業組織心理学研究, **16**(1), 23-33.

表6.9.1は示された15項目の具体的な内容と，選択された割合を示したものです。表6.9.1より，とくに対人葛藤の原因になりやすい問題は「礼儀・言葉遣いに関すること」や「仕事に対する姿勢や努力に関すること」，「性格や価値観に関すること」，「業務の説明の過不足に関すること」などであることがわかります。こうした調査結果より，職場で対人葛藤が起こる原因は，おもに「仕事に関する問題」と「他者との個人的なやりとりに関する問題」の2つにまとめることができます。

表6.9.1 職場内で起こる対人葛藤の原因

	項目	割合
1.	礼儀・言葉遣いに関すること	48%
2.	仕事に対する姿勢や努力に関すること	45%
3.	性格や価値観に関すること	44%
4.	業務の説明の過不足に関すること	41%
5.	仕事の成績や進行スピードに関すること	32%
6.	就業時間に関すること	26%
7.	飲酒・喫煙に関すること	20%
8.	昇進や配置などの処遇に関すること	19%
9.	給与・賃金に関すること	18%
10.	会社の経営方針に関すること	17%
11.	服装や身だしなみに関すること	14%
12.	セクハラに関すること	12%
13.	異性問題に関すること	9%
14.	金銭の貸し借りに関すること	3%
15.	その他	4%

出所：大西，2002を一部改変して作成

2 どのような相手と対人葛藤が起こりやすいか

藤森は対人葛藤が起こりやすい相手について検討しています。その結果，「上司」との対人葛藤がもっとも多く，50％に達しています。次に「同僚」で，その割合は36.7％です。もっとも少ない相手は「部下」で，その割合は11.3％にとどまっています。

この結果より，とくに立場が上の人に対して，対人葛藤が起こりやすいことがわかります。

3 対人葛藤がもたらす効果

一般的には，職場の中で対人葛藤が起こること自体が問題であり，できる限り対人葛藤を未然に防ぐことが大切なことだと考えられがちです。しかし，対人葛藤にはマイナスの効果だけではなく，積極的に対処することでプラスの効果も得ることができます。

○マイナスの効果

対人葛藤が適切に解決されない場合，職場の中で意見交換がなされなくなったり，職場の雰囲気が悪くなって，メンバーの仕事に対するやる気が低下したりする恐れがあります。ブレークとムートン（Blake, R. R. & Mouton, J. S.）は，対人葛藤が生じているにもかかわらず，それを無視し，積極的な取り組みを怠ると，職場にとって次のようなマイナスの効果が生じると述べています。

①職場のメンバーが閉鎖的になり，活発な意見交換がなされなくなる。
②適切な協力，協働作業ができなくなる。
③対人葛藤が生じる可能性がある問題は，回避される。
④職場全体の目標を犠牲にするような行動が多くなる。

○プラスの効果

対人葛藤がもたらすプラスの効果は，対人葛藤の当事者本人に及ぶものです。当事者が，対人葛藤を何とか解決しようと積極的に悩むことで，自分や相手について深く理解することができるようになります。こうしたプラスの効果を，藤森らは以下の3点にまとめています。

①自分自身や他者，そしてその関係性についての理解を深める効果
②相互の新しい考えや優れた視点を発見する機会を提供する効果
③将来の対人葛藤を効果的に処理する調整機能の発達を促進する効果

対人葛藤を職場の活性化につなげ，また，当事者の自己成長のきっかけとするためには，こうした効果について十分理解しておくことが重要でしょう。

（稲富　健）

▷2　藤森立男　1994　職場集団のダイナミクス　岡村一成（編）産業・組織心理学入門　第2版　福村出版　pp.76-87.

▷3　Blake, R. R. & Mouton, J. S. 1964 *Managerial Grid*. Houton, TE: Gulf.（上野一郎（監訳）1969　期待される管理者像　産業能率短期大学出版部）

▷4　藤森立男・藤森和美　1992　人と争う　松井豊（編）対人心理学の最前線　サイエンス社　pp.141-151.

VI 職場のコミュニケーションと人間関係

10 対人葛藤への対処

1 対人葛藤を解決するには

　対人葛藤が起こると、当事者たちはそれを解決しようと何らかの行動を起こします。話し合ったり、強引に説得したり、あるいは同情に訴えたり、現実場面ではさまざまな行動が実行されます。このような葛藤を解決するための行動を総称して「**葛藤解決方略**」といいます。

　一つひとつの葛藤解決方略は多種多様です。そこで、共通する特徴に注目してわかりやすく整理する方法が研究者によって提案されてきました。ここでは、トーマス（Thomas, K. W.）の古典的な分類法について言及したいと思います。続いて、職場で起こる対人葛藤にスポットを当て、実際にどのような解決方略が実行されるのかを明らかにした実証研究例を紹介します。

2 葛藤解決方略の分類法

　トーマスは、その方略が「どのくらい自己主張的か」に着目しました。**自己主張性**とは、自分自身の利益を満足させたり、意見を押し通したりする傾向を指します。さらに、「どのくらい協調的か」にも注目しました。**協調性**とは、他者の利益や意見に配慮する傾向のことを指します。そして、この自己主張性と協調性の2つの次元とその組み合わせにより、葛藤解決方略を以下の5つに整理しました（図6.10.1）。

　1つ目は「競合（competitive）」です。これは、自己主張性が高く、協調性が低い方略です。他者を犠牲にして、自らの利益を確保する、支配的な方略といえます。

　2つ目は「回避（avoidant）」です。これは、自己主張性が低く、協調性も低い方略です。事態への関与をやめ、問題を放置してしまう行動で、いわば葛藤の認識そのものをなくしてしまう方略といえます。

　3つ目は「譲歩（accommodative）」です。これは、自己主張性が低く、協調性が高い方略です。自分の目的を犠牲にして、他者の要求を満たす行動で、競合とは対照的な方略とい

▷1　Thomas, K. W. 1976 Conflict and conflict management. In M. D. Dunnette (Ed.), *Handbook of Industrial and Organizational Psychology*. Chicago: Rand-McNally. pp. 889-935.

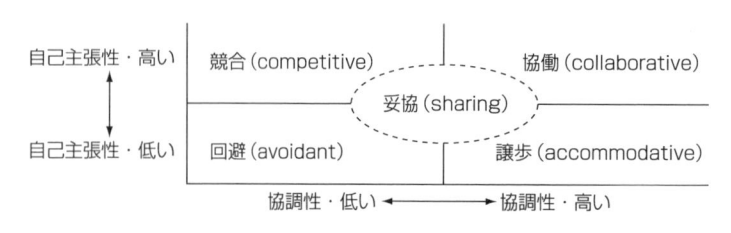

図6.10.1　トーマス（Thomas, 1976）による葛藤解決方略の5類型

えます。

　4つ目は「**協働**（collaborative）」です。自己主張性が高く，協調性も高い方略です。これはお互いの主張を満足させるべく，統合的な解決策を探し求める方略です。譲歩することなく，お互いの利益が最大となるように協力して解決を目指します。

　5つ目は「**妥協**（sharing）」です。自己主張性，協調性ともに高くもなく，低くもない方略はこれに該当します。お互いがある程度利益を得られるように，納得できる範囲で譲り合って葛藤の解消を目指す方略です。競合と譲歩の中間に位置づけられます。

3　職場で起こる対人葛藤を解決するさまざまな方略

　続いて，職場で行われる葛藤解決方略に焦点を当てた実証研究を紹介します。大西は企業で働いている日本人390人のデータを用いて，葛藤解決方略の整理を試みました。まず，葛藤解決方略の具体例を33項目準備しました。そして，因子分析という分析を適用して，33項目の解決方略を4つの方略群にまとめました。

　第一の方略群は「**統合方略**」です。これは，お互いが納得できる最良の結果を目指して，積極的に話し合う方略です。具体的な行動例は「一番良い方法で問題を解決できるように，お互いの考えていることを全て出し合う」「問題を正しく理解するために相手と協力する」などです。

　第二の方略群は「**消極的方略**」です。これは，葛藤に対して自発的に深く考えることをせず，相手まかせにして解決を図る方略です。具体的な行動例としては「相手との食い違いには目をつぶろうとする」「自分が相手に譲歩する」などです。

　第三の方略群は「**第三者介入方略**」です。これは，当事者以外の人に葛藤解決の手助けをしてもらう方略です。具体的な行動例としては「正しい結果になるように，第三者に介入してもらう」「第三者に最終案を出してもらう」「客観的な判断ができるように，他の人にも話に加わってもらう」などです。

　第四の方略群は「**支配方略**」です。これは，自分の意見や立場を，相手に対して強く主張する方略です。具体的な行動例としては「自分の立場を強く主張する」「勝つか負けるかのような状況では，自分が勝つように前に強く出る」などです。

　大西の分析結果は，トーマスの分類法と似ている部分があります。たとえば，「統合方略」は，トーマスのいう「協働」と内容がよく類似しています。その一方で，「第三者介入方略」は，トーマスの分類法では見られない，特徴的な方略といえます。

▷2　大西勝二　2002　職場での対人葛藤発生時における解決目標と方略　産業組織心理学研究，**16**(1)，23-33.

（稲富　健）

VII　リーダーシップ

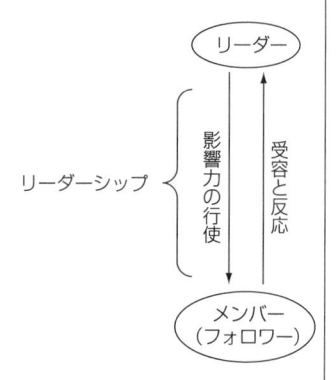

1 リーダーシップの概念と研究の歴史的変遷

1 リーダーシップとは

　国家を率いる大統領や首相，大企業の経営者，スポーツチームの監督などに見られるように，**リーダーシップ**のあり方はその組織の成否や今後の行方を大きく左右します。産業・組織心理学においても，リーダーシップは古くから関心が寄せられ，また莫大な研究がなされてきました。

　ところが，リーダーシップという用語自体が日常語と化しているために，さまざまな意味で用いられています。実際，ストッディル（Stogdill, R. M.）は[1]，リーダーシップの定義はその研究者の数だけあると指摘しています。また，彼は，多様な定義を踏まえたうえで，リーダーシップを"集団目標の達成に向けてなされる集団の諸活動に影響を与える過程"と包括的に定義しています。ただし，これを理解するためには，次の2つに留意する必要があります。

　第一に，リーダーシップとは，ある地位に就いている**リーダー**[2]だけでなく，**メンバー**[3]も発揮することができます。たとえば，リーダーとして任命されていないメンバーも，集団を導いたり，他のメンバーを励ますことができます。

　とはいうものの，組織や職場におけるリーダーシップの問題を考えるとき，多くの場合，経営者やマネージャーなど，公的に任命された役職に就いた個人を想定します。このことを踏まえて，このVIIでは，ある特定の地位に就いている個人（リーダー）に絞った議論をします。

　第二に，リーダーシップとは社会的影響過程を意味します。一般に，リーダーシップとは，リーダーによる一方的な働きかけをイメージされがちです。しかし，図7.1.1に示すように，リーダーの働きかけと，それに対するメンバーの受容を前提としています。リーダーがいくら優れた言動を発しても，受け手が動かされなければ意味がありません。

2 リーダーの影響力の基盤

　組織や集団の目標を実現するためには，メンバーはリーダーの働きかけを受け入れて，それに従って行動することが求められます。このリーダーの影響力の基盤を「**社会的勢力**」といいます[4]。ここで重要なことは，リーダーの影響力を決めるのは，リーダーではなく，受け手のメンバーの認知に依存するということです。具体的には，次の5つの勢力が知られています。

---

[1] Stogdill, R. M. 1974 *Handbook of Leadership: A Survey of Theory and Research.* New York: Free Press.

[2] リーダー
リーダーとは，組織内のある役職（ポジション）に就いている個人のことを指す。たとえば，経営者などの経営トップから，部長やマネージャーなどのミドルリーダー，そして係長などの第一線リーダーが含まれることになる。

[3] メンバー
集団成員ともいわれ，組織やチーム，集団を構成する人々を指す。類似する用語としては，リーダーに対応して「フォロワー」という用語も用いられる。

図7.1.1　リーダーシップの定義
（リーダー → 影響力の行使／受容と反応 ← メンバー（フォロワー））＝リーダーシップ

① **正当勢力**：組織において任命されたリーダーに与えられるもっとも基本的な勢力です。これは，リーダーがメンバーに対して職務上の指示や命令を与えることのできる職務権限に基づくものです。

② **報酬勢力**：リーダーがメンバーに対して報酬を与えることができる勢力のことです。この報酬とは，給与や賞与などの金銭的報酬もあれば，昇進や職務の割り当てなども含まれます。

③ **強制勢力**：リーダーがメンバーに対して懲罰を与えることができる勢力のことです。

④ **準拠勢力**：メンバーがリーダーに対して好意や信頼，尊敬を抱くことで，リーダーと自らとを同一視することに基づく勢力のことです。

⑤ **専門勢力**：リーダーが職務に関する知識やスキルを持っているとメンバーが認めることに基づく勢力のことです。

▷4 フレンチ，J. R. P. & レイブン，B. H. 水原泰介（訳）1962 社会的勢力の基盤 千輪浩（監訳）社会的勢力 誠信書房 pp. 193−217.

3 リーダーシップ研究の歴史的変遷

これまでのリーダーシップ研究は主に5つの時期に分けることができます。

○特性アプローチ

第一期は，1900年から1940年代後半にかけて行われた特性アプローチです。ここでは，「優れたリーダーはどのような特性を備えているか」に関心が寄せられていました。有能なリーダーは，そうでないリーダーやメンバーとは異なり，独自の特性や資質などを備えていると考えられていました。

○行動アプローチ

特性アプローチが衰えると，1940年代後半から1960年代後半には，「優れたリーダーはどのように行動しているか」に関心が寄せられるようになりました。これが，第二期の行動アプローチです。

○コンティンジェンシー・アプローチ

それ以前の研究は，状況普遍的に効果的なリーダーの特性や行動の解明を目指したものでした。ところが，ある特定のリーダーの特性や行動の効果は，さまざまな状況によって変化するという立場に立つのが1960年代後半から台頭してきたコンティンジェンシー・アプローチです。

○認知論的アプローチ

1980年代に入ると認知心理学的な視点が次第に取り入れられるようになりました。これによって，リーダーやメンバーの認知プロセスや情報処理プロセスが明らかになりました。これが認知論的アプローチです。

○変革アプローチ

1980年代後半には，アメリカ経済の不況も手伝って，組織変革を目指した新たなリーダー行動が注目されるようになりました。これが変革アプローチです。

（池田　浩）

VII　リーダーシップ

2　特性アプローチ

1　偉人論

リーダーシップへの最初の関心は，優れたリーダーはどのような**特性**を備えているかを明らかにするものでした。ここでは，歴史上の偉人（たとえば，ナポレオンやリンカーンなど）を基に，彼らに共通する資質や能力などの特性を抽出しようとしていました。つまり，偉大なリーダーは，そうでないリーダーやメンバーとは基本的に異なり，独自のパーソナリティ特性や資質などを備えていると考えられていました。このことを，リーダーの**偉人論**（great man theory）と呼びます。

この偉人論は，直感的に理解しやすい利点を持っていますが，科学的に証明されたものではなく，一般性に乏しいという限界を持っています。

2　特性論

19世紀に入ると，偉人論から脱し，科学的な方法によって有能なリーダーの特性を明らかにする研究が始まりました。このことを**リーダーの特性論**と呼びます。

リーダーの特性は，大きく2つのアプローチによって明らかにされています。そのひとつは，リーダーの出現あるいは発生（leadership emergence）に関する研究です。ここでは，どのような特性や資質を持った人がリーダーとして選ばれるかが注目されました。具体的には，リーダーが存在しない討議集団を設定し，そこでの相互作用を通してリーダーとして選出される人の人格特性と，他の人の人格特性とが比較されました。

もうひとつは，どのようなパーソナリティ特性や資質を備えたリーダーが効果的で，高い業績を上げるかに焦点を当てたリーダーシップの効果性（leadership effectiveness）に関する研究です。このアプローチでは，リーダーの人格特性とパフォーマンスとの関係性について検討されました。

○ストッディルの特性論研究

このように，リーダーの特性を解明することを試みた研究は数多く存在しますが，ストッディル（Stogdill, R. M.）は，1904年から1947年までの124編にわたる研究知見を丁寧に整理し，優れたリーダーの特性として，「知能」（判断力や創造性等），「素養」（学識，経験），「責任感」（信頼性や自信等），「参加性」（活

▷1　特性
ある人が固有に備えた性質のことで，パーソナリティ特性や知能などを指す。

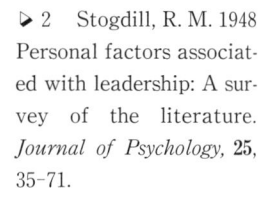

▷2　Stogdill, R. M. 1948 Personal factors associated with leadership: A survey of the literature. *Journal of Psychology*, **25**, 35-71.

▷3　Lord, R. G., DeVader, C. L. & Alliger, G. M. 1986 A meta-analysis of the relation between personality traits and leadership perceptions: An application of validity generalization procedures. *Journal of Applied Psychology*, **71**, 402-410.

動性，社交性，協調性，ユーモア等），「地位」（社会経済的地位や人気）を見出しています。ただし，特性とリーダーシップとの関係の強さが研究によって一貫していないか，一貫していても必ずしも強い関係とはいえませんでした。このことを受けて，彼は「リーダーに求められる特性や技能は，そのリーダーが率いる集団や事態の特徴によって決まる」と結論付けています。

3 特性論の再評価

しかし，近年，リーダーの特性の重要性が再認識されつつあります。

●ロードらのメタ分析

これまでの特性論研究では，リーダーの発生に関する研究とリーダーシップの効果性に関する研究がほとんど区別されていませんでした。ロード（Lord, R.G.）[3]らはこの点に着目し，特性論に関する複数の研究をメタ分析という統計手法を行って再度検討しました。その結果，実はリーダーの特性のうち知能（intelligence）や男性性（masculinity），支配性（dominance）は，リーダーの発生とはほとんど関係が無いものの，むしろ部下や上司が評価するリーダーシップの効果性認知と関係を持つことが明らかになりました。

●ビッグ5との関連

また，従来の研究では，リーダーの特性を測定するための測度が十分な精度を備えていなかった点も問題として指摘され[4]，改めて標準化されたパーソナリティ尺度を用いた検討も行われています。

たとえば，ジャッジとボノ（Judge, T. A. & Bono, J. E.）[5]らはパーソナリティの**ビッグ5**（外向性，開放性，調和性，誠実性，神経症傾向）とリーダーシップとの関係を検討しています。それによると，ビッグ5パーソナリティ特性とリーダーシップとの全体的な関係は，それほど悲観するほどの結果ではなく，またリーダーの発生とリーダーシップの効果性のいずれとも統計的に有意な関係性があることが明らかになっています。

●カリスマ

偉大なリーダーや指導者に見られる「**カリスマ**」[6]（charisma）の特性も脚光を浴びるようになりました。

このカリスマに関する議論をはじめてリーダーシップの研究で展開したのはハウス（House, R. J.）です。彼は，カリスマの特性を持つリーダー（**カリスマ的リーダーシップ**[7]）が，どのようにメンバーの内面的変化を引き起こし，カリスマと認知されるかに関心を寄せました。そして，カリスマ的リーダーに見られる特性として，異常に高い「支配欲」，「自信」，「影響力の要求」，「自己価値への信念」があることを示しています[8]。

（池田　浩）

▷4 スコットとミッチェル（Scott, W. G. & Mitchell, T. R., 1972）は，特性論研究で用いられたパーソナリティ・テストの信頼性係数が，0.25から0.50と極端に低かったことを報告している。
　Scott, W. G. & Mitchell, T. R. 1972 *Organization Theory: A Structural and Behavioral Analysis*. Homeword, IL: Richard Irwin.

▷5 Judge, T. A., Bono, J. E., Ilies, R. & Gerhardt, M. W. 2002 Personality and leadership: A qualitative and quantitative review. *Journal of Applied Psychology*, **87**, 765-780.

▷6 カリスマ
カリスマということばをはじめて用いたのは，社会学でも著名なウェーバー（Weber, M.）である。彼によると，カリスマとは，誰もが持ちうるものではなく，ある種超人間的な人物の資質を指す。

▷7 カリスマ的リーダーシップ
ハウスのカリスマの概念は，その後のバス（Bass, B. M.）による変革型リーダーシップ論に取り込まれている。詳しくは，VII-6を参照。

▷8 House, R. J. 1977 A 1976 theory of charismatic leadership. In J, G. Hunt & L. L. Larson (Eds.), *Leadership: The Cutting Edge*. Carbondale, IL: Southern Illinois University Press. pp. 198-207.

VII リーダーシップ

3 行動アプローチ

1 行動アプローチ

リーダーの特性論アプローチが，ストッディル（Stogdill, R. M.）らの文献展望をきっかけに衰退の一途をたどるようになると，有効なリーダーとそうでないリーダーとの違いを，彼らが備えている特性ではなく，実際に観察可能な「行動」に焦点を当てて探ることが試みられるようになったのです。これが，行動アプローチです。

2 民主的リーダーシップの研究

リーダーの行動は，集団の課題遂行や雰囲気，そしてメンバーの態度にどのような影響を与えるのでしょうか。リーダーシップの効果性をはじめて実験的に検証したのが，レヴィン（Lewin, K.）とホワイト，リピット（White, R. & Lippitt, R.）による「社会的風土」に関する実験です。

この実験では，10歳の少年15名が3つの集団に分かれて，それぞれの大学生のリーダーのもとでお面づくりが行われました。3つの集団に対するリーダーシップ・スタイルとして「専制型」，「民主型」，「放任型」が設定され，それぞれの効果が検討されました。専制型では，集団活動のすべてをリーダーが指示・決定しました。民主型では，集団の方針は子どもたちの討議によって決定し，リーダーは討議に対する助言を行いました。放任型では，子どもまかせで，リーダーはほとんど関与しませんでした。

その結果，作業の質は民主型リーダーのもとでもっとも優れ，作業量は専制型と民主型リーダーのもとで優れていました。また，民主型リーダーのもとでは，子どもたちの作業に対する動機づけは高く，創造性に優れ，集団の雰囲気は友好的でした。専制型リーダーのもとでは，作業量こそ多かったものの，集団の雰囲気は攻撃的で，リーダーがいるときには作業に取り組むものの，いないときには作業を怠けることが確認されました。放任型リーダーのもとでは，作業量や質がもっとも低く，作業を行わずに遊ぶ子どもが多くいました。

3 リーダー行動の不動の2次元

リーダーの行動が，集団に影響を及ぼすという知見を受けて，実際にリーダーがどのような行動を行っているかに関心が移りました。その代表的な研究と

▷ 1 White, R. & Lippitt, R. 1960 Leader behavior and member reaction in three "social climates." In D. Cartwright & A. Zander (Eds.), *Group Dynamics*, 2nd ed. New York: Harper. pp. 527-553.

して，3つの研究を概観します。結論からいうと，多様なリーダー行動は最終的に2次元のスタイルに集約することができます。すなわち，集団の目標を達成することや課題の取り組みを志向した「**課題志向的行動**」，そして集団内の人間関係の維持や，チームワークや雰囲気の醸成，さらにはメンバーの満足感を充たすことなど主として人間関係の配慮を志向した「**人間関係志向的行動**」です。

○ハーバード大学の研究

ハーバード大学のベールズ（Bales, R.）[2]は，あらかじめリーダーが存在しない討議集団においてメンバー間の相互作用を観察しました。すると，大きく課題行動（他者に示唆を提供したり，意見を述べたりする行動）と社会・情緒的行動（連帯性を示したり，緊張緩和を示す行動）の2つを見出しました。

○オハイオ州立大学の研究

ストッディルらオハイオ州立大学のグループは[3]，まず職場の管理者（リーダー）の行動を部下から多数収集し，「リーダー行動記述調査票」を開発しました。そして，そのデータを分析したところ，リーダー行動は2つの因子から構成されていることを明らかにしました。ひとつは，「構造づくり」行動と呼ばれるもので，職務活動を明確化したり，部下の役割や責任を定義する課題に志向した行動です。もうひとつは，「配慮」行動と呼ばれるもので，リーダーと部下との相互の尊敬や信頼を作り出す行動で，人間関係に志向した行動です。

○ミシガン大学の研究

リカート（Likert, R.）を中心としたミシガン大学の研究グループは[4]，高業績集団と低業績集団のリーダー行動を比較しました。その結果，おおらかな管理で，部下と行動をともにする「従業員中心型」の方が，細かな指示・管理を重視する「仕事中心型」のリーダーシップ・スタイルよりも，職場の生産性やメンバーの職務満足感が高くなることを結論づけています。

④ 2次元のリーダー行動の効果性

リーダー行動は大きく2次元から構成されていました。それでは，「課題志向的行動」（構造づくり）と「人間関係志向的行動」（配慮）のどちらが効果的でしょうか？　表7.3.1には，リーダー行動2次元とパフォーマンス（集団の生産性，メンバーの満足感）との関係を検証した複数の研究がまとめられています。それを見ると，リーダー行動とパフォーマンスとの間には明確な関係を認めることができません。ストッディルはこの結果を受けて，リーダーの行動2次元のうちどちらかの行動が効果的かではなく，むしろ両方の行動を発揮することが重要であると指摘しています。その代表的な理論が，三隅二不二による**PM理論**[5]とブレークとムートン（Blake, R. R. & Mouton, J. S.）による**マネジリアル・グリッド理論**[5]です。　　　（池田　浩）

---

[2] Bales, R. 1950／手塚郁恵（訳）1971　グループ研究の方法　岩崎学術出版社

[3] Halpin, A. W. & Winer, B. J. 1957 A factorial study of the leader behavior descriptions. In R. M. Stogdill & A. E. Coons (Eds.), *Leader Behavior: Its Description and Measurement.* Columbus: Ohio State University, Bureau of Business Research. pp. 39-51.

[4] リカート，R. 三隅二不二（訳）1964　経営の行動科学——新しいマネジメントの探求　ダイヤモンド社

[5] PM理論とマネジリアル・グリッド理論
⇒ コラム7 参照。

表7.3.1 リーダー行動2次元と集団の生産性およびメンバーの満足感との関係を検証した研究数

	正の相関	無相関	負の相関
構造づくり			
⇔集団の生産性	47	26	7
⇔メンバーの満足感	14	8	11
配慮			
⇔集団の生産性	47	32	14
⇔メンバーの満足感	48	9	7

（注）表中の数字は，研究数を示す
出所：Stogdill, R. M. 1974. *Handbook of Leadership: A Survey of Theory and Research.* New York: Free Press. を参考に作成

コラム7

二要因論：PM理論とマネジリアル・グリッド理論

　オハイオ州立大学やミシガン大学の研究から，リーダー行動は大きく2次元に集約できることがわかりました。それらは，「課題志向的行動」と「人間関係志向的行動」でした（VII-3）。

　この2つのリーダー行動のどちらが効果的かではなく，両方の側面を兼備することを重視する立場を二要因論といいます。その代表的な理論が，**PM理論**と**マネジリアル・グリッド理論**です。

1　PM理論

　三隅[1]は，リーダー行動のパターンをP機能とM機能の2つに分類しています。P機能とは，課題達成（performance）機能を意味し，課題志向的な側面の行動パターンを表します。具体的には，メンバーを最大限働かせる，仕事量をやかましくいう，目標達成の計画を綿密にたてるなどの行動です。

　それに対して，M機能とは，集団維持（maintenance）機能を意味し，リーダーの人間関係志向的な側面を示します。具体的には，リーダーがメンバーを支持する，メンバーの立場を理解する，メンバーを信頼する，メンバーが優れた仕事をしたときには認める，メンバーたちを公平に取り扱うなどです。

　そして，これら2つの機能には高低2水準があると考え，それぞれの組み合わせによって，図C.7.1のように4つに類型化しました。

　① pm（スモール・ピー・エム）：課題達成機能および集団維持機能の両側面について消極的なリーダー行動を意味します。

　② Pm（ラージ・ピー，スモール・エム）：課題達成や目標達成に関わるリーダー行動を特に実践しているのに対し，メンバー間の人間関係や集団内の雰囲気には配慮していないことを意味します。

　③ pM（スモール・ピー，ラージ・エム）：課題達成に関わる行動よりはむしろ，集団内の人間関係の調和やメンバーの情緒的な面に配慮することに重点を置くリーダー行動のパターンを意味します。

　④ PM（ラージ・ピー・エム）：課題達成や目標達成を強調しながらも，同時に集団内の人間関係や雰囲気にも配慮するリーダー行動のパターンを示します。

　PM理論に基づく研究は莫大な数にのぼります。その中でも，4つのリーダー行動のスタイルにより集団の生産性やメンバーの満足感にどのような違いが生じるかについて結果を整理すると以下のようになります。まず，集団の生産性については，短期的にはPM型＞Pm型＞pM型＞pm型となり，長期的にはPM型＞pM型＞Pm型＞pm型の順に低くなります。さらに，メンバーの意欲や満足度については，PM型＞pM型＞Pm型＞pm型の順に低くなります。いずれも，PM型のリーダー行動スタイルがもっとも効果的であることがわかります。

2　マネジリアル・グリッド理論

　PM理論と類似した試みは，アメリカでも行われました。ブレークとムートン（Blake, R. R. & Mouton, J. S.）[2]は，オハイオ大学の研究結果に基づいて，リーダーの行動スタイルを「業績に対する関心」と「人間

に対する関心」の2次元で捉えました。これも「課題志向的行動」と「人間関係志向的行動」にそれぞれ対応することがわかります。

ここでは，業績に対する関心と人間に対する関心の2次元の評点（1から9）を基に，リーダーのタイプを分類すると，図C.7.2に示されるように典型的な5つのタイプが浮かび上がります。

9・1型は，業績中心で，人間関係にはほとんど配慮しないリーダーのタイプです。逆に，1・9型は，課題遂行や業績はほとんど関心を示さず，人間関係を優先するリーダーのタイプです。1・1型は，業績にも人間関係にもどちらにも無関心なタイプです。5・5型は，業績と人間関係には中庸に関心を示すリーダーのタイプです。最後に，9・9型は，業績と人間関係の両方に関心を持つリーダーのタイプです。ブレークとムートンによれば，このタイプのリーダーがもっとも理想的であると主張しています。

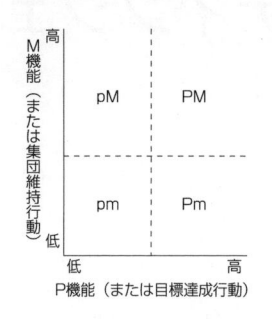

3　2つの理論の共通点と相違点

○共通点

第一は，リーダー行動の次元です。課題遂行に関わるリーダー行動は，PM理論では「P機能」，そしてグリッド理論では「業績に対する関心」と表現されていました。また，メンバーへの配慮に関わるリーダー行動を，「M機能」，「人間に対する関心」で表現していました。ここでも，行動アプローチの他の理論と共通して，リーダーの多様な行動は，課題志向的な行動と人間関係志向的な行動の2次元に集約できることがわかります。

第二の共通点は，PM理論にしてもマネジリアル・グリッド理論にしても，課題志向的行動と人間関係志向的行動の2つの次元がともに高いHi-Hi型のリーダーほど，集団のパフォーマンスやメンバーの満足感，モチベーションに対してもっとも効果的であるという点です。なぜHi-Hi型がもっとも優れた効果をもたらすかというと，課題志向的行動と人間関係志向的行動が互いに補完し，そして強化しあって，相乗効果を生むからです。

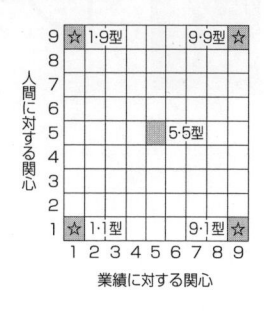

○相違点

PM理論とマネジリアル・グリッド理論の相違点としては，次の2つが挙げられます。第一は，評価者の違いです。PM理論では，おもにメンバーがリーダーの行動を評定し，その結果に基づいて4つのタイプに類型化しています。それに対して，マネジリアル・グリッド理論では，リーダー本人が自分のリーダーシップのスタイルを評価します。

第二の相違点は，類型化の仕方です。PM理論は，PとMを高低2水準に分けて4つに類型化しています。一方，マネジリアル・グリッド理論は，4つの類型化に加えて，中間型（5・5型）を設定しています。

（池田　浩）

▷1　三隅二不二　1984　リーダーシップ行動の科学（改訂版）　有斐閣
▷2　Blake, R. R. & Mouton, J. S. 1964 *Managerial Grid*. Houton, TE: Gulf.（上野一郎（監訳）1969　期待される管理者像　産業能率短期大学出版部）

VII　リーダーシップ

4　コンティンジェンシー・アプローチ

特性アプローチ（VII-2）や行動アプローチ（VII-3）は，状況普遍的に効果的なリーダーの特性や行動の解明を目指したものでした。ところが，1970年代に入って，普遍的に唯一最善のリーダーの特性や行動は存在しない，いいかえるとある特定のリーダーの特性や行動の効果は，さまざまな状況要因によって変化するという考え方が出てきました。この立場に立つのが**コンティンジェンシー・アプローチ**（状況即応）です。

① コンティンジェンシー・モデル

このアプローチの先駆けになったのが，フィードラー（Fiedler, F. E.）によるコンティンジェンシー・モデルです。このモデルでは，まずリーダーの特性を **LPC 得点**によって把握します。そして，集団の状況を「リーダーとメンバーの関係のよさ」，「課題が構造化されている程度（仕事の目標，手続きの明瞭さ）」，そして「リーダーのもつ地位勢力」の3つの要因で捉えます。そして，そのリーダー特性と集団状況との組み合わせによって，リーダーシップの有効性が明らかになります。

○リーダーの特性

フィードラーの理論でもっとも特徴的な「LPC」とは，Least Preferred Co-worker の頭文字を組み合わせたものです。これは「一緒に仕事をするうえで最も苦手な仕事仲間」を意味します。実際には，リーダーに今までの体験からこの人に該当する人をひとりだけ思い出してもらい，その人を肯定的に捉えている度合いを尋ねます。LPCを高く評定するリーダー（高LPCリーダー）は"人間関係の維持"に動機づけられていることから「人間関係志向的」，そして低く評定するリーダー（低LPCリーダー）は"課題の達成"に動機づけられていることから「課題達成志向的」と表します。

○集団状況

フィードラーは，LPC得点によって表されるリーダーの特性（人間関係志向的，課題達成志向的）と3つの集団状況の組み合わせによって，リーダーシップの有効性（業績）が決まることを主張しています。このことを示したのが図7.4.1です。

たとえば，集団状況がリーダーにとって有利な状況（リーダーとメンバーの関係が良好で，課題が構造化されている程度が高く，リーダーの地位勢力も強い集

▷1　コンティンジェンシー
コンティンジェンシーとは偶発や偶然という意味で，リーダーシップ理論の中では唯一最適なリーダーシップ・スタイルというものは存在せず，状況に応じて，効果的なリーダー行動や望ましいリーダーシップのスタイルは異なることを意味している。

▷2　Fiedler, F. E. 1967 フィードラー，F.E. 山田雄一（訳）1970 新しい管理者像の探求　産業能率短期大学出版部

団状況）や不利な状況（リーダーとメンバーの関係が悪く，課題が構造化されている程度が低く，リーダーの地位勢力も弱い集団状況）では，低LPCの課題達成志向的リーダーが有効です。他方，集団状況がリーダーにとって中程度に有利な状況，すなわち集団状況を表す3要因が，リーダーにとって有利な状況と不利な状況が混在している場合（例：リーダーと成員との関係が悪く，課題の構造化が高く，リーダーの地位勢力が高い）には，高LPCのリーダーが有効です。

このモデルは，リーダー行動のスタイルの有効性が，さまざまな状況に応じて異なることを示した点で，その後のコンティンジェンシー・アプローチの発展に大きく貢献しました。

② パス-ゴール理論

ハウス（House, R. J.）によって提唱された**パス-ゴール理論**（通路-目標理論と訳されることもある）は，リーダーがメンバーの仕事への動機づけや満足感を高めることを強調し，そのためには，リーダーがフォロワーの欲求を理解し，その欲求と組織の目標を関連づけ，リーダーが指示や指導などを行うことで，目標に到達するための道筋（パス）を明らかにする必要があるというものです。

また，この理論は，リーダー行動を「構造づくり」行動と「配慮」行動の2つの側面で捉え，集団状況によってそのリーダー行動の有効性が異なるとしています。

たとえば，仕事や課題が構造化されていない場合（非定型的な仕事）では，メンバーは自らの役割や課題をどのように進めるべきかを明確化することが難しいと考えられます。このときには，仕事や課題を方向付ける「構造づくり」行動の方が「配慮」行動よりも，メンバーの満足感や業績を高める効果を持つと指摘されています。逆に，役割や課題が構造化されている場合（定型的な仕事）では，メンバーは単純反復作業を強いられるために，強いストレスを感じることが多くなります。このときには，「配慮」行動の方がより効果的であると指摘されています。

③ ライフ・サイクル理論

ハーシーとブランチャード（Hersey, P. & Blanchard, K. H.）は，メンバーの

図7.4.1 コンティンジェンシー・モデル

変数	Ⅰ	Ⅱ	Ⅲ	Ⅳ	Ⅴ	Ⅵ	Ⅶ	Ⅷ
リーダー／成員関係	良い	良い	良い	良い	悪い	悪い	悪い	悪い
課題の構造	高い	高い	低い	低い	高い	高い	低い	低い
地位の勢力	強い	弱い	強い	弱い	強い	弱い	強い	弱い

出所：Fiedler, F. E. 1978 The contingency model and the dynamics of the leadership process. In L. Berkowitz (Ed.), *Advances in Experimental Social Psychology*, Vol. 11. New York: Academic Press. pp. 209-225.

▷3 House, R. J. 1971 A path-goal theory of leader effectiveness. *Administrative Science Leadership Review*, **16**, 321-339.

▷4 Hersey, P. & Blanchard, K. H. 1977 *The management of Organizational Behavior*. Englewood Cliffs, NJ: Prentice Hall.

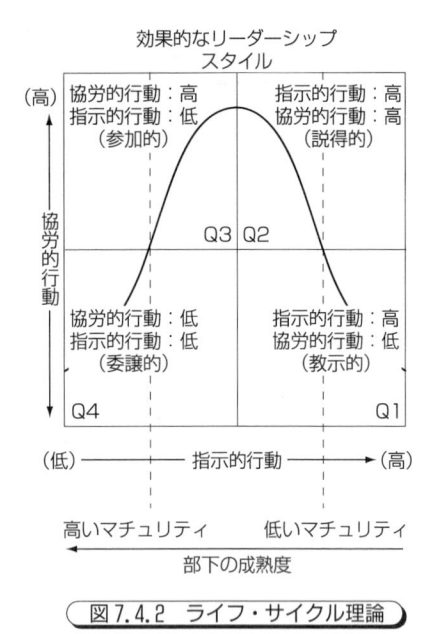

成熟度の違いに応じて，効果的なリーダーが変わることを主張しています。このことを**ライフ・サイクル理論**[5]と呼びます。この理論では，リーダー行動を指示的行動（課題志向）と協労的行動（関係志向）の2次元，そして状況特性をメンバーの成熟度で捉えています。

○ メンバーの成熟度

この理論の興味深いところは，メンバーの仕事に関わる発達レベルを取り入れているところです。この発達レベルは**「メンバーの成熟度」**と表しています。そして，メンバーの成熟度は，与えられた職務に必要な「能力」（知識や技術の習得度など）と職務を遂行しようとする「意欲」という2つの要素からなります。そして，それらの組み合わせによって成熟度を4段階（低い，やや低い，やや高い，高い）に設定します。

○ リーダーシップ・スタイルとメンバーの成熟度との関係

また，ハーシーとブランチャードは，先述した2つのリーダー行動それぞれの高低を組み合わせによって，4つのリーダーシップ・スタイルを設定しました。図7.4.2は，メンバーの成熟度とリーダーシップ・スタイルとの関係を示しています。

まずQ1の段階では，メンバーの成熟度がもっとも低く，職務を遂行する能力も十分ではありません。そのため，指示的行動を中心とした「教示的リーダーシップ」がもっとも効果的となります。Q2の段階でも，まだメンバーの成熟度は十分ではないためにリーダーの指示的行動は必要になります。これに加えて，情緒的な面も配慮する必要が出てくるために協労的行動を増やした「説得的リーダーシップ」が必要になります。Q3では，メンバーの成熟度がやや高くなるために，リーダーの指示的行動の必要性は低くなります。それに対してメンバーのモティベーションを高める必要がありますので協労的行動を増やした「**参加的リーダーシップ**」が有効となります。メンバーの成熟度がもっとも高いQ4の段階は，メンバーの職務に必要な能力や意欲はもっとも充実した状態を意味します。ここでは，リーダーの指示的行動や協労的行動の必要性が低くなりますので，メンバーの自主性や自律性を尊重した「委譲的リーダーシップ」が有効となります。

この理論の特徴は，メンバーの成熟度という発達的視点を状況要因として取り上げたことです。ライフ・サイクル理論と呼ばれる所以はここにあります。

④ リーダーシップ代替論

明確な職務マニュアルが存在すれば，リーダーによる細かい指示の必要性は

図7.4.2 ライフ・サイクル理論
出所：Hersey & Blanchard, 1977

▷5 ライフ・サイクル理論
SL理論や状況的リーダーシップ理論（situational leadership theory）とも呼ばれる。

無くなります。また，本来職場の人間関係が円滑で，チームワークが取れていれば，リーダーによる気遣いの必要性も無くなります。このような視点に基づき，組織内のさまざまな環境要因がリーダーシップの代わりをしたり，制限したりする働きを持つことを主張するのが，カーとジャミヤ(Kerr, S. & Jermier, J. M.)の「**リーダーシップ代替論**」です。

彼らは，上記の機能を備えた組織内の環境要因を整理する一方で，リーダーシップの「代替変数」と「障害変数」とを区別しました。代替変数とは，リーダーシップの代わりに機能する要因であるのに対して，障害変数とは，それが存在するためにリーダーシップの効果を妨害してしまう要因です。この2つの変数を区別しなければならない理由は，次の通りです。代替変数の存在は，リーダーシップの効果を無くすことになりますが，代わりにリーダーシップと同じ機能の役目を果たして，結果として職場に対して同じ効果をもたらしてくれます。ところが，障害変数は，リーダーシップの効果を無効にするうえ，その代わりとなる効果を発揮することもありません。

リーダーシップの代替変数と障害変数を区別したうえで，それぞれに関わる環境要因を見てみましょう（表7.4.1）。それによると，リーダーシップの代替変数になるものは，メンバーの能力の伸長や豊富な経験，専門職志向の高さ，構造化された課題，集団内の凝集性の高さなどがあります。また，障害変数となるのは，メンバーの組織からの報酬に対する無関心，リーダーの地位勢力の低下，組織の硬直化などがあげられます。

（池田　浩）

▷6　Kerr, S. & Jermier, J. M. 1978 Substitutes for leadership: Their meaning and measurement. *Organizational Behavior and Human Performance*, **22**, 375-403.

参考文献

白樫三四郎　1985　リーダーシップの心理学　有斐閣

チェマーズ, M. M.　白樫三四郎（訳編）1999　リーダーシップの統合理論　北大路書房

表7.4.1　リーダーシップの代替変数と障害変数

代替物（障害物）の次元	構造づくり	配慮
A．部下特性		
1．能力，経験，訓練	代替物	
2．専門職的志向性	代替物	代替物
3．組織からの報酬に対する無関心	障害物	障害物
B．課題特性		
1．構造化された課題	代替物	
2．課題によってもたらされるフィードバック	代替物	
3．内発的に満足な課題		代替物
C．組織特性		
1．凝集性の高い集団	代替物	代替物
2．リーダーの地位勢力の低下	障害物	障害物
3．公式化	代替物	
4．組織の硬直化	障害物	
5．リーダーとメンバーとの空間的距離	障害物	障害物

出所：Kerr & Jermier, 1978

VII リーダーシップ

5 認知論的アプローチ

コンティンジェンシー・アプローチの諸理論が成熟化する一方で，1970年代の「**認知革命**」[1]は心理学のさまざまな領域に大きな影響を与えました。リーダーシップ研究においても，リーダーやメンバーの認知的側面を重視するようになります。これを認知論的アプローチといいます。

1 メンバーや状況についての「リーダー」の認知

同じような職場であっても，リーダーによって実際に働きかける行動は異なります。また，同じリーダーでも，メンバーによって働きかけが異なります。多くの研究では，リーダーの行動は，日々あまり変わりがなく，一定の行動パターンを示すものと考えられてきました。しかし実は，リーダーは，状況やメンバーに応じて，柔軟に働きかけを変えます。

◯目標設定理論

リーダー行動の柔軟性を説明する理論のひとつとして，古川による**目標設定理論**[2]があります。それによると，リーダーの行動は次のようなメカニズムで発生することが明らかになっています。

まず，リーダーは職場集団の状況を把握します。また，その職場の状況が，自分にとってどれくらい有利であるかも判断します。次に，集団状況の把握と職場状況の有利さの判断に基づいて，その職場に相応しい「目標」を設定します。リーダーはこの目標の達成や実現に向けて努力する中で，目標を実現するためにもっとも役立つ（貢献する）と思われる行動を選択し，行使します。

この理論は，リーダーの職場集団の捉え方やそれに基づく目標の違いによって，リーダー行動に違いが生じることを示しています。

◯原因帰属理論

リーダーの行動は，メンバーの行動や業績の原因を，リーダーがどのように判断するかによっても変わります。たとえば，リーダーが，メンバーの低い業績の原因を本人のやる気と考えるか，能力不足と考えるかによって，そのメンバーに対する働きかけが変わります。

ミッチェル（Mitchell, T. R.）[3]らは，**帰属理論**[4]（attribution theory）を応用して，リーダー行動の発生過程を次のメカニズムで説明しています。

メンバーがある行動をし，そしてある結果や状況を引き起こします。リーダーは，メンバーの行動やその結果を知って，「それが何故起こったのか」，ある

---

[1] **認知革命**
人間の心理メカニズムを情報処理システムとして明らかにすることをいう。

[2] 古川久敬 1979 管理者による職場管理目標の設定過程とリーダーシップ行動 実験社会心理学研究, **19**, 15-24.

[3] Mitchell, T. R., Green, S. C. & Wood, R. E. 1981 An attributional model of leadership and the poor performing subordinate: Development and validation. In B. M. Staw & L. L. Cummings (Eds.), *Research in Organizational Behavior*, Vol. 3. Greenwich, CT: JAI Press. pp. 197-234.

[4] **帰属理論**
何かの出来事や人（自己や他者）の行動や結果についての原因や理由が何であるかを推論する過程についての諸理論をいう。

いは「原因は何であるか」についての情報探索を行います。リーダーは，収集した情報を分析し，それを生じさせた原因を判断（原因帰属）します。この原因帰属に応じて，リーダーはメンバーに対する行動を決定します。

❷ リーダーについての「メンバー」の認知

リーダーによる働きかけは，いかなる場合もメンバーから受け入れられて初めて効果を持ちます。たとえ有能なリーダーが優れたリーダーシップを発揮しても，メンバーがそれを受け入れなければ，十分な成果は期待できません。その意味で，メンバーがリーダーをどのように評価するかは，リーダーシップの有効性を考えるうえで基本的かつ重要な問題です。

多くのリーダーシップ研究では，リーダーの行動はおもにメンバーからの評定に基づいていました。すなわち，メンバーの評定はそのままリーダーの行動を客観的に表していると信じられていました。しかし，実はメンバーの認知は必ずしも正確でないことが，さまざまな研究から明らかになりました。

○暗黙のリーダーシップ理論

私たちは，「集団の業績や評判がすぐれていると，それはリーダーの優れたリーダーシップのおかげである」と考えます。こうした傾向は，私たちが「**暗黙のリーダーシップ理論**」（implicit leadership theory）を持っているために生じます。つまり，リーダーは集団の業績を上げるおもな原因であると暗黙のうちに信じ込まれているために，業績が良ければ，リーダーの実際の貢献度に関わりなく，リーダーの行動と業績との因果関係を過剰に結びつけてしまいます。メンバーは，リーダーの実際の行動を詳しく観察せずに，集団の業績に応じて直感的に評価しやすいことになります。

さらに，ロードとマハー（Lord & Maher）は，「リーダーとはこうあるべきだ」,「リーダーとはこういう人物だ」という，リーダーの性格や行動特性についての思い込みや先入観を私たちは持っていると指摘しています。これを「**リーダー・プロトタイプ**」（leader prototype）といいます。私たちは各自が持っているリーダー・プロトタイプを拠り所に，リーダーの評価を行います。たとえば，リーダーに相応しいタイプかそうでないかの評価も，私たちが経験で培ったリーダー・プロトタイプに依存します。また，あるリーダーが，自分のリーダー・プロトタイプと一致していれば，そのリーダーの評価は自ずと高くなります。

○リーダーシップの幻想論

私たちは，組織の業績の向上や低下の原因を，十分に吟味せずに，経営者のリーダーシップに過剰に帰属する傾向があります。また，景気の良し悪しの原因も，首相のリーダーシップに求めたりします。マインドル（Meindl, J. R.）は，こうした集団や組織の業績の原因を，過剰にリーダーシップに求める傾向を「**リーダーシップの幻想論**」（romance of leadership）と呼んでいます。　（池田　浩）

▷5 Lord, R. G. & Maher, K. J. 1991 *Leadership and Information Processing: Linking Perceptions and Performance.* Boston, MA: Unwin Hyman.

▷6 Meindl, J. R. 1990 On leadership: An alternative to the conventional wisdom. In B. M. Staw & L. L. Cummings (Eds.), *Research in Organizational Behavior,* Vol. 12. Greenwich: CT, JAI Press. pp. 159-203.

参考文献
チェマーズ, M. M. 白樫三四郎（訳編）1999 リーダーシップの統合理論 北大路書房

VII　リーダーシップ

6　組織変革とリーダーシップ

▷1　オープン・システム
組織はけっして外的環境に閉じたものではなく，環境との間に相互作用を持つ開かれたシステムであるとする考え方を意味する。
コラム3 参照。

▷2　Katz, D. & Kahn, R.L. 1978 *The Social Psychology of Organizations.* New York: John Wiley & Sons.

▷3　硬直化現象
集団の硬直化とは，集団の老年期に見られる現象。具体的には，①過度の標準化機能：過度に強まった集団の規範が，メンバーの行動を拘束する（全員一致への固執，異質性の排除，前例

1　組織変革とは

近年では，価値観の多様化やグローバル化，情報技術など組織を取り巻く環境が大きく変化しています。組織は，こうした外的環境に開かれた**オープン・システム**であることから，環境の変化に迅速に対応し，そして自らを変革していかなければ，長期的な存続や発展は望めません。

ただし，外的環境が変化していれば，必ず組織を変革しなければならないというわけではありません。重要なことは，現在の組織の状態が外的環境の変化に適応できるかを見極めることです。

このことを考える際には，組織のライフ・サイクルの視点が参考になります。この理論では，図7.6.1に示すように，組織も生き物と同様に年齢を重ねると考えます。組織は，それが形成され，時間の経過とともに発達していきます。ところが，組織が安定化し続け，さらに長い時間が経過すると，次第に柔軟さと活力が失われ，「**硬直化現象**」が見られるようになります。たとえば，慣例や前例に固執し，視点や視野が組織の内部に向き，さらには新しいことや異質なことを避けるようになります。組織は，こうした状態に陥るまえに，組織内外のこれからを見通しながら，自発的に変革を導入することが求められます。これを「**攻めの組織変革**」といいます。

2　組織の何を変革するか？

組織変革では，具体的に組織の何を変革するかが問題になります。この点について，古川は，組織の構造を海に浮かぶ氷山に例えて，以下の3つの構造があることを指摘しています。

①　ハード構造：誰もが目にしたり，気づきやすいものです。組織の構造（あるいは構造改革）といえば，多くはこの部分を指します。たとえば，組織の部門数や規模などが該当します。

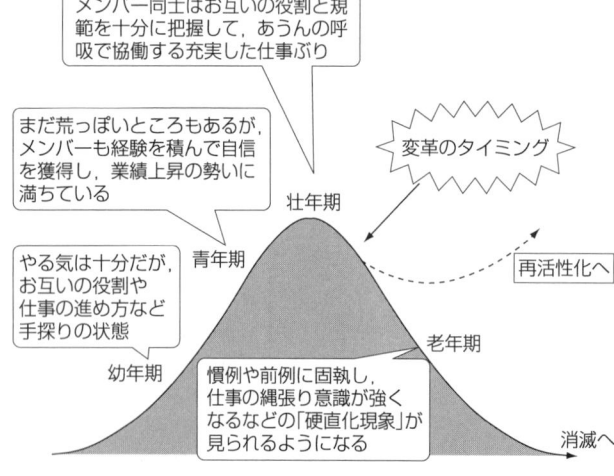

図7.6.1　組織のライフ・サイクル

出所：山口裕幸　2006　組織の変革と管理者のリーダーシップ　山口裕幸・高橋潔・芳賀繁・竹村和久　経営とワークライフに生かそう！　産業・組織心理学　有斐閣アルマ　pp. 111-133.

② セミハード構造：海面近くに位置し，状況に応じて見え隠れするものです。具体的には，前例や慣例などが当てはまります。

③ ソフト構造：海面に隠れて，直接目にすることができないものです。集団規範や価値観，役割期待など個人や集団の心理的な要因が当てはまります。

これら3つの構造は，密接に関わりあい，組織や職場を動かしています。したがって，どれかひとつさえ変革すれば良いというものではなく，それぞれを併せて変革を進める必要があります。

3 組織変革のプロセス

組織変革の必要性がメンバーに理解されたとしても，メンバーはいざ変革の当事者となると消極的になり，心理的抵抗を見せやすくなります。なぜなら，変革を受け入れることにより，メンバーや組織は過去と決別することを余儀なくされ，目指すべき道筋が不透明になるからです。

レヴィン（Lewin, K.）によると，組織変革は解凍（defreeze）→ 変革（change）→再凍結（refreeze）の3つのプロセスをたどります。

最初の「解凍」は，組織のメンバーに変革の必要性を認識させ，心理的抵抗を小さくする段階です。第二段階は変革です。解凍によって動機づけられた方向に向けて実際に変革を実行する段階です。最後の再凍結とは，新しい状態を定着させる段階です。

4 組織変革のリーダーシップ

組織変革の重要性が高まるにつれて，新しく**変革型リーダーシップ**に関心が集まるようになりました。

従来のリーダーシップの理論は，組織や集団の内部の問題に関心を持ち，メンバーとの相互交流を通じて，目標や課題を正確に遂行することに関するリーダーの働きかけに注目していました。これを「**交流型リーダーシップ**」（transactional leadership）と呼びます。

それに対して，組織を変革するためには，リーダーは，組織の外部にも関心を払いつつも，変化の導入や革新の創出に指向した「変革型リーダーシップ」（transformational leadership）が求められます。

山口によれば，変革型リーダーシップとは「メンバーに外的環境への注目を促し，思考の新しい視点を与え，変化の必要性を実感させ，明確な将来のビジョンを提示し，自らすすんでリスク・テイクし，変革行動を実践するリーダー行動」と定義されます。これは，従来の理論では明確に意識されていなかったリーダー行動といえます。

組織変革においては，変革型リーダーシップのみが重要視されがちになります。しかし，リーダーとメンバーとの関係が順調でなく，日々の職務が円滑に

の遵守など），②過度の構造化機能：過度の構造化が，集団の活性化や有効性を低下させる（役割分担の固定化，上司への権限の集中など），③コミュニケーションの平板化：（仕事に関する会話の消失，ネガティブ情報伝達の抑制と歪曲など），④興味・関心の内部化や矮小化：（外部情報への興味や関心の希薄化，職場内派閥の存在と対立）などの現象を指す。VI-2も参照。

▷4　古川久敬　1990　構造こわし——組織変革の心理学　誠信書房

▷5　攻めの組織変革
変化を先取りして自発的に組織変革を導入する「攻めの組織変革」に対して，外部環境や内部環境の変化にやむなく組織を変革することを「受け身の組織変革」という。組織において硬直化現象が起きてはじめて，組織を変革するのは，受け身の組織変革の代表的な例である。

▷6　古川，前掲書

▷7　Lewin, K. 1951 *Field Theory in Social Science.* New York: Harper & Brothers.

▷8　山口裕幸　1994　企業組織の活性化過程　斉藤勇・藤森立男（編）経営産業心理学パースペクティブ　誠信書房　pp.104-116.

進められていなければ，いくらリーダーが変革に指向した働きかけを行ったとしても，十分な成果は期待できません。

リーダーが，交流型リーダーシップを十分に発揮することは，組織変革を行うための素地となります。ホランダー（Hollander, E. P.）の**特異性クレジット・モデル**▷10においても，リーダーの集団規範に逸脱した行動（変革型リーダーシップ）が許されるのは，日々のクレジット（信用）が蓄積（交流型リーダーシップ）されているからでした。

5　変革型リーダーシップのモデル

これまで幾人の研究者が，変革型リーダーシップということばを用いてきました。そのなかでもっとも代表的なバス（Bass, B. M.）▷11のモデルを紹介します。

● 変革型リーダーシップの定義

バスは，バーンズ（Burns, M.）による政治的リーダーの質的な分類を基に，組織の構造や部下の価値観に変化を引き起こすリーダーシップを変革的リーダーシップと呼んでいます。

バスは，変革型リーダーシップをメンバーに影響を及ぼすリーダーの効果性の観点から定義しています。すなわち，メンバーは，リーダーに対して信頼や賞賛，忠誠や尊敬を抱きます。それによってメンバーは組織目標の達成に向けて動機づけられます。そこでは，リーダーは，メンバーに明確かつ理想的な目標の重要性や価値に気づかせて，チームや組織のために私欲から抜け出させ，そしてより高いレベルの欲求を活性化させるためであるとしています。これによって，リーダーは，メンバーの質を変容（transform）することになります。

● 変革型リーダーシップの構成要素

変革型リーダーシップは，「4つのI's」（各特性の頭文字）の要素から構成されています。▷12

① **理想的影響**（Idealized influence）：リーダーの**カリスマ性**を意味します。リーダーはその優れた能力や組織への忠誠，目標達成への貢献等の点で，メンバーから尊敬され，信頼されるようになり，同一化の対象となります。このことを通して，リーダーはメンバーに影響を与えます。

② **モティベーションの鼓舞**（Inspirational motivation）：リーダーが，メンバーのモティベーションを喚起することによって影響を及ぼすものです。リーダーは，メンバーの仕事の意味を明らかにし，その重要性を強調します。また，変革へのビジョンを共有することで，その実現に向けたモティベーションを醸成させます。

③ **知的刺激**（Intellectual stimulation）：メンバーの考え方や視野を広げたり，転換させたりするなどの刺激を与えることです。

④ **個別的配慮**（Individual consideration）：メンバー個々の達成や成長のニー

▷9　Hollander, E. P. 1978 *Leadership Dynamics: A Practical Guide to Effective Relationships.* New York: Free Press.

▷10　特異性クレジット・モデル
⇒ コラム8 参照。

▷11　Bass, B. M. 1985 *Leadership and Performance beyond Expectations.* New York: Free Press.

▷12　Hollander, 前掲書

ズに注意を払って，仕事をサポートしたり，適切な助言を行う配慮的な行動です。

◯ 変革型リーダーシップの効果性

これまでの研究では，変革型リーダーシップは，交流型のそれよりも，組織の業績やメンバーの満足感，モティベーションに効果的であることが明らかになっています。

ただし，上述した２つのリーダーシップのうち，どちらか一方をとるのではなく，両方を兼備することがもっとも望ましいといわれています。バスとアボリオ（Bass, B. M. & Avolio, B. J.）[13]は，交流型リーダーシップだけでは，「期待された成果」（expected outcome）しかあげることができませんが，それに変革型リーダーシップを加えることで，「期待以上の成果」（performance beyond by expectations）をあげると指摘しています。このことからも，変革型と交流型リーダーシップは，どちらも重要であることがわかります。

6 フルレンジ・リーダーシップ

これまでの変革型リーダーシップやその他の研究を踏まえて，アボリオ（Avolio, B. J.）[14]はもっとも効果的なリーダー行動のモデルとして「**フルレンジ・リーダーシップ**」（full range leadership）を提唱しています。

このモデルでは，リーダー行動を大きく５つに分類します。ひとつは，上述した４つのI'sの要素（理想的影響，モティベーションの鼓舞，知的刺激，個別性配慮）から構成される「変革型リーダーシップ」です。次は，「交流型リーダーシップ」に含まれる「パフォーマンスに即応して報酬を与える行動」，「能動的な例外時罰行動」，「受動的な例外時罰行動」の３つのリーダー行動です。最後のひとつは「放任型リーダーシップ」（ほとんどリーダーシップを発揮しない）です。これらの５つのリーダー行動は，図7.6.2に示すように「効果的─非効果的」と「積極的─消極的」，そして「頻度」の３次元上で表します。

最適なリーダーシップとは，座標軸の右上にある（効果的で積極的）リーダー行動を発揮している頻度が多い状態です。すなわち，第一に変革型リーダーシップ，そして第二にパフォーマンスに即応して報酬を与える行動（交流型リーダーシップ）の順の頻度で発揮していることが望ましいとされています。

逆に，もっとも貧困なリーダーシップとは，座標軸の左下のリーダー行動の頻度が高い状態を指します。つまり，第一に放任型リーダーシップ，第二に受動的な例外時罰行動の順の頻度で発揮しているリーダーシップスタイルを指します。

（池田　浩）

[13] Bass, B. M. & Avolio, B. J. 1990 The implications of transactional and transformational leadership for individual, team, and organizational development. *Research in Organizational Change and Development*, 4, 231-272.

[14] Avolio, B. J. 1999 *Full Leadership Development: Building the Vital Forces in Organizations.* Thousand Oaks, CA: Sage.

参考文献

古川久敬　2003　基軸づくり──創造と変革を生むリーダーシップ　日本能率協会マネジメントセンター

金井壽宏　1991　変革型ミドルの探求　白桃書房

Bass, B. M. 1985 *Leadership and Performance beyond Expectations.* New York: Free Press.

チェマーズ, M. M.　白樫三四郎（訳編）1999　リーダーシップの統合理論　北大路書房

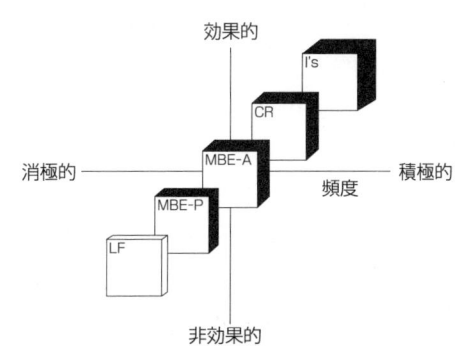

I's ……… 四つのI'sからなる変革型リーダーシップ
CR ……… パフォーマンスに即応して報酬を与える行動
MBE-A …… 能動的な例外時罰行動
MBE-P …… 受動的な例外時罰行動
LF ……… 放任型リーダーシップ

図7.6.2　フルレンジ・リーダーシップ

出所：Avolio, 1999

コラム 8

交流理論

　リーダーシップの現象は，リーダーの一方的な働きかけで終始するわけではありません。メンバーは，リーダーの指示や命令を受け入れ，それに基づき行動します。リーダーは，そのメンバーの行動や結果に従って，また働きかけます。このようなリーダーとメンバーの相互的な影響過程は，暗黙の前提として考えられてきました。しかし，驚くことにこうしたリーダーとメンバーの相互影響過程を直接的に取り上げた研究はそれほど多くありません。リーダーシップ研究のほとんどが，効果的なリーダー行動の解明に焦点が当てられていたからです。

1　交換型アプローチ

○社会的交換としてのリーダーシップ

　ホランダー（Hollander, E. P.）は，リーダーとメンバーとの関係についての従来の研究が，リーダーからの一方的な働きかけのみに限定されていることを批判しています。そして，リーダーシップをリーダーとメンバーとの間で行われる**社会的交換**であると定義し，リーダーシップについての**交換型アプローチ**（transactional approach）を展開しました。

　この交換型アプローチは，そもそもホーマンズ（Homans, G. C.）の**交換理論**に基づいており，リーダーとメンバーの関係を，一種の交換関係と見なします。すなわち，リーダーはメンバーに仕事についての役割や責任，または昇進や社会的承認などの報酬を提供します。それに対して，メンバーは報酬の見返りとして，リーダーに対して尊敬や承認を与えます。したがって，リーダーはメンバーの期待を満たし，集団の目標を達成し，それによって報酬を与えることで，それと引き換えに地位や評価，そして影響力を得ることができます。さらに，リーダーはメンバーとの社会的交換過程を通じて，リーダーとしての**正当性**（legitimacy）を獲得することができます。

○特異性クレジット

　また，リーダーは，集団や組織の現状を維持するだけでなく，環境の変化にうまく適応するため，組織や集団を変革することが求められます。このとき，リーダーは先頭に立って，**規範**や伝統から逸脱し，これまでのやり方を覆す行動をとることが求められます。ときに，リーダーがこうした革新的な行動を取ることができる理由は，リーダーがメンバーから与えられる「**特異性クレジット**」（idiosyncrasy credit）の考え方で説明することができます。リーダーは，この特異性クレジットを獲得することで，規範から逸脱した行動に対する正当性を得ることができます。なお，特異性クレジットとは，リーダーとメンバーとの相互作用を通じて蓄積される信用のことです。

　特異性クレジットの考え方によると，リーダーは，集団規範に同調し，また集団目標を達成することでメンバーからクレジット（信用）を与えられます。これによって，メンバーはリーダーの働きかけを受容します。このクレジットが蓄積されることで，リーダーの革新的行動や逸脱的行動がメンバーから許容されるようになります。もちろん，革新的な行動が成功すると，リーダーはメンバーからさらにクレジットを獲得しま

すが，失敗するとクレジットを失うことになります。

2　LMX理論 (Leader-Member-eXchange theory)

リーダーシップの研究の多くが，「ひとりのリーダー」対「メンバー集団」という枠組みの中でリーダーシップの現象を捉えてきました。それに対して，グレーン（Graen, G.）とその研究グループは[7]，リーダーシップの基本体系をリーダーとメンバーとの2者関係で捉え，**LMX理論**[8]（リーダー――メンバー交換理論）を展開しています。

○ 2種類のメンバー集団

これまでの研究では，リーダーはメンバー全員を均等に扱うものとして考えられていました。しかし，現実的には，リーダーは，集団の中でも有能で信頼できるメンバーとより関係を深めるようになります。逆に，リーダーとの関係が良好でないメンバーは，表面的な関係にとどまることになります。

LMX理論では，リーダーとひとりのメンバーとの2者関係（dyad relationship）を基本とします。そして，リーダーと2者関係のそれぞれの総体が，職場集団と考えます。リーダーは，メンバーとの初期の関係において，能力や態度，パーソナリティなどの情報を基に，有能で信頼できるメンバーかどうかを判断します。そして，リーダーとの関係が良好なメンバーは内集団（ingroup），そして関係が良好でないメンバーは外集団（outgroup）と大きく2つの集団に分かれるようになります。リーダーは，内集団のメンバーには，より多くの時間をかけて好意的に接するのに対し，外集団のメンバーとはあまり時間をかけずに接するようになります。

こうしたリーダーとメンバーの関係性の質の違いは，リーダーやメンバー，さらには組織にさまざまな影響を与えることが明らかになっています。たとえば，外集団よりも内集団のメンバーほど，仕事に対するコミットメントや満足感が高く，離職率も低いことが明らかになっています。

（池田　浩）

▷1　Hollander, E. P. 1978 *Leadership Dynamics: A Practical Guide to Effective Relationships.* New York: Free Press.

▷2　社会的交換
社会的交換とは，人間の社会行動や対人間の相互作用に見られるさまざまな行動のやりとりをさす。

▷3　ホーマンズ，G. C. 橋本茂（訳）1978　社会行動――その基本形態　誠信書房

▷4　正当性
メンバーからリーダーとして相応しいと認められること。

▷5　組織変革
⇒ VII-6 参照。

▷6　規範
一般に，集団内の大多数のメンバーが共有する判断の枠組や思考様式のことをいう。集団メンバーとして期待される行動の標準を示すものである。なお，集団規範とその測定方法については，VI-3 コラム6 参照。

▷7　Dansereau, F. Jr., Graen, G. & Haga, W. J. 1975 A vertical dyad linkage approach to leadership within formal organizations: A longitudinal investigation of the role making process. *Organizational Behavior and Human Performance,* **13**, 46-78.

Graen, G. B. & Uhl-Bien, M. 1995 Relationship-based approach to leadership: Development of leader-member exchange (LMX) theory of leadership over 25 years: Applying a multi-level multi-domain perspective. *Leadership Quarterly,* **6**, 219-247.

▷8　LMX理論
この理論は，初期には，垂直的2者連関モデル（vertical dyad linkage model）とも呼ばれていた。

【参考文献】
南隆男・角山剛・浦光博・武田圭太　1993　組織・職務と人間行動――効率と人間尊重との調和　ぎょうせい

VIII 消費者行動とマーケティング

1 消費者の購買意思決定モデル

▷1 ハワード＝シェス・モデル
心理学における学習理論（S-O-R モデル）に基づいており，入力変数としての刺激（商品の品質や価格，広告など）と，出力変数としての反応（特定ブランドの購買行動など）との関係を説明しようとするモデルである。

▷2 Howard, J. A. & Sheth, J. N. 1969 *The Theory of Buyer Behavior*. John Wiley & Sons.

▷3 Blackwell, R. D., Miniard, P. W. & Engel, J. F. 2001 *Consumer Behavior*, 9th ed. South-Western.

1 消費者が商品を買うまでの過程

消費者がひとつの商品やサービスを入手するまでの過程は多様であり，数多くの規定要因が存在します。それは入手する商品によって異なりますし，また消費者個人が持つ能力，価値観や購買の状況によってさまざまに異なるといえます。このような消費者の購買のプロセスをできる限り単純化，一般化して表すための概念モデル（**購買意思決定モデル**）の構築が試みられてきました。

2 EBM モデル

もっとも初期のモデルとして有名な**ハワード＝シェス・モデル**がありますが，ここではより今日的なモデルであるブラックウェル（Blackwell, R. D.）らが図式化した購買意思決定モデル（通称 **EBM モデル**）を枠組みにして，消費者による購買の一般的なプロセスを考えてみましょう（図 8.1.1）。

このモデルでは，消費者の**購買意思決定過程**を，欲求認識→情報探索→購買前代案評価→購買→消費→購買後代案評価→処分，という段階で捉え，それに関わる心理的プロセスや影響要因を含めて記述しています。

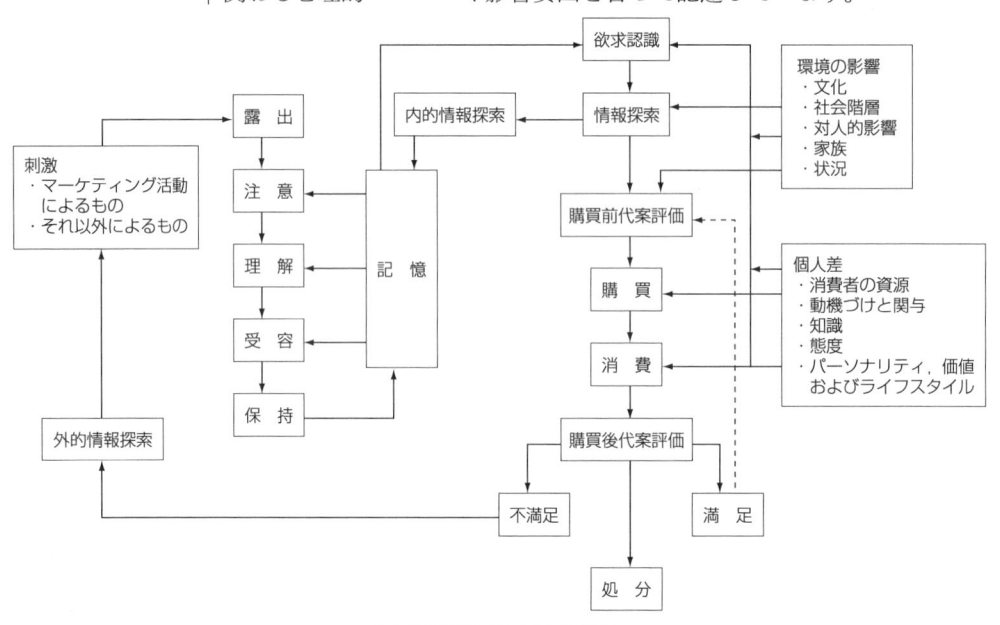

図 8.1.1 EBM モデル

出所：Blackwell, Miniard & Engel, 2001

3 EBMモデルの諸段階

このモデルの流れにしたがって消費者の意思決定過程を説明してみましょう。

◯ 欲求認識

「冬物の服を手に入れなければならない」とか「空腹なので食事をする必要がある」といったように，消費者がなんらかの欲求を認識する段階のことです。この段階については**マズローの欲求階層理論**などの心理学的理論により説明が可能です。欲求を認識し，商品やサービスを購入することで欲求を充足するという問題解決の過程が購買意思決定過程であるということができます。

◯ 情報探索

問題解決のためにはまず情報が必要であり，その探索がつぎに行われます。情報探索は「内的情報探索」と「外的情報探索」に分けられます。前者は商品やブランドに関して消費者が内部に蓄えている情報（つまり知識や記憶）を引き出すことです。この情報だけで不十分な場合には外的情報探索が行われます。これは広告を見たり店舗に出向いたりして，新たな情報を取得することです。

◯ 購買前代案評価

この段階は情報探索の結果，消費者が選択の候補として取り上げた代案（個々のブランド）を評価することです。たとえば情報探索の結果，加速性能は良いが燃費が悪いAという自動車と，性能は良くないが燃費が良いBという自動車の存在が明らかになったとします。それらが消費者の欲求に基づいた選択基準（加速性能を重視するのか燃費を重視するのか）に基づいて評価されます。

◯ 購買

代案の評価に基づいて商品が購買される段階です。

◯ 消費

購買された商品を実際に消費，使用する段階です。

◯ 購買後代案評価

購買した商品を使用することによりさまざまな評価が生まれます。図の流れからも分かるように，この結果（満足か不満足か）は次回以降の購買に強い影響を及ぼすことになります。

◯ 処分

耐久消費財などの場合，使用されなくなった商品は何らかの形で処分されます。廃棄，リサイクル，あるいは再販売といった方法が考えられます。

さらにこのモデルでは，このような意思決定に影響を及ぼす要因として「環境の影響」と「個人差」があげられています。前者は消費者がおかれている文化，社会階層などの状況要因であり，後者は消費者の資源（時間，財源，情報処理能力など），動機づけと**関与**，商品やブランドなどに関する知識，態度や**ライフスタイル**など消費者個人が有する特性です。

（永野光朗）

▷4 マズローの欲求階層理論
人間の欲求を，生理的欲求，安全欲求，所属・愛情欲求，承認・自尊欲求，自己実現欲求の5つに分類し，それらの間に階層性（より高次の欲求は低次の欲求が充足されてはじめて生じるということ）を仮定した理論である。II-2 参照。
　Maslow, A. H. 1954 *Motivation and Personality*. Haper & Row.（小口忠彦（監訳）1971　人間性の心理学　産業能率短期大学出版部）

▷5　関与（involvement）
購買対象や広告などに対する思い入れや重要度の認識の強さを表す構成概念であり，消費者の購買行動や情報処理活動の動機づけの強さを規定するものである。

▷6　ライフスタイル
ライフスタイルとは，その人固有の生活様式のことである。それは人々の生活行動や事物への関心に反映されるものであり，消費性向や様式の差異を根本で規定する要因（つまり消費者行動の個人差を説明する要因）として捉えられている。

VIII 消費者行動とマーケティング

2 消費者のブランド選択

1 消費者の商品の選び方

消費者の購買意思決定過程の中でもっとも重要な局面はEBMモデルにおける「**購買前代案評価**」，すなわち「複数の**ブランド**（銘柄）をどのように評価して，そのうちのどれを選ぶか？」ということだと思われます。ここではその仕組みを説明する2つの理論を紹介しましょう。

2 多属性態度モデル

このモデルは消費者が持つ態度（好き－嫌い）がもっとも良好なブランドが最終的に購買されると仮定したうえで，態度を複数の商品属性についての評価や信念から説明しようとするものです。もっとも一般的な**フィッシュバインモデル**[1]は図8.2.1に示した一般式であらわされます。

これについて3種類の乗用車（ブランド）からひとつを選んで買うという場合を想定して説明します。ある消費者が5つの商品属性に基づいて乗用車A，B，Cからひとつを選ぶ場合，各属性について評価（それが備わっていることを「良いと思う」か「悪いと思う」か）を行います。そして，それらが各機種に備わっているかの信念（「あると思う」か「ないと思う」かの主観的確率）を乗算し，それらを総計したものが全体的態度（「好き」か「嫌い」か）になります。これらの関係は表8.2.1にあらわしたものとなります。

この消費者の場合，乗用車Bについての態度得点が＋6でもっとも高く，これに対してもっとも好意的な態度を持っていることになります。したがってこれらの3つの中では乗用車Bが購入される可能性がもっとも高いといえます。

3 ブランド選択の方法

多属性態度モデルのように商品のすべての属性を見て厳密に総合評価を行う

▷1 Fishbein, M. 1963 An investigation of the relationships between beliefs about an object and the attitude toward that object. *Human Relations*, **16**, 233-240.

$$A_j = \sum_{i=1}^{n} a_i \cdot b_{ij}$$

A_j：ブランドjに対する全体的態度（好き－嫌い）
a_i：属性iの評価的側面（良い－悪い）
b_{ij}：ブランドjが属性iを有することについての信念の強さ（ありそうだ－なさそうだ）

図8.2.1　多属性態度モデル（フィッシュバインモデル）の一般式

というやり方は「良い商品を正しく選択できる」という点で理想的なものだと思われます。しかしこれをすべての購買場面で用いることは時間的，労力的に無理があり，消費者は現実の購買場面では適合するブランドをより簡便な方法で見いだそうとする場合が多いと考えられます。ベットマン(Bettman, J.)▷2をはじめとした研究者はこのような場合に用いられる簡便な方法（一般に**ヒューリスティックス**▷3と呼ばれる）として以下のようなものをあげています。

表8.2.1 3種類の乗用車（ブランド）に対するある人の態度

商品属性	評価（ai）(良い+2〜悪い−2)	各車種に対する信念（bij）(ありそうだ+2〜なさそうだ−2)		
		乗用車A	乗用車B	乗用車C
加速性能が良いこと	+1	+2	+1	−2
価格が安いこと	−1	+1	0	−1
燃費が良いこと	+2	0	+2	−1
室内が広いこと	0	−1	+2	+2
運転操作がしやすいこと	+1	+2	+1	0
態度（Aj）（好き−嫌い）		+3	+6	−3

（注）乗用車Aの場合，$(+1)×(+2)+(−1)×(+1)+(+2)×0+0×(−1)+(+1)×(+2)=+3$ となる。

◯ 態度参照型（affect referral）

その人の過去の購買・使用経験から見てもっとも好意的な態度を持つブランドを選ぶやり方です。**ブランド・ロイヤルティ**▷4の高い消費者がお気に入りのブランドを盲目的に選ぶといった場合がこれにあてはまります。

◯ 加算差型（additive difference）

任意の一対の選択について，商品属性ごとに評価値の差を求め，その合計から最終的にどちらのブランドが望ましいかが判断されるというものです。

◯ 連結型（conjunctive）

商品属性に対しそれぞれ「必要条件」を設定し，あるブランドの中でひとつでもそれを満たさないものがあれば，そのブランドは他の水準がいかに高くても拒絶されるというものです。

◯ 分離型（disjunctive）

連結型とは逆に，商品属性について「十分条件」を設定し，あるブランドの属性の中でひとつでも条件を満たせば，そのブランドは他の属性評価とは関係なく選択されるというものです。

◯ 辞書編集型（lexicographic）

その消費者が重要だと考える順番に各ブランドを比較するというやり方で，まずもっとも重要とみなされる商品属性について比較が行われ，そこで選択するブランドが決定できなければ，さらに次に重要な商品属性について同様のことが繰り返されるというものです。

◯ 逐次的削除型（sequential elimination）

候補にあがっているブランドを並べて，商品属性ごとに必要条件を満たしているか否かをチェックし，条件をクリアしないものを拒絶していくというもの。「連結型」と似ているが，銘柄単位ではなく属性単位に処理が進められていくという点が異なっています。

（永野光朗）

▷2 Bettman, J. 1979 *An Information Processing Theory of Consumer Choice*. Addison-Wesley.

▷3 ヒューリスティックス
通常「発見的簡便法」と訳される。人間が複雑な意思決定などを行う場合に暗黙のうちに用いる簡便な方法のことである。経験的に習得されたもので合理性を満たすとは限らないものの，適切な結果を導き出せる場合が多い。

▷4 ブランド・ロイヤルティ
一般に「銘柄忠誠度」と訳される。あるブランドに対する肯定的な態度，感情というものが確立されていて，それを繰り返し購入している，または購入したいと思う状況のこと。

Ⅷ 消費者行動とマーケティング

3 心理的財布理論

1 商品の価値をどう測るのか？

商品の価値はどのように測られるのでしょうか？ ひとつは「商品価値＝**経済的価値**」とする考え方です。すなわち「価値の大きさは購入時の価格に規定される」というものです。この考え方にしたがうと，価格は貨幣単位という絶対的な物差しに基づくわけですから，商品やサービスの価値はその価格によって一律に決まりといえます。

一方で「商品価値＝**心理的価値**」とする考え方があります。すなわち商品やサービスの価値を，それを入手したり利用したりした際の「心理的満足感」や，それに伴う出費が生じたことによる「心理的痛み」という側面で捉えるものです。これにしたがいますと，価値の大きさはかならずしも支払った金額に規定されるとは限らず，買ったものの種類や，それがどのような状況によって買われたかによって相対的に変化する場合があると思われます。

たとえば恋人とのデートで高級レストランに行き，その代金として3万円を支払ったときには十分な満足感が感じられ，出費の痛みは少しも感じられないのに，ごく親しい同性の友人との食事に同額を出費したときには惜しいと感じられるとか，デパートに買い物に行き，気に入ったスーツがそうでないものよりも1万円高くても苦にしないで買った主婦が，帰りのタクシー代800円を惜しんでバスに乗って帰る，といった場合がそれにあたります。これらの事例からは消費者の満足感や心理的痛みというものが，金額そのものによって絶対的に規定されるものではないことがわかるでしょう。

2 心理的財布理論による説明

「価値」をめぐってわれわれ消費者が日常的に経験しているこのような矛盾した出来事を，小嶋は「**心理的財布**」という構成概念を用いて，以下のようにわかりやすく説明しています。

われわれは通常ひとつの財布（物理的財布）を持ち歩いていますが，それは心理的レベルでは複数の財布に分かれており，購入商品・サービスの種類や，それを買うときの状況に応じて別々の異なった財布から支払っていると考えます。これらの心理的財布は，それぞれが独自の異なった価値尺度を持っているので，同じ金額を出費した場合でも，出所の財布が異なれば，それによって得

▶1 小嶋外弘 1959 消費者心理の研究 日本生産性本部

られる満足感や出費に伴う心理的な痛みも異なってくるわけです。上記の主婦の例で言いますと，「スーツを買うための財布」のなかの「1万円」はあまり痛みを伴いませんが「交通費の財布」のなかの800円はかなりの心理的痛みが伴うということになります。

3 消費者が所有する「心理的財布」

それではわれわれ消費者はどのような心理的財布を持っているのでしょうか？ 小嶋らは，質問紙により各種の商品について「購入にともなう痛みをどれくらい感じるか？」をたずね，その結果を因子分析にかけて表8.3.1に示すような9つの因子を抽出しました。これらの因子は購入時に感じる心理的痛みに関して類似した傾向を持つ商品のグループと考えることができます。心理的財布はあくまでも構成概念ですから，実体を捕まえることはできませんが，これらの因子は消費者が一般に持つ心理的財布に対応すると解釈できるでしょう。

表8.3.1 心理的財布の因子分析結果

因子名	含まれる商品の例
ポケットマネー因子	目薬　週刊誌　チューインガム　チョコレート
生活必需品因子	冷蔵庫　洋服ダンス　洗濯機　ハンドバッグ
財産因子	分譲土地　分譲マンション　別荘用土地
文化・教養因子	絵・彫刻の展覧会　音楽会　観劇　映画鑑賞
外食因子	友人との外食　買い物先・勤務先での外食
生活水準引き上げ因子	電子レンジ　ルームクーラー　百科事典
生活保障・安心因子	保険料　ヘアセット代　お歳暮
ちょっとぜいたく因子	自動食器洗い機　ビデオレコーダー　乗用車
女性用品因子	ペンダント　ブローチ　外出用のワンピース

出所：小嶋・赤松・濱，1983

4 マーケティング活動への示唆

このような「心理的財布」という概念を踏まえることで，消費者の心理や行動の仕組みを理解することができます。そしてこのことは企業が実施する**マーケティング活動**に対してさまざまな示唆を与えてくれます。

小嶋は「個人によって所有する財布の種類やそれぞれの大きさが異なる」ということを述べています。たとえば上表の「外食因子（財布）」は人によって大きさが異なっていたり（外食にかける金額の大きさや，その出費の感じ方が人によって異なる），また「食事はかならず家でする」と決めていて，このような財布自体を所有していない人もいるでしょう。このことは消費者行動の個人差を説明するうえで有益な説明方法であり，**マーケット・セグメンテーション（市場細分化）**への応用が期待できます。

またこれとは別に「同一の個人であっても状況によって財布のあり方が変化することがある」ということも指摘しています。旅行に行ったときについ気が大きくなってあれこれと買い込んでしまうといった，いわゆる「財布のヒモがゆるむ」というものです。企業の販売促進の立場からすれば「財布を拡大して出費をしやすくする」ことを意図した売り場の環境構築や店員のセールストークを考案するうえで重要な示唆をしてくれるといえます。

（永野光朗）

▷2　小嶋外弘・赤松潤・濱保久　1983　DIAMOND ハーバードビジネス 8　pp. 19-28.

▷3　マーケティング活動
企業が製品やサービスの販売のために行うためのさまざまな活動の総体を指す。マーケティング学者のマッカーシによれば，①製品，②価格，③流通経路，④販売促進という4つがその構成要素とされている。Ⅰ-8 参照。

▷4　小嶋，前掲書

▷5　マーケット・セグメンテーション（市場細分化）
市場（消費者の集まり）を異質な消費者の集まりと考え，その消費者のグループ（セグメント）にとって適切な製品やサービスをつくるという考え方。性別や年代を想定したうえでの商品開発がその典型である。

VIII 消費者行動とマーケティング

4 近視眼的な価値判断：現在志向バイアス

1 現在志向バイアス

来年の夏のこと，あるいは遠い将来の健康を考えて，今，ダイエットすべきであるのに，そして，このことは十二分にわかっているのに，目の前にあるケーキやデザートに手を伸ばしてしまうということはないでしょうか？ テストを明日に控え，「明日は早起きして今日の続きの勉強をする」と決めて，早々と寝床に入ったはいいものの，翌朝目覚まし時計が鳴った瞬間，「もう少し寝てしまう」といったことはありませんか？ このような目先の誘惑に負けてしまう傾向は現在志向バイアスと呼ばれています。この現在志向バイアスを考えるために以下の問題を考えてみましょう。

問1　どちらを選びますか（うれしいですか）？
　A．1週間後，チーズケーキを2個もらう
　B．今，チーズケーキを1個もらう

問2　どちらを選びますか（うれしいですか）？
　A．1年と1週間後，チーズケーキを2個もらう
　B．1年後，チーズケーキを1個もらう

問1では，今すぐにチーズケーキをもらえる，Bを選ぶ人が多かったと思います。では，問2はいかがでしたか。ほとんどの人がA「1年と1週間後，チーズケーキを2個もらう」を選んだはずです。遠い将来のことなら，早くもらえるケーキよりもたくさんケーキをもらえる方を選ぶにもかかわらず，「今すぐ」手に入るのであれば，早いけど，少ないケーキを選ぶ傾向があるわけです。このような，将来の大きな利得よりも今すぐに手に入る小さな利得を選ぶ傾向は，双曲型の**価値割引曲線**（hyperbolic discount function）で表すことができます。図8.4.1は，遠い将来のことであれば，報酬を手に入れる時点である t_1 から t_2 への若干の遅れは気にならず，報酬そのものが大きい方（B）を価値（**効用**）も大きいと感じます。しかし，t^* を過ぎ，報酬を手に入れる寸前になると，利得そのものは小さいが，今すぐ，報酬を入手できる方（S）に大きい効用を感じるようになることを示しています。

現在志向バイアスは，私たちの好みの順序（**選好**）が時間経過とともに，変わってしまったり，逆転することを示しています。時間経過とともに選好が変化することは「**時間的非整合性**（time inconsistency）」と呼ばれています。標

▷1　近視眼的（myopic）とも呼ぶ。

▷2　友野典男　2006　行動経済学——経済は「感情」で動いている　光文社新書

▷3　Ainslie, G. 1975 Specious reward: A behavioral theory of impulsiveness and impulse control. *Psychological Bulletin.* **82**, 463-496.

▷4　効用
ものごとの望ましさ（価値）を表す尺度。経済学においては，人が財（商品やサービス）を消費することから得られる満足の水準を表わす。ベルヌーイ（Bernoulli, D.）が1738年に発表した論文において，価値（value）と効用（utility）の関係を論じたことにより，経済学や心理学において価値を考えるうえで重要な概念となった。

準的な経済学において前提とされている，将来の利得は一定の割合で効用が割り引かれるという時間整合性を満たす仮定とは異なる価値判断を一般的に人間は行うことが知られています。

2 時間短縮商品は売れる？──マーケティングへの応用

今すぐ手に入るものに高い価値をおくことは，現実のマーケティングにも応用されています。商品やサービスを消費することで手に入れることのできる価値を，他社の商品よりも短時間に提供できる商品は高くても売れるようです。たとえば，サイクロン型掃除機という，掃除機のなかに溜まったゴミを手軽に捨てられるだけでなく，掃除機のフィルターの掃除も数年間は不要という家事の時間と手間を省いてくれるタイプの機種が高額にもかかわらず，よく売れています。このほか，出来たてのパンや一手間加えるだけで食べられる冷蔵手作り総菜を家庭に朝6：30までに届けるサービスが，共働き世帯を中心に人気を集めています。すなわち，現在志向バイアスを巧みに利用した商品やサービスが次々と開発され，売れているのが現状といえます。

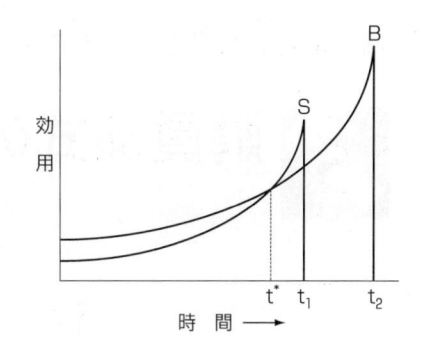

図8.4.1 双曲型の価値割引と選好の逆転
出所：Ainslie, 1975

▷5 日本経済新聞 2006年11月6日1面

3 なぜ未来は割り引かれるのか

「今すぐ」ということに重い価値をおくことは，すなわち，将来に生じる利得の価値を割り引くことになります。なぜでしょうか。友野は以下のような理由をあげています。①手元にある1万円を今使えば，その価値を経験することができますが，1年後の1万円は，今はその価値を経験できません。②将来は常に不確実ですから，実際に1年後に1万円が手に入るかどうか定かではありませんし，自分自身の好みも変わってしまうかもしれません。③また，損失を避ける傾向も将来の利得を割り引くことにつながります。利得を受け取ったり，商品やサービスを消費し，その価値を経験する時期を先に延ばすことは損失と考えられ，損失を避けようとする傾向によって，将来の価値を割り引くとも考えられます。このような理由により，目の前にある1万円に重い価値をおくのは当然と考えられます。

▷6 友野，前掲書。

▷7 Loewenstein, G. 1987 Anticipation and the valuation of delayed consumption. *Economic Journal*, **97**, 666-684.

4 待つのが好まれるときもある

将来の利得は割り引いて価値づけされるということはつねに成り立つわけではありません。ローウィンスタイン（Loewenstein, G.）は「好きな映画スターからのキス」は今すぐではなく，3日後がもっとも好まれるといった実験結果を示しながら，楽しいことを「待望」することはそれ自体に価値が潜んでいることを示唆しています。すなわち，未来の利得はつねに値打ちが下がるのではなく，「待つ」ことによる価値が足されることもありうるのです。（秋山 学）

参考文献

エインズリー，G. 山形浩生（訳）2006 誘惑される意志 NTT出版

セイラー，R. H. 篠原勝（訳）1998 市場と感情の経済学──「勝者の呪い」はなぜ起こるのか ダイヤモンド社

多田洋介 2003 行動経済学入門 日本経済新聞社

VIII 消費者行動とマーケティング

5 購買様式の類型

▷1 青木幸弘 1989 店頭研究の展開方向と店舗内購買行動分析 田島義博・青木幸弘（編著）店頭研究と消費者行動分析 誠文堂新光社 pp.47-79.

1 計画購買と非計画購買

消費者が商品を買う場合に，どのような「買い方」があるのでしょうか？

消費者の購買様式を分けるもっとも重要な基準は，商品購買の「計画性」であると考えられます。これに基づくと「店に行く前に買う商品を決めている」場合（計画購買）と「事前に決めずに店に行って買う」場合（非計画購買）の2つの購買様式が想定されますが，青木は，**計画購買**についてはその計画性の程度に基づいて，また非計画購買については計画されていなかった商品購買が店舗内で生じる理由に基づいて，以下のようにさらに細かく分類，整理しています。

2 計画購買の類型

まず「計画購買」は以下のような3つの種類が指摘できます。

○狭義の計画購買
来店前に銘柄レベルでの購入予定があり，その銘柄が実際に購入される（Aという銘柄のシャンプーを買おうと思って店に行き，それを買う）。

○銘柄選択
来店前には製品レベル（たとえばシャンプー）の購入予定しかなく，店舗内での意思決定の結果として特定の銘柄が選択される（とりあえずシャンプーを買おうと思って店に行き，たまたまそこにあったAという銘柄を買う）。

○銘柄変更
来店前にはある特定の銘柄の購入が予定されていたが，店舗内での意思決定の結果として当初の予定とは異なる銘柄が購入される（Aという銘柄のシャンプーを買おうと思って店に行ったが，新製品のBという銘柄を買う）。

3 非計画購買の類型

また「非計画購買」はつぎのような4つの類型に分けられます。

○想起購買
家でのストックが切れていることを店に来て思い出したり，店頭で商品や広告を見て来店時には潜在化していた商品の必要性が認識されて購買に至る。

○関連購買
購入された他の商品との関連性から店舗内でその必要性が認識され商品を購

入する。夕食のメニューにしたがって購買が行われる場合など。

○ **条件購買**

来店時に明確な購買意図は持っていないが、漠然とした形で特定の商品の必要性を頭に描きつつ、価格やその他の条件が整えば購入しようとする。

○ **衝動購買**

非計画購買の中で上記の3つの類型のいずれにも属さないもの。商品の新奇性に起因する購買や真に衝動的な購買など。

❹ 計画性の減少とマーケティング対応

近年ではとくに食品や日用品など、日常的に購入される商品について計画性が減少していることが指摘されています。大槻による調査では「狭義の計画購買」が占める割合はわずか13.0%であることが示されています。この理由として大槻は「消費者が富裕になってリスクを感じにくくなったこと」や「ブランド間の品質格差の縮小による指名買いの減少」などの理由をあげています。

上記の「狭義の計画購買」以外の購買様式はすべて何らかのかたちで「店舗内での状況要因」の影響を受けることが指摘でき、各店舗では店頭での消費者の意思決定をコントロールするためのさまざまな工夫をしています（表8.5.1参照）。この流れを受け、大槻は**店頭マーケティング**という新たな概念を提唱したうえで、その具体的手法として以下に示すような陳列技術をあげています。

○ **パワー品目の活用**

顧客を引きつける力（パワー）が強い品目（肉類、野菜、鮮魚、卵、牛乳など）を店舗内に分散して配置することで**顧客の回遊性**を高め、さらにその品目の回りを「衝動買い品目」で取り囲む。

○ **大量陳列**

とりたてて値引きのされていない商品であっても、売り場内に大量に積み上げておくだけで売上げが増大することが経験的にわかっている。

○ **右側優位の原則の利用**

消費者は向かって右側の商品を、左側に比べて1.5～2倍も選択しやすいことが明らかになっているので、利益率の高い商品などを率先して右側に置く。

○ **エンド陳列**

一般に商品棚の端（エンド）に置かれた商品は目にとまりやすくよく売れる。

（永野光朗）

▷2 大槻博 1982 衝動買いはなぜ起こるか──小売業態別にみる 消費と流通, **6**(4), 153-160.

▷3 大槻博 1991 店頭マーケティングの実際 日本経済新聞社

▷4 店頭マーケティング
メーカーが行うマーケティングとして従来から行われてきたマス広告（テレビ広告や新聞広告など）を主力とする戦略に対して店頭から消費者情報を収集し、かつ店頭から消費者に情報を発信する戦略を中心としたマーケティング活動のこと。

▷5 POP広告
POPとはPoint Of Purchase（購買時点）の略で、一般にコンビニエンスストアやスーパーマーケットの店舗内に置かれている広告のことをいう。

表8.5.1 非計画購買に対応するための販売促進の方法

非計画購買の類型	販売促進の方法
想起購買	買い忘れへの注意、商品の必要性を喚起するPOP広告の設置
関連購買	関連陳列（機能的に関連性を持つ商品を接近させて陳列すること）の使用
条件購買	「本日限り」の特価であることや「旬の食材」であることを店員が伝える
衝動購買	「できたてのおいしさ」や新奇性、希少性をPRする

VIII 消費者行動とマーケティング

6 くちコミの影響

1 くちコミとは？

インターネット上でくちコミサイトと呼ばれる，商品やサービスを利用した感想や意見が掲載されるサイトが人気を集めています。**くちコミ**（word of mouth）はインターネット上だけにとどまるものではありません。学校や家庭，職場など身近にいる他者とのおしゃべりの中でも行われています。くちコミは，もともと消費者同士が①商品・サービスに関して，②受け手に非商業的であると知覚されている，③対面でのコミュニケーションと定義されています[1]。この対面という部分を，インターネットや電話によるコミュニケーションに拡張したのが，現代のくちコミといえます。商品やサービスを提供したり，広告などの情報を発信する側，すなわちマスコミ側からくちコミを見ると，くちコミはコントロールすることが大変難しいものでもあります。以下では，くちコミ発生の条件やくちコミを発する側，受ける側の心理的機能，くちコミを発する人の特徴について考えてみましょう。

2 くちコミ発生の条件とくちコミの心理的機能

くちコミが発生する条件として，エンゲル（Engel, J. E.）ら[2]は，①商品選択の情報を十分に持っていない，②製品の客観的基準による評価が複雑で困難，③他の情報源の信頼性が低い，④他の情報源より接近しやすく時間や努力を費やさなくてもよい，⑤情報提供者との間に社会的なつながりが強い，⑥周囲の人々に認められたいという欲求が強いという条件をあげています。

くちコミは消費者同士のおしゃべりの中で行われますから，商品・サービスの情報を入手しようと意図的に努力することなく，その評価を聞くあるいは見ることができます。仮に，商品やサービスの評価が難しい商品であっても，使ってみた印象・評価を聞く側にとっても理解しやすい形でかみ砕いて説明してもらえるわけですから，理解するために多大な努力を費やす必要もないわけです。これはくちコミを使って情報を入手する側にとって大きなメリットです。

また，商品評価の難しさやメーカーやマスメディアから提供される商品情報への信頼性の低下は，商品やサービスの**購買に伴うリスク**[3]（risk）を高めます。商品やサービスの購買には期待する品質が入手できるかどうかわからないなどのリスクが必ず伴います。このリスクが高まると，商品購買への不安も高まる

---

[1] Arndt, J. 1967 Role of product related conversations in the diffusion of a new product. *Journal of Marketing Research*, 4, 291-295.

[2] Engel, J. E., Blackwell, R. D. & Miniard, P. W. 1995 *Consumer Behavior*. Dryden Press.

[3] リスク
自ら背負い込む（選び取る）危機や危険，あるいは危機や危険が生じうる要因や状況のこと。

ことになり，購買をためらわせる原因ともなります。しかし，商品購買へのリスクが高まっても，実際に商品やサービスを使用した経験を聞くことによりリスクが低下します。このようなリスク低減は，くちコミの受け手と類似する消費者，すなわち，商品への感じ方が似ている人がくちコミの発信者である場合にその機能が高まります。商品への感じ方が似ている人，すなわち，生活において何が大切かというセンスが自分自身に近い人々からは，商品選択の基準を与えてくれるなどの影響も受けており，準拠集団[4] (reference group) として検討されています。

くちコミの話す側のメリットも考えてみましょう。商品やサービスに不満を抱く消費者は満足を感じる消費者よりも多くの人にこの不満を話すという経験則が指摘されています[5][6]。これらの不満や不平を他者に語ることは，不快な感情を他者に伝達可能な形で整理し，受容しうる経験へと変容することにつながります。すなわち，不満や不平を他者に語るという行為は不快感情をコントロールする有効な手段として働くため，くちコミを語る側のメリットとなります。

不満や不平がたびたび語られるということは，容易に鮮明に再生できることにもつながります。それだけに，これらの不満・不平は速く伝わりがちです。とくに，メールやブログといったインターネット上でくちコミが広がる現代においては，不満・不平が伝わるスピードが加速されています。それだけに，商品やサービスを提供する企業にとって，商品やサービスを購入した消費者への対応が従来以上に重要になっています。

③ くちコミのキーパーソンは誰か？──オピニオン・リーダーと市場の達人

化粧品などに関する@cosme（アットコスメ）[7]というサイトには，400万件を超えるくちコミが掲載されています[8]。一見，膨大な数に見えますが，1か月あたり約160万人あるこのサイトの閲覧人数と比べると，かなり少ないことが分かります。つまり，くちコミをインターネット上で発信する人はそれを読む人数に比べると少ないのです。くちコミといっても，ブログへの書き込みやくちコミサイトへの投稿のように，見知らぬ他者にも自らの感想や印象を知られることは，見知った人に「語る」のに比べると抵抗が強いことが伺えます。

このように発信した内容が多数の人に閲覧されるといった，他者に対して情報や影響を与える人に関しては，インターネットが登場する前から，オピニオン・リーダー[9]として検討されてきました。オピニオン・リーダーは自らが得意とする特定の分野に影響を及ぼすと考えられています。これに対して，インターネットが普及し，広範囲な商品情報を容易に入手できるようになったことで，流行情報やお買い得情報など市場全般の広く浅い情報を把握する市場の達人 (mass maven)[10] の影響も注目されています。

（秋山　学）

▷4　準拠集団
個人の行動は，個人の価値観や信念などによって決定されるだけでなく，個人がなんらかの関係を持つさまざまな社会集団の影響を受ける。こうした個人の行動に影響を与える集団を準拠集団と呼ぶ。

▷5　ローゼン, E. 濱岡豊（訳）2002 クチコミはこうして作られる──おもしろさが伝染するバズ・マーケティング　日本経済新聞社

▷6　ローゼンは，コカ・コーラ社への苦情対応に満足した人は4名くらいに，対応に不満のある消費者は9名くらいにこの不満や不平を語ることを指摘している。

▷7　http://www.cosme.net/

▷8　2006年12月1日現在

▷9　オピニオン・リーダー
マスメディアのメッセージに反応し，周囲の人々とのコミュニケーションを通して，世論や周囲の人々の行動に大きな影響を与える少数の人たち。

▷10　Feick, L. F. & Price, L. L. 1987 The market maven: A diffuser of marketplace information. *Journal of Marketing,* **51**, 83-97.

Ⅷ 消費者行動とマーケティング

7 購買後の商品評価

1 購買後の商品評価とその重要性

消費者が商品やサービスを購入してそれを消費したり使用したあとには満足・不満足の感情が生まれたり，その性能や機能について何らかの評価を行います。この結果は以降の購買意思決定に大きな影響力を持つといえますので，その仕組みについて心理学的な立場から理解することは重要と思われます。ここではその仕組みを説明する3つの理論を紹介します。

2 期待不一致モデル

消費者は多くの場合，商品やサービスに対して，購入前に何らかの期待を抱きます。そして購入後に感じた機能や効能がこの期待を上回る場合（プラスの不一致）に満足するでしょうし，それを下回る場合（マイナスの不一致）には不満足が生じます。このモデルからは，商品の機能や効用が同一であっても，期待の持ち方によって，満足・不満足の程度が変化することが指摘されます。

マーケティング上の示唆として，企業が消費者に事前情報を与えて「元来この種の製品はこの程度の機能しか持たない」といったように製品一般への期待を低くしておくことで不満足の生起を回避できますし，それとは逆に「この種の製品にしては意外なほどこのブランドはすばらしい」といった飛び抜けた満足感を与えることも可能かもしれません。

3 衡平モデル

報酬の分配に関して，個人が**公正**なものであるか不公正なものであるか判断する際の仕組みを説明するモデルです。アダムズ（Adams, J. S.）[1]によれば，AおよびBという2人の当事者の間で分配された報酬に対して感じられる公正さの程度について，以下の関係が成立する場合に「**衡平関係**」が成立します。

$$\frac{O(A)}{I(A)} = \frac{O(B)}{I(B)}$$ O(A), O(B)：二者の関係の中でA, Bが得た利益や恩恵
I(A), I(B)：二者の関係の中でA, Bが負担した時間や労力

この関係が維持される場合には，A，B双方にとっての公平感が保証されますが，もし均衡が崩れた場合（すなわち"="ではなく"<"や">"になる場合）には，不公平感が生じることになります。[2]

▷1 Adams, J. S. 1965 Inequity in social exchange. In L. Berkowitz (Ed.), *Advances in Experimental Social Psychology*, Vol. 2. New York: Academic Press. pp. 267-299.

▷2 Ⅱ-7 も参照。

上式のA，Bに商品の売り手（企業）と買い手（消費者）をあてはめて考えてみますと，消費者から見た場合，典型的には「程度の低い（売り手がコストや手間をかけていない）商品を高いコストを支払って購入した」場合に不公平感を生起させ，結果的にそれは消費者の不満足へとつながるでしょう。

❹ 認知的不協和理論

これはフェスティンガー（Festinger, L.）により提唱された有名な理論です。たとえばある人が体に悪いことを十分に承知しながらカロリーの高い食事をとりつづけているといった矛盾した状況は，個人の認知の中での不整合（この状態を認知的不協和といいます）を生み出します。それは不快感をもたらすので，このような**認知的不協和**を生じさせないか，もし生じた場合にはそれを解消する方向に人間の意識や行動が展開していくことが指摘されています。たとえばこの人がカロリーと病気との因果関係を指摘した新聞記事を読んだならば，顕在化した認知的不協和を，①「自分と同様の食生活をおくっていても元気な人はたくさんいるので記事は信用できない」と考える，②「もし病気になっても特効薬があるから大丈夫」といった別の情報を付加して記事を無視する，③その記事を受け入れて食習慣を変える，といったやり方で解消するでしょう。

▷3 Festinger, L. 1957 *A Theory of Cognitive Dissonance.* Raw, Peterson.

認知的不協和理論は，消費者の心理や行動にも広く適用することができます。エールリッヒ（Ehrlich, D.）は，新たに自動車を買った人々と，以前に購入した古い車を持っている人々に面接調査をして，最近どんな自動車の広告を読んだのかを調べたところ，新たに自動車を買った人々は，自分が買った車の広告を多く読む傾向があることが明らかになりました。彼らはこの結果について認知的不協和理論を用いて以下のような説明を試みています。

▷4 Ehrlich, D., Guttman, I., Schonbach, P. & Mills, J. 1957 Postdecision exposure to relevant information. *Journal of Abnormal and Social Psychology,* **54**, 98-102.

高価な新車を買うという重大な意思決定を行ったあとには，自分がベストと思って買ったその車も難点があり，また購買の際に候補にあがった他の車にも数々の長所があり，自分の決定がかならずしもベストではなかったという認知的不協和が生じやすいのです。しかし買ったばかりの新車をすぐに買い換えるわけにはいかないので，この不協和を解消するためには，自分の選択は正しかったという確信を強める必要が生じます。それは自分が買った車の長所だけが掲載されている広告を繰り返し読むことで実現できるのです。

消費者のさまざまな行動は，不協和の生起を予測して，それを回避できるような手段を用いたり，不本意にも生じてしまった不協和を解消するという方向で進展していくことが多いでしょう。有名ブランド商品の購入（そもそも品質の保証があるので不満を持ちにくいし，もし不満があっても「有名なブランドなのだから」という理由で納得できる）や，満席のために長時間待って入った人気のレストランの食事を実際以上においしく感じるといった例（待たされてまずい食事をしたという不協和を解消する）が適合する事例といえます。　　（永野光朗）

VIII 消費者行動とマーケティング

8 悪質商法：振り込め詐欺を考える

1 オレオレ詐欺など最近の振り込め詐欺の特徴

オレオレ詐欺や使ってもいないインターネットの使用料金の不当請求などの振り込め詐欺の被害が跡を絶ちません。誘う，お願いするという行動は，けっして悪質業者だけが行うものではありません。テレビやチラシで行われる広告・宣伝のように日常生活と切り離すことのできない活動でもあります。悪質な業者が巧みなのは，高額の支払いを促すという本来の狙いを隠し，私たち自身が日常的に行う勧誘方法を折り交ぜ，支払いへのためらいを感じにくくさせる点にあります。ここでは，振り込め詐欺，特に，オレオレ詐欺の特徴と，わかっていても騙される心理的メカニズムについて考えてみましょう。

○オレオレ詐欺の特徴

神奈川県警が公開しているオレオレ詐欺の様子を録音したテープ▷1などから，その特徴をまとめてみます。①息子や孫，配偶者などの親密な他者を名乗って突然，泣いたり，おびえた口調で電話をかけてくる。②訴えるなど，恐怖，不安にさいなまれていることをアピールする。③問題の解決のため，至急に示談金などを支払うことを要求してくる。④示談金などを支払わない場合，刑務所に収監される，暴力団に拉致されるなどをほのめかす場合もある。⑤警察官を名乗るなど，公的な職業に就いている人物が電話口に出てくる場合もある。交通事故の相手方，保険会社などの複数の人物が登場し，話をはぐらかす場合もある。⑥実在する子息の氏名や生年月日，居住地を指摘する場合もある。これらの特徴には**説得的コミュニケーション**の技法を巧みに利用しています。▷2

2 オレオレ詐欺で用いられる説得技法

○恐怖喚起アピール——相手を怖がらす

息子や孫といった重要な他者が危険や危機に直面しているという情報自体が聞く側の不安を高めます。それに加え，示談金などを払わないと収監される，暴力団に拉致されるなどが伝えられると，聞く側の選択次第では，よりいっそう相手の危機を深めてしまうという不安が高まります。このように不安や脅威を呼び起こし，これを説得に利用しようとする試みは**恐怖喚起アピール**（fear-arousing appeal）として研究が行われてきました。▷3恐怖喚起アピールの研究によると，脅威や不安が喚起されることにより，被害の大きさに対して注意が

▷1 神奈川県警察 ホームページより
http://www.police.pref.kanagawa.jp/mes/mesc2001.htm

▷2 説得
周囲の人の態度や行動を，おもにことばを用いて，特定の方向に変えさせようとすること。説得を目的としたコミュニケーションを説得的コミュニケーションと呼ぶ。説得の効果に影響を与える要因としては，メッセージの送り手や受け手の特性，メッセージの内容や示し方などが検討されている。

▷3 深田博己（編著）2004 説得心理学ハンドブック 北大路書房

向き，勧誘者が導く方向での脅威や不安への対処に集中してしまうことになります。このため，電話口で相手が訴えるような行動を息子や孫が本当にとっていたのかどうかの確認が疎かになりがちです。とくに，オレオレ詐欺などの場合，勧誘を受ける被害者と親密な関係を築いている他者および本人が大きな不利益を被る可能性があるだけに，自分だけでなく家族全体の危機として見過ごすことができずにその不安と対峙することを求められます。

◯時間的切迫——相手を急かす

オレオレ詐欺においては，即座に交通事故など示談金を所定の口座に振り込むことが強調されます。これも多くの悪質商法に共通する特徴のひとつです。即座に電話口からの要請に応諾することを求めることで，勧誘内容の真偽や応諾によるメリットを検討する時間的余地を与えないことをねらったものです。判断に要する時間が制限された場合，目立った，あるいは，重視するひとにぎりの事柄だけに注目し，慣れ親しんだ決め方をそのまま使う傾向があります[4]。これに恐怖喚起が加わることにより，さしあたって直面している脅威・不安により注目があつまり，電話口で勧められた口座への示談金などの振り込みさえすれば脅威が取り除かれると強く思いこんでしまうことにつながります。

◯権威の利用——相手を信用させる

電話口に警察官や弁護士などの司法関係者や市役所などの行政職員を装う人間が代わり代わりに電話口に出ることで，信憑性を示そうとする場合もあります。この行為は電話を掛けているのが本物の息子や孫なのか疑ったり，問い詰めたりするタイミングをつかませないことにも役立っています。説得的コミュニケーション研究によると，勧誘者の**信憑性**（credibility）は**専門性**（expertness）と**信頼性**（reliability）から成り立つと考えられており，警察官や裁判所職員などの司法関係者や自治体などの行政職員はこの両者を兼ね備えた身分ということになり，オレオレ詐欺の中でも多用される「職業」です。

③ オレオレ詐欺への対抗策——社会的支援の重要性

オレオレ詐欺の被害者の多くは示談金が払い込めさえすれば問題は解決すると思いこんでいます。この状態を被害者個人の努力で抜け出すことは困難です。第三者が相談に乗ることでオレオレ詐欺が未遂で終わるケースがあることを考えると，日常的な出来事を語り合う社会的支援（social support）のネットワークが，オレオレ詐欺の被害から逃れるために重要になります。深いつきあいとはゆかずとも，知人・友人のネットワークを幅広く持ち，気軽に些細なことを相談し合える人間関係を維持することが，オレオレ詐欺の被害を防ぐことにつながるのです。

（秋山　学）

▷ 4　Edland, A. & Svenson, O. 1993 Judgement and decision making under time pressures: Studies and findings. In O. Svenson & A. J. Maule (Eds.), *Time Pressuer and Stress in Human Judgement and Decision Making*. New York: Pleunm Press. pp. 27-40.

（参考文献）
西田公昭　2005　まさか自分が…そんな人ほど騙される——詐欺，悪徳商法，マインドコントロールの心理学　日本文芸社

IX 仕事の能率と安全

1 作業負担と作業負荷

作業者が職務を通して感じる疲労や負担感（作業負担）は，職務条件（作業負荷）や職務満足など，さまざまな要因に影響を受けるとされています。

1 作業負荷と作業負担の関係

○作業負荷と作業負担の定義

作業負荷（stress）とは，作業者が作業をするときの外的な諸条件（作業強度，作業密度，作業困難度，時間的制約など）を意味します。これらの条件は物理的に規定することができるため，コントロール可能です。また建設業や製造業と事務職では，求められる能力が異なりますので，作業負荷も身体的負荷と精神的作業負荷（メンタルワークロード）に分けて考える必要があります。

作業負担（strain）は，作業負荷量に規定される作業をとおして個々の作業者が感じる辛さ，疲れなどの身体的・精神的反応で，主観的なものです。

この定義を読むと，日常生活でよく使用される「ストレス」と混乱してしまうかもしれません。日常生活で使用される「ストレス」は，産業・組織心理学では「ストレイン作業負担」が対応し，産業・組織心理学でストレス（ストレッサーとも呼ばれる）は作業負荷を意味します。

○作業負荷と作業負担，疲労とパフォーマンス

芳賀は，作業負担とその要因と効果を図9.1.1のように整理しています。作業負荷量を1次的作業負荷（作業強度や時間的制約など）と時間経過の2次的な作業負荷に分け，それぞれに1次的な作業負担と2次的な作業負担が対応しています。2次的な作業負担は，作業負荷量と作業持続時間の積によって決定されます。作業負荷量が大きくなると，疲労感・作業負担はますます増加し，パフォーマンス（作業の質や量）に影響を及ぼします。適度な負担は，パフォーマンスを促進し，作業意欲も向上させるとされていますが，逆に負担を感じさせない作業は単調感や飽きを生み出しパフォーマンスを低下させ，長時間の激務も疲労や疲労様状態を生じさせるためパフォーマンスが低下します。

また，個人的要因では，作業負担が作業環境だけではなく，作業者の職務満足や作業意欲，技能水準によって大き

▷1 芳賀繁 1997 ワークロード 産業・組織心理学研究，**10**(2)，111-119.

▷2 疲労様状態とは，単調感，心的飽和，注意力の低下などの症状が示されるが，作業終了とともに解消される。それに対し，疲労は休憩をとると回復するレベルのもの。休憩や休息によって回復しないような状態は過労という。

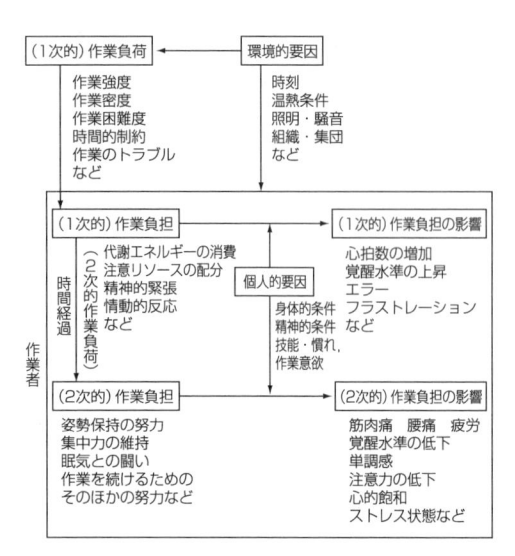

図9.1.1 作業負担とその要因・効果の関係

出所：芳賀，1997，p. 117.
　　　芳賀，2001

$$RMR = \frac{\text{作業時間の全酸素消費量} - \text{左時間内の安静時酸素消費量}}{\text{作業時間の基礎代謝量}} = \frac{\text{労働代謝量}}{\text{基礎代謝量}}$$

RMR値　0〜1：超軽作業　1〜2：軽作業　2〜4：中作業
　　　　4〜7：重作業　7以上：激作業

＊RMR7を越えるものは機械化した方がよく，10を越えるものについては即時に機械化すべきものと判断する。

図9.1.2　エネルギー代謝率（RMR: relative metabolic rate）の算出式と判断基準

く変動することが示されています。

2　作業負担の測定方法

　作業負担の測定法には，「生理的測定」，「行動的測定」，「主観的測定」があります。「生理的測定指標」は，身体的負担の測定におもに使用され，作業中の**エネルギー代謝率（RMR）**[3]（図9.1.2式参照），筋活動度，心拍数，発汗量，注意の集中度，脳波等があります。作業負荷量が大きくなると心拍数・筋活動度・発汗量・RMRは増加し，集中度は低下します。「行動的指標」には，姿勢の変化，作業成績，**二重課題法**[4]による副次課題成績があり，「主観的指標」は質問紙や口頭で測定します。精神感覚的負担（メンタル・ワークロード）は，二重課題を課して多次元作業負荷尺度（SWAT尺度，NASA-TLX尺度[5]）などで測定されます。

3　疲労と健康

●作業者の健康問題

　作業者の健康に関わる問題は職種によってさまざまです。タイピストやキーパンチャー，データ入力などの職種には「**VDT症候群**」[6]（眼精疲労や頚肩腕症候群，ストレスなど）[7]の症状が，看護師には腰痛が多く見られます。これらは俗に職業病などといわれますが，過度の作業が繰り返されると疲労回復が難しくなり，蓄積され，やがては心身のいろいろな障害へ多面的に広がりやすくなります。また，作業者の精神面の問題も無視できません。過度の期待や責任，人間関係上の問題，職務に対する不満などが長期間継続すると，心身に多大な影響をおよぼします。そのため，近年，企業でも作業者の**メンタル・ヘルス・マネジメント**（心の健康管理）が注目されつつあります。

●産業医や産業カウンセラーとの連携

　厚生労働省では，これらの問題を受け，THP（**トータル・ヘルスプロモーション・プラン**，1988年）を推進しています。THPでは，作業者の心とからだの健康づくりを目標に，産業医が，カウンセラー・栄養指導者・運動指導者と連携しながら必要に応じて指導し，作業従事者が若い頃から継続的で計画的な健康づくりをすすめることをバックアップしていくというものです[8]。また，2000年には，メンタルヘルスをより重要視し，「事業者における労働者の心の健康作りのための指針」（厚生労働省）が策定されています。

（申　紅仙）

▷3　エネルギー代謝率（RMR）
図9.1.2の式参照。作業中と普段の呼気から二酸化炭素の量を測定し，当該作業に必要なエネルギーが作業者の基礎代謝量の何倍に当たるかを明らかにできる。

▷4　二重課題法（subsidiary task method）
実験協力者に主課題（例：計算作業や記憶課題）に平行して他の課題（例：アラームに対応したボタンを押す）もこなすことを要求する方法。作業負荷量に応じた成績の変化を見る。

▷5　芳賀繁　2001　メンタルワークロードの理論と測定　日本出版サービス
芳賀・水上が日本語版NASA－TLXを提供（1996年）。

▷6　VDT
Visual Display Terminalの略。コンピュータの入出力を画面に表示する装置。

▷7　眼精疲労，頚肩腕の痛みを強く訴える人ほどストレス度も高い傾向を示す結果が複数報告されている。

▷8　具体的なすすめ方については，厚生労働省から指針が公表されている。
http://www.jisha.or.jp/health/index.html

IX 仕事の能率と安全

2 ヒューマン・エラー

1 ヒューマン・エラーとは

リーズン（Reason, J.）は，「エラーとは，計画された一連の精神的又は身体的活動が，意図した結果に至らなかったものであり，これらの失敗には，他の偶発的事象の介在が原因となるものを除く。」としています。これは，個人内の，計画（意図形成）から行為にいたるまでの心的プロセスに焦点を当て，その発生メカニズムを理解することでエラー低減を図ろうとしているものです。

2 ヒューマン・エラーのタイプ

● 形態的側面からの分類（オミッション・エラーとコミッション・エラー）

結果として現れたエラーの形態的側面から考える分類です。オミッション・エラー（omission error）とは，実行すべき行為を省いたり忘れたりして怠ったもので，コミッション・エラー（commission error）は，実行したが正しく遂行されなかったものです。

● 計画段階と実行段階に分けた分類（スリップ，ミステイク，ラプス）

ノーマン（Norman, D. A.）は一連の行動を計画（意図の形成）の段階と計画を実行する段階に分け，計画の間違いを「ミステイク（mistake）」，実行段階での過ちを「スリップ（slip）」としました。ミステイクは「Aのボタンを押すべき状況でBボタンを押すことを判断し，Bボタンを押した。」のように，計画自体が間違っていたエラーです。スリップは「Aのボタンを押そうとしてBのボタンを押してしまった」失敗例のように，意図は正しいが実行段階で失敗したエラーです。スリップは，実行時に注がれる注意の減少が原因とされています。

また，ノーマンはそのほかにも意図した内容を保持できなかった記憶に関わるエラーを「ラプス（laps）（例：工具を取りに行ったのに呼び止められてそのまま戻ってしまった。）」，雑な扱いを「ハンブル（humble）」とし，さまざまなタイプのエラーを分類しました。これらのエラータイプは，日常生活でおこる失敗や個人内の作業ミスの形態をよく捉えているといえます。

● 作業のタイプと注意の使用量による分類（スキルベース（skill-base），ルールベース（rule-base），ナレッジベース（knowledge-base））

ラスムッセン（Rasmussen, J.）は，注意の使用量が作業者の習熟度とその

▷1 Reason, J. 1990 *Human Error*. Cambridge: Cambridge University Press.（林 喜男（監訳）1994 ヒューマンエラー——認知科学的アプローチ 海文堂）

▷2 ヒューマン・エラーの定義は，人間工学，認知心理学，システム工学などの複数の領域で研究されているため，その定義も多種多様である。

そのほかに，システム工学や人間工学を背景とするスウェインら（Swain, A. & Guttman, H. C.）の定義「システムによって定義された許容限界を超える一連の人間行動」がある。この定義では，人間もシステムの構成要素に含まれ，システムの許容範囲から逸脱してはじめてエラーとなる。人間が逸脱した行動（ボタンの押し間違え）をとっても，システムカバー（再確認の要求）できれば問題は発生しないためである。

▷3 Norman, D. A. 1981 Categorization of action slips. *Psychological Review*, 88, 1-15.

きの状況によって異なる点に注目し，注意容量の使用レベルによって行動パターンをスキルベース（skill-base），ルールベース（rule-base），ナレッジベース（knowledge-base）の3段階に分類しました。▷4

スキルベースはルーチンワークといわれるような，作業に習熟し，注意をあまり傾けなくても自動的に身体が動いてしまうような作業状態です。一方，ルールベースは，状況に応じて対処する作業で，状況にあったルールを適用すれば問題は解決します。ナレッジベースはこれまでまったく経験したことのない問題であり，注意の使用量は最大となります。加えて，これまで蓄積された知識・経験を持って問題解決にあたりますが，正しい答えを出せるとも限らないという特徴があります。また，ナレッジベースの作業は，習熟するにつれルールベース，スキルベースに移行します。

ラスムッセンの分類は，作業時のエラー分類を特に意識したものではありませんが，エラーの包括モデルであるGEMSで重要な位置を占めているだけで▷5なく，作業時のエラーを解釈する際に使用されることが多いのです（例：スキルベースのエラー，ルールベースのエラー，ナレッジベースのエラー▷6）。

③ エラー別対策と適用範囲

○エラーをしないための対策

人間のおかすエラーをタイプ別に考えることは，原因を追究し有効な対策をとる際に役立ちます。たとえば，注意の減弱が原因とされているスリップには，指差呼称（IX-5 参照）が有効とされ，現在は鉄道のみならず，製造，医療で普及しています。指差呼称には，注意を向け，かつ実行前の再確認を促す効果があるとされています。また，ミステイクは計画・判断の失敗であるため，正しい判断を促すような教育やトレーニングが有効であり，記憶にかかわる失敗であるラプスの防止には，メモやチェックリストの活用が有効とされています。

○エラーを事故につなげない対策

人は誤つものであり，エラーを完全に防ぐことは不可能です。だからこそ，エラーをしても事故につなげないようにすることも大事です。作業後のダブル・チェックなどがよく推奨されますが，その他には機器類のデザイン（**フール・プルーフ，フェール・セーフ**▷7など）などが有効とされています。

○エラーの適用範囲

これらのエラータイプは，個人内で「失敗した」と意識するようなミスをよく表しています。しかし，これらには，組織内で個人がミスをしても結果として良い結果を招いた事例や，個人内の意図と結果が成功していても組織にとっては悪影響を及ぼしている問題は反映されていません。作業従事者の行為がシステムの許容範囲を超えるものかどうかの判定や個人の行為に影響を及ぼす組織的要素についても今後は考えていく必要があります。　　　　　（申　紅仙）

▷4　Rasmussen, J. 1986 *Information Processing and Human-Machine Interaction: An Approach to Cognitive Engineering.* New York: Elsevier Science Publishing.（海保博之ほか（訳）1990 インターフェースの認知工学——人と機械の知的かかわりの科学　啓学出版）

▷5　GEMS (Generic Error-Modelling System)
リーズンは，ノーマンとラスムッセンの分類に基づき，対応するエラーを整理した包括モデルGEMS (Generic Error-Modelling System) を提案した。このモデルでは，スキルベースにスリップとラプスが，ルールベースとナレッジベースにはミステイクが分類されている。

▷6　事故を調べると，スキルベースのエラーがもっとも多く，次いでルールベース，ナレッジベースのエラーの順に多いとされている。また一般的に，ベテランはルールベース，初心者はナレッジベースのエラーが多いとする報告がある。

▷7　フール・プルーフ，フェール・セーフ
フール・プルーフはエラーを受けつけないデザインであり，フェール・セーフは異常時に安全側に働くようにデザインされた設計。IX-8 参照。

IX 仕事の能率と安全

3 ルール違反と意図的な不安全行動

1 不安全行動とは

●意図的な不安全行動とは

事故につながりかねない危ない行動を**不安全行動**といいますが，不安全行動には意図したものと意図しないものがあります。

ヒューマン・エラーと意図的な不安全行動の違いを整理すると，ヒューマン・エラーは，自らとった行為が意図した結果に終わらなかったものであり，（意図的な）不安全行動とは，自動車の運転時におこるスピード違反や高所作業時の安全帯不着用のように，その行為がルールから逸脱すると知りながらもあえてとる行動とすることができるでしょう。

両者はそれぞれ別の心理的メカニズムが背後にあるために分けて考えられますが，通常，産業場面で不安全行動というと意図的な不安全行動を意味することが多いようです。

芳賀は，意図的にとられた不安全行動を**リスク・テイキング**（あえて危険を

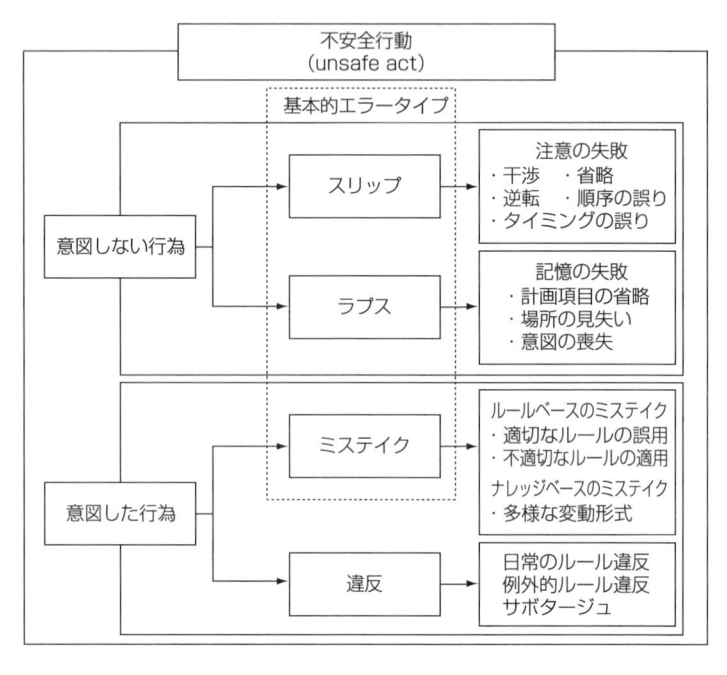

```
不安全行動
(unsafe act)
├─ 基本的エラータイプ
│   意図しない行為
│   ├─ スリップ ─── 注意の失敗
│   │              ・干渉  ・省略
│   │              ・逆転  ・順序の誤り
│   │              ・タイミングの誤り
│   └─ ラプス ───── 記憶の失敗
│                  ・計画項目の省略
│                  ・場所の見失い
│                  ・意図の喪失
└─ 意図した行為
    ├─ ミステイク ── ルールベースのミステイク
    │              ・適切なルールの誤用
    │              ・不適切なルールの適用
    │              ナレッジベースのミステイク
    │              ・多様な変動形式
    └─ 違反 ────── 日常のルール違反
                   例外的ルール違反
                   サボタージュ
```

図 9.3.1　基本的エラータイプと違反の関係

出所：Reason, J. 1990 *Human Error*. Cambridge : Cambridge University Press.（林喜男（監訳）1994　ヒューマンエラー――認知科学的アプローチ　海文堂）

冒すこと）の一種と捉え，「本人又は他人の安全を阻害する意図を持たずに，本人又は他人の安全を阻害する可能性のある行動が意図的に行なわれたもの」と定義しています。

▷1 芳賀繁 2000 失敗のメカニズム――忘れ物から巨大事故まで 日本出版サービス

●エラーと不安全行動の関係図

また，リーズンは事故につながりうる行為である不安全行動（unsafe act）を，意図的なものとそうでないものに分け，IX-2 に記したスリップとラプスを意図しないものに，意図的なものにミステイクと違反行為を配し，人間のおかすエラーと違反の関係を整理しています（図9.3.1）。

2 ルール違反と意図的な不安全行動の発生要因

また芳賀は，リスク・テイキングとルール違反の発生理由と状況についても整理しています（表9.3.1）。これによると，リスクテイキングには，リスクの評価が小さいとき，行動を実行した際の利得が大きいとき，または安全行動をとったときのコストが大きいときに実行されるとし，ルール違反にはルールへの賛成度やルールへの理解，組織の実行率などが関わるとしました。

▷2 芳賀繁 2006 仕事の能率と安全 山口裕幸・高橋潔・芳賀繁・竹内和久 経営とワークライフに生かそう！ 産業・組織心理学 有斐閣アルマ

●ルール違反と意図的不安全行動を防ぐために

先に整理したように，不安全行動とルール違反にはさまざまな要因が関係しています。大きく分けると，「安全に対する理解」と「職場の雰囲気」がかかわっていることがわかります。

「安全に対する理解」は安全の重要性やルールの意味の理解が足りないことが不安全行動を招いてしまうことを意味します。これは教育・訓練を通して理解を深めることができます。また，「職場の雰囲気」は同僚や仲間のあいだで安全に対する優先意識が低いときに不安全行動が起きやすくなります。このような事態を防ぐためにもグループや組織での取り組みが求められます。

（申　紅仙）

▷3 IX-6 参照。

表9.3.1　不安全行動とルール違反の要因

リスク・テイキング（不安全行動）の要因
(a)リスクに気づかないか，主観的に小さい
(b)リスクをおかしても得られる目標の価値が大きい
(c)リスクを避けた場合（安全行動）のデメリットが大きい

ルール（マニュアル）違反の要因
(1)ルールを知らない
(2)ルールを理解していない 　なぜそうしなければならないか，なぜそうしてはいけないかを分かっていない
(3)ルールに納得していない 　理屈は分かっていても心から賛同しているわけではない
(4)みんなも守っていない
(5)守らなくても注意を受けたり，罰せられたりしない

出所：芳賀，2006，p. 66. を元に作成

IX 仕事の能率と安全

4 事故発生モデル

横断歩道を赤信号で飛び出したとしてもかならず事故になるわけではないように，エラーも意図的な不安全行動も，つねに事故に直結するわけではありません。事故を分析すると，事故の発生前からエラーや不安全行動が繰り返されている状態であり，たまたま何らかの不運が重なって事故に至ったケースが多いのです。事故発生には，ヒューマン・エラーや不安全行動のみならず，その他のさまざまな環境要因が深く関わっています。事故の発生要因を考えるとき，個人のミスだけで事故を説明できるものと，組織の成員間のコミュニケーション不足や仕事の引継ぎでミスが発生し事故につながってしまったような成員間の意思疎通の問題，さらには機器類の操作上の問題や経営上の問題などの，より大きなシステムの要因が含まれたものがあります。

以下に，代表的な事故発生モデルを紹介します。

1 ハインリッヒの法則

ハインリッヒ（Heinrich, H. W.）は過去に発生した事故を分類し，ある法則を見出しました[1]（図9.4.1上図）。

それは，同一人物が起こした大きな事故（1件）の背後には，軽度または重度の同様の事故が多数発生しており（29件），またその背後には無数の無事故ではあるが危ない状況がある（300件）としたものでした。

この法則は事故発生の構図を1：29：300の330件に理解しようとしたものでしたが，現在，この法則で示される数値は，航空や原子力などの高い安全性（高信頼性）が求められる産業など，すべての産業に当てはまるわけではありません。この数値をそのまま当てはめてしまうと事故が頻繁に起こってしまうことになってしまうからです。しかし，大事故の背後には不安全な状態が多く存在することはたしかです。ハインリッヒの法則は，大事故を未然に防ぐためにも怪我に至らなかった情報（インシデント）を収集し，不安全な状態の段階から問題を明らかにして改善することの重要性を示しています。

2 スノーボールモデル

山内ら（2000）が提唱したモデルです[2]。医療現場において，治療は通常チームによってなされます。まず，医師が患者を診てカルテに記入し処置方法を指示し，薬剤師が薬を調合し，看護師はそれらに従って患者に処置を行います。

▶1 Heinrich, H. W. 1931 *Industrial Accident Prevention: A Scientific Approach.* New York: McGraw-Hill.

▶2 山内隆久・山内桂子 2000 医療事故——なぜ起こるのか，どうすれば防げるのか　朝日新聞社

この流れがすべて正確に行われてはじめて成功します。医療過誤は与薬に関わるものがもっとも多いのですが，職種ごとの割合に違いが見られるという特徴があります。与薬プロセスで発生するエラーの割合は医師と看護師ともに同程度の水準ですが（医師39％，薬剤師11％，看護師38％），発見訂正率に関しては医師48％に対して看護師はわずか2％であった報告があります（アメリカ「薬剤有害事象防止研究」報告[3][4]）。つまり，医師は調剤または投与までの段階で他のスタッフに気づいてもらえるけれども，看護師は患者にもっとも近い存在であり，ミスに気づくチャンスが少ないことを意味しています。このようにこのモデルは雪玉が転がり落ちるイメージを表して，「スノーボールモデル」と呼ばれています（図9.4.1中図）。

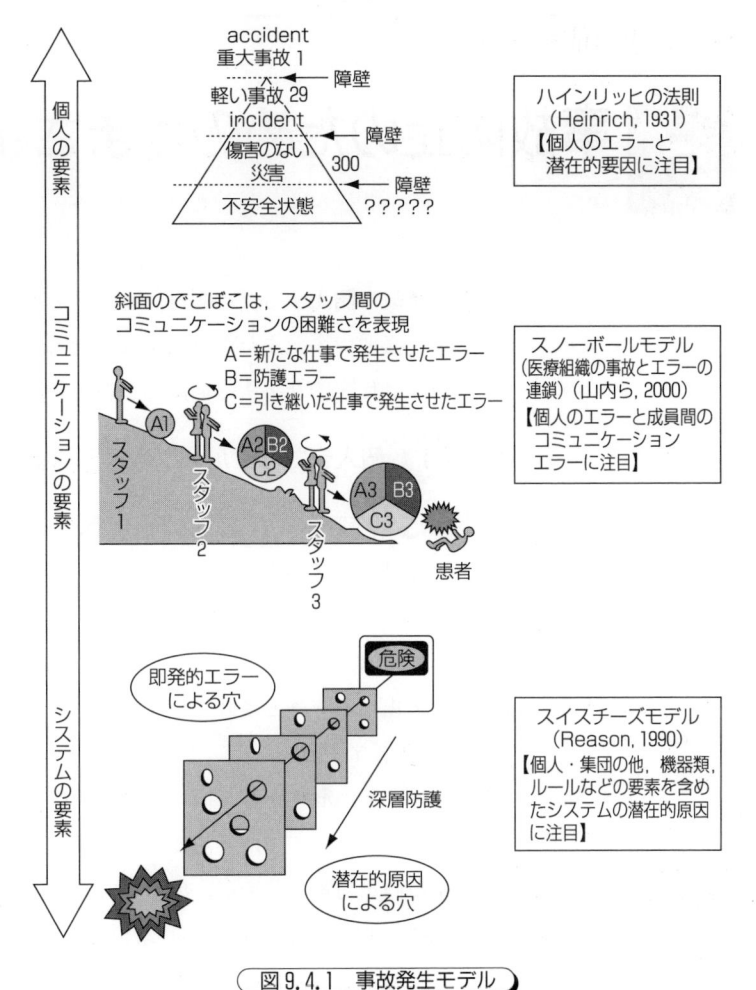

③ スイスチーズモデル

図9.4.1下図に示すように，スライスされた穴の開いたスイスチーズが幾層も重なっていて，この一枚一枚のチーズが，作業員や機械が危険を発生させたときの階層的な防護（人的要因，技術要因，組織要因）に，各層にある穴が防護のほころび，つまり脆弱な部分になぞらえられています[5]。

この防護はつねに動いていて，防護の壁にある事故につながりうるほころび（穴）も，作業者の不安全行動や機器類の問題によって穴の開く場所も大きさも異なってきます。通常は作業員がミスをしても，防護壁によって跳ね返され，たとえ防護壁の穴を一枚分すり抜けたとしても防護の壁は何層にも重なっていますので，次の層（人や設備）で対処されるので大事に至りません。しかし，防護は完璧ではないために，いくつかの偶然が重なり合ったとき，不幸は起きてしまいます。このモデルはチーズの穴（防護が不十分な箇所）がたまたま重なったところをその危険がくぐり抜けた場合に事故が生じるという事故発生状況を上手く説明しています。

（申　紅仙）

図9.4.1　事故発生モデル

▷3　Bates, D. M. et al. 1995 Indicence of adverse drug events and potential adverse drug events. *Journal of American Medical Assoiation*, **274**, 29-34.

▷4　Leape, L. L. et al. 1995 System analysis of adverse drug events. *Journal of American Medical Assoiation*. **274**, 35-43.

▷5　Reason, J. 1990 *Human Error*. Cambridge: Cambridge University Press.（林喜男（監訳）1994　ヒューマンエラー──認知科学的アプローチ　海文堂）

IX 仕事の能率と安全

5 事故防止のためのさまざまな取り組み

事故を防止するためには，事故に至る前に危険源を認識し，対策を講じることが必要です。また，事故となっても被害を最小限に抑えることも必要です。以下に代表的な手法や活動および組織的な取り組みを整理します。

1 個人またはグループで行う活動

○ 指差呼称（ゆびさしこしょう，しさこしょう）

作業前の状態を，目視し，指差し，作業内容を発声し（たとえば「バルブ開ロ！」），作業を行った後も，指を差して発声しながら確認する一連の行為です（たとえば「開ロ終了！　よし！」）。操作ミス（スリップ）の他，錯覚や見間違いの防止にも有効とされています。[1]

○ KY 活動

KY とは**危険予知**（Kiken Yochi の略）のことです。KY は，住友金属で開発されたものですが，現在は，建設現場や製造業，消防活動などの安全管理・事故防止対策のために，広く導入されています。KY は，通常，一日の作業を開始する前に行われ，当日の作業に対する危険を予知し，安全確保上のポイント・対策を作業員に周知させ，安全の徹底を図ることを目的としています。

○ リスク・アセスメント

事故はまだ起こっていないけれども，このまま放置すれば事故が起こってしまうかもしれない危険有害要因（不安全な要因）を評価し，対策を立てて重大事故を未然に防ぐ方法です。リスク・アセスメントでは，各作業現場の作業内容から「危険源（潜在リスク）」を特定し，リスクを推定・評価，「重大性」と「頻度」などを加味しながら，優先度の高いものから対策を講じていきます。

○ CRM (Cockpit Resource Management)

コックピットまたは機内の制限された空間の中で，乗務員の**チームワーク・スキル**を向上させるために開発されました。CRM では人的要因による航空機事故を防ぐためにも，操縦室内の意思疎通を円滑にし，乗務員間の連携や計器類から得られる情報など，利用可能なすべてのリソース（資源）を有効に活用し，さまざまな条件下で起こる事故を防ぐ，あるいは被害を最小限にする努力をチームで行っていきます。CRM はもともと機長に権威・権力が集中しすぎている問題を解消するために開発されましたが，現在は CRM の C を Cockpit から Crew とし，客室乗務員や整備士などにも範囲を広げています。[2]

▷1 指差呼称の効果は，清宮栄一 1979 確認こそ安全運転への道 安全運転管理，8(4)，11-15．のほか，近年では，芳賀繁・赤塚肇・白戸宏明 1996「指差呼称」のエラー防止効果の室内実験による検証 産業・組織心理学研究，9(2)，107-114．等で報告されている。

▷2 また CRM は，企業に同様な問題を当てはめた Company として，その応用範囲を広げつつある。

2 組織で取り組む活動

○ヒヤリ・ハット／インシデントリポートの活用

大きな事故を防ぐためには，事故に至る前に危険源を察知し対策を立てることが必要です。そのためにも不安全な状態や体験の情報が必要となりますが，その情報を**インシデント**（事象）といいます。日本では**ヒヤリ・ハット**[3]ということばがよく使用されています。航空・医療・建設などの災害・事故を分析すると，作業従事者の単純なミスによって引き起こされたケースは少なくありません。しかし，重大な事故だけを調査してもケースが不足し，具体的な原因を探ることが難しくなります。そこで，ヒヤリ・ハットやインシデントは件数も多いため，危険源抽出のための重要な情報として注目されています。各産業では，これらの情報を組織的に収集・活用するためのシステムが構築されつつあります。

○事故分析と対策のための手法

事故につながりうるリスクをコントロールする**リスク・マネジメント**では，直接的な原因を追及して個人に責任をなすりつけるよりも，根本的な原因を明らかにしてエラーに対して脆弱な環境を適切に補強することが必要となります。そのための分析方法としては，4M-4EマトリックスやVTAがあります。

①4M-4Eマトリックス

事故の発生要因を，4M，人間関係（Men：職場における人間関係やコミュニケーションの状態），機械（Machine：装置や機器類が人間の能力や特性にあっていたかどうか），媒体（Media：作業方法や手順，情報の出し方，伝達の方法，物理的環境条件，休憩時間など），管理（Management：安全管理組織，安全法規類の整備，指示事項の実施と取り締まりなど）に分類すると，情報が整理され対策が立てやすくなります。また，要因に対応した対策4E（教育・訓練（Education），技術・工学（Engineering），強化・徹底（Enforcement），模範・事例（Example））とともにマトリックス状に整理することで要因分析と対策をまとめます。[4]

②VTA（バリエーション・ツリー・アナリシス）

通常通りに作業が行われ，作業が進行すれば事故は発生しないとの観点から，通常と異なっていた判断や行動・状況を事故要因としてピックアップし，各要因の相互関係を時系列に整理することで，講じるべきであった対策を明らかにする手法です。原因分析には**SHEL**や**m-SHEL**または4Mを使用して整理[5]していくことが多くなります。VTAは，人，環境，機器類など，事故に関与した要素を一覧に図示するため，理解されやすいのです。しかし，その反面，分析者によって各要素の重要度の解釈や図示内容が異なることもあり，問題視する声もあります。

（申　紅仙）

▷3　ヒヤリ・ハット
危ない場面で"ヒヤッ"としたり"ハッ"としたりしたけれども，なんとか怪我をせずにすんだ体験。

▷4　近年は新たな要素として使命（Mission）が提案されている。

▷5　SHEL，m-SHEL
⇒ IX-7 参照。

IX 仕事の能率と安全

6 組織事故と安全文化

1 各産業のリスク特性

一口に労働災害といえどもその業種は多種多様です。事故発生が即重篤な被害となりえる業種もあれば，事故件数は多くともそのほとんどが重篤な結果を伴わない業種もあります。また事故でも個人の事故の範囲内で収まるものもあれば，組織全体に影響を及ぼすものもありますし，事故を起こした本人が被害を受ける事故もあれば，事故を起こした当事者は無傷で，まったく関連のない第三者が被害を受けるものもあります。

リーズン（Reason, J. T.）は各産業の持つ**リスク**を，個人の事故に関わる「個人の傷害リスク」と組織事故に密接に関連する「要となるオペレータのエラーに関わるリスク」「潜在的原因」「第三者へのリスク」，の4つの項目によってリスク水準を分類しています[1]（表9.6.1）。この表によると，巨大システムの制御がごく少数の作業従事者に集中する産業には，医療と金融サービスが，第三者へのリスクが伴う産業には，原子力発電，化学プラント，航空，石油，船舶，医療が分類されています。中でも**医療**は巨大システムの制御がごく少数の作業従事者に集中するリスクと第三者へのリスク両者を併せ持っています。

「個人の傷害リスク」は個人のミスが事故となり，傷害範囲も個人内に収まることが多くなります。また，「要となるオペレータのエラーに関わるリスク」は，巨大システムがごく少数の成員によって統御される産業で，

▷1 Reason, J. T. 1997 *Managing the risks of organizational accidents.* Brookfield. VT: Ashgate. （リーズン, J. T. 塩見弘（監訳）1999 組織事故──起こるべくして起こる事故からの脱出　日科技連出版社）

表9.6.1　4つのリスクのタイプによる産業界の比較

		個人事故に関連	組織事故に密接に関連		
		個人の傷害リスク（多くの場合, 事故による災害は当事者に限定される）	要となるオペレータのエラー（巨大システムの制御が極少数のオペレータに集中）	潜在的原因（修理・保守や経営や組織的問題等に内在する, 潜在的なコンディションが蓄積）	第三者へのリスク（通行人, 患者, 投資家, 納税者, 近隣住民へ被害が及ぶ）
産業	原子力発電	非常に低い（通常時）	高い	高い	非常に高い
	化学プラント	低一中（通常時）	高い	高い	非常に高い
	商業航空	中一高（地上勤務）	高い	高い	非常に高い
	先端的製造業	非常に低い（通常時）	高い	高い	変わる
	石油探索・生産	高い	高い	高い	非常に高い
	船舶	高い	高い	高い	非常に高い
	鉄道	高い（整備工事）	高い	高い	高い
	建設	非常に高い	中一高	高い	高い
	鉱業	非常に高い	中一高	高い	低一中
	医療	中	非常に高い	高い	非常に高い
	金融サービス	非常に低い（通常時）	非常に高い	高い	高い
	スポーツスタジアム群集管理	高い	高い	高い	高い

出所：リーズン, 1999 より一部改変

2 組織事故と安全文化

○ 組織事故とは

近年，労働災害による死亡者数が減少をつづける一方で，社会的にも経済的にも影響を及ぼすような大事故が相次いで発生しています。事故の影響が組織全体と社会に影響を及ぼすような事故を「**組織事故**（Organizational Accidents）」といいます。組織事故は，個人の単純なミスも，組織の構造が複雑なために，その後の判断や意思決定，システムの防護壁をすり抜けることで被害がより巨大化してしまいます。また巨大事故が発生した組織を調べると，慢性的に不安全な状態を許していたり，危険に対する感覚鈍磨ともいえる風土が多く指摘されたりしています。これは安全文化の醸成に問題があったとされています。

○ 安全文化とは

良い**安全文化**とは，組織の構成員全員が，安全の重要性を認識し，不安全行動の防止を含めたさまざまな事故防止対策を積極的にすすめていく姿勢と有効な仕組みを持つ組織の文化を指します。リーズンは，安全文化の構成要素として，エラーやインシデントを包み隠さず報告する「報告する文化」，安全規則違反や不安全行動を放置することなく，罰すべき所を適切に罰する「正義の文化」，過去におこったエラーやミスから学び，そこから組織にとって必要と思われる対策を講じる「学習する文化」，必要に応じて組織の命令形態などを変えることができる「柔軟な文化」，に分けて説明しています（表9.6.2）。

○ 良い安全文化醸成のために

組織や集団内での安全・事故防止は，個人でできることは限られています。効果的な対策を講じるためには，組織構成員が一致団結して安全に取り組むことが不可欠となります。しかし，安全に関わる指摘や提案をしづらい雰囲気のある職場では，良い提案がなされても無視されてしまいます。

事故を防ぐためには「良い安全文化」の醸成が必要であり，安全風土の測定方法の開発と改善手法がこれまで試みられてきました。しかし，産業といっても，公共性の高い産業，利益追求型の産業または企業など，各産業には，さまざまな特性があり，全産業（企業）に共通して信頼性の高い測定方法と効果的な活動はいまだ開発されていないのが現状です。

また，先に記した安全文化の4要素は記述の順，つまり「報告する文化」，「正義の文化」，「学習する文化」，「柔軟な文化」の順に文化の醸成が難しくなるといわれています。したがって，組織的に安全文化醸成に向けて取り組むときには，この要素の順に取り組むと良いとされています。

（申　紅仙）

▷2 日本の労働災害は，1961年（昭和36年）の過去最高6,712名から，「労働安全衛生法」施行（1972年）を機に減少を続け，近年は最少記録を更新している（2005年は1,514名，死傷者は11万3,000名あまり）（中央労働災害防止協会）。

▷3 Reason, 前掲書

▷4 同上書

▷5 チェルノブイリ原発事故を機に，組織内の安全に関わる雰囲気作りが重要視され，「安全文化」ということばが広く使われるようになった。

▷6 岡本らは「属人風土」という概念を提案し，これまでの視点とは異なる角度から企業の風土について論じている。
岡本浩一・鎌田晶子　2006　組織の社会技術3　属人思考の心理学　新曜社

表9.6.2　安全文化の構成要素

1. 報告する文化
2. 正義の文化
3. 学習する文化
4. 柔軟な文化

出所：リーズン，1999

IX 仕事の能率と安全

7 ヒューマン・ファクターズ

1 ヒューマン・ファクターズ

●ヒューマン・ファクターズの誕生背景

巨大事故が発生する背景には，①テクノロジーの進歩によって機器類の故障による事故が激減したこと，②ひとり当たりのエネルギー制御量が異常に大きくなったことが指摘されています。システムの巨大化にともない，システムの構成要素（人，機械，マニュアル，ルール）も膨大化します。しかし，それらを制御するのはごく少数の作業員であるため，人間の作業容量の適正水準の中で作業水準を維持しなければいけません。このような状況で，システムの構成要素を人間中心に考慮したシステムデザインが求められるようになりました。このような考えは**ヒューマン・ファクターズ**と呼ばれます。

●ヒューマン・ファクターズとは

ヒューマン・ファクターズとは「人間の感覚的，精神的，身体的特性をよく調べ，これに適合するような作業，設備，環境のデザイン，設計，製作を行う研究分野」であり，人間の特性にあったシステムを作り，作業能力を高めつつも，エラーを減少させるための研究分野です（図9.7.1：計器のデザイン事例参照）。これは，広義では**人間工学**と同義語ですが，日本では機器類やシステムの設計などに人間工学を，システムの安全においてはヒューマン・ファクターズということばをよく用います。またヒューマン・ファクターズでシステムを構成する要素の相互関係を示すときには，図9.7.2のモデルをよく用います。

▷1 人間工学
ヨーロッパでは「エルゴノミクス（Ergonomics）」，米国では「ヒューマン・ファクターズ（Human Factors または Human Engineering, Human Factors Engineering)」と呼ばれている。

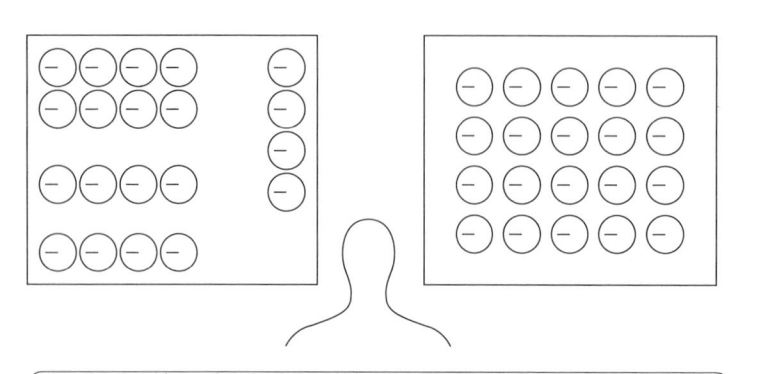

図9.7.1 ゲシュタルトの法則を利用した計器類の配置例（Galer, 1987）

（注）　左は機能別にグループ化して配置。右は網羅的に配置しているため，別の計器を見てしまうなどの読み間違いが起こりやすくなる。左右の計器の数は同じ。

出所：向井希宏・蓮花一己（編著）1999　現代社会の産業心理学　福村出版　p.83.

2 ヒューマン・ファクターズ・モデル：SHEL, m-SHEL, P-mSHEL

ヒューマン・ファクターズを考える際によく用いられるモデルに，SHELモデルやm-SHELモデルがあります。これは，ヒューマン・ファクターズの考え方を示す

モデルであるとともに，事故を分析するときには，VTA手法のように，各要素を時系列に整理して事故の全容を理解するために用いられることもあります。

SHELモデルは，システムを構成する要素である人間や機械，環境などを示したもので，それぞれS：ソフトウェア（Software），H：ハードウェア（機械や機器類）(Hardware)，E：環境（Environment），L：ライブウェア（人間）(Liveware)で表します。SHELモデルはエドワーズ（Edwars, E）が提案したものですが，後にホーキンズ（Hawkins, H.F）[2]によって改良されました（図9.7.2上図）。SHELモデルにある各要素を見ると，ライブウェア（人間）を中心に各要素が取り囲むように配置されていて，システムが人間中心であることが表現されています。また各要素はまっすぐな形ではなく凸凹しています。たとえば，ライブウェアのL（人間）には，各作業者が持つ知識量やその質・生理的な限界・認知特性などがあるため，このような諸特性を表現しています。そのほかの要素もそれぞれに特性がありますので，凸凹で表現されています。各要素を接続しようにも凸凹があるために，うまくかみ合わないこともありえます。ヒューマン・エラーは，各要素の中心となるライブウェアがこのような不安全な状態に陥ったときに発生するということをこのモデルで表現しています。

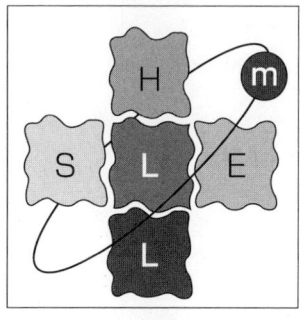

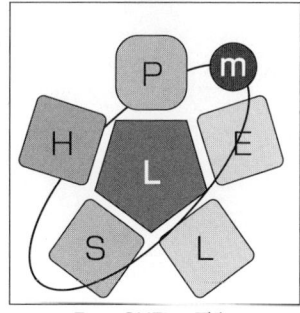

m-SHELモデルは，ホーキンズのSHELモデルに経営の要素であるm（management）を加えたものであり，河野龍太郎[3]が提案したモデルです（図9.7.2中図）。すべての要を統括する意味で全要素に関係があるように示されています。またmが小文字になっていますが，これは，マネジメントの要素が強く現れるとLのモチベーションが低下しパフォーマンス（生産性）も低下することを考慮しての表現です。

P-mSHELも，河野が医療用に提案したモデルで，P：患者（Patient）の要素を加えたものです（図9.7.2下図）。P-mSHELは医療用に考えたモデルですが，Pの要素をシステムの欠陥が近隣住民や利用者などの第三者へ影響を及ぼす産業（原子力，自然産業，百貨店）への応用が考えられます。

（申　紅仙）

図9.7.2　SHELモデル，m-SHELモデル，P-mSHELモデル

出所：河野，2004，p 53, 56．

▷2　Hawkins, H. F. 1987 *Human Factors in Fight*. Gower Technical Press.（黒田勲（監修）・石川好美（監訳）1992 ヒューマン・ファクター　成山堂書店）

▷3　河野龍太郎　2004　医療におけるヒューマンエラー——なぜ間違える　どう防ぐ　医学書院

IX 仕事の能率と安全

8 ユーザー・インターフェース

1 ユーザー・インターフェースとは

▷1 McCormick, E. J. 1964 *Human Factors in Engineering.* McGraw-Hill. p. 145.

▷2 man-machine systemのmanは，「男性」に限定される誤解と差別の意味合いを避けるためにも，近年はhuman-machine systemとされることが多い。

テクノロジーの発展とともに，機器の種類も数も増え，その操作も複雑になっていきました。また，大量生産が可能となると，これまで私たち人間が目視・確認しながら直接操作していたものも，機械が替わって操作してくれるようになり，人間の作業は生産工程を監視したり，機械の補修を行ったりする作業の割合が多くなりました。そのため，表示器が示す状態を監視しながら適切なタイミングで機械に次の工程を指示する作業では，人の知覚特性にあった計器類の配置・デザインが求められるようになりました（図9.8.1）。このように，人と機械が共働する**マン・マシン・システム**（man-machine system）では，人が機械を操作するために触れる部分，ヒューマン・マシン・インターフェース（human-machine interface）のデザインが重要視されています。

次に，日常生活でさまざまな機器類（コンピューターや電化製品，ATMや券売機など）を操作するようになると，誰でもすぐに使用できるような**使いやすいデザイン（ユーザビリティ）**が求められるようになりました。これを機にユーザー（使用者）ということばや，ユーザー・センタード・デザイン（user-centered design ユーザーを中心としたデザイン），**ユーザー・インターフェース**（user-interface）ということばが使用されるようになりました。ユーザー・インターフェースはマン・マシン・インターフェースと意味は同じですが，ユーザーとすることで作業者ではなく消費者のイメージを与え，より親しみやすい印象となっています。

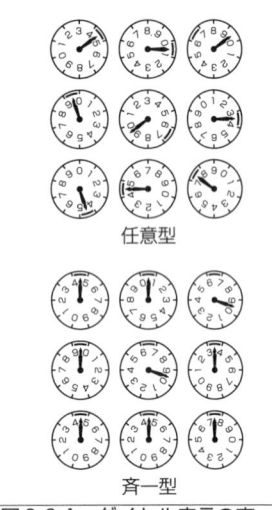

任意型

斉一型

図9.8.1 ダイヤル表示の斉一化

（注）表示器の監視作業：数多くあるダイヤルの読みとり方向が無秩序である場合は，読みとり時間が長引いたり，誤読率が多くなったりする。センダーズ（Senders, V. L.）は，各計器の適正範囲の位置をそろえた場合とバラバラの場合で読みとり時間の差を調べた。その結果，方向性をそろえた場合には，0.5秒で32個の計器数がチェックできた。これに対し，バラバラの場合には，おなじ時間では4つしか読みとれなかった。

出所：正田亘 1997 人間工学 増補新版 恒星社厚生閣

2 使いやすいデザインとは

表示器には，ランプ，計器類，液晶パネル，ベルやブザーなどがあり，おもに視覚と聴覚を利用します。**操作器**は，スイッチ，ボタン，つまみ，レバー，ハンドル，マウス，キーボード，舵輪，ペダルなどで，おもに腕と脚を利用します。機器類を操作するとき，わたしたちは機械の状態を示す表示器を確認しながら操作を行います。

このときに，操作器の操作方向と機械本体の作用との間に標準的な関係がないといけません。通常，照明のスイッチを操作するとき，右

方向また上方向でON，左方向また下方向でOFFとなります。このポジティブ操作（ON，増量など：右か上方向）とネガティブ操作（OFF，減量など：左か下方向）の方向性は経験的に記憶・学習しているものなので，操作方向が逆方向に設計されてしまうと，私たちの持つ共有の認知特性とあわなくなり，エラーが生じやすく，効率も悪くなります。

● 使いやすさと認知工学

インターフェースのデザインで考慮すべき問題としてノーマン（Norman, D. A.）が**認知工学**（cognitive engineering）を提唱しています[3]。これは，機器類のデザインに認知科学の知見を適用しようとしたものです。

たとえばユーザーが機器類を操作するとき，ユーザーは，その機械の形状やデザインなどから自分なりに解釈した**メンタル・モデル**を構築します。このとき機械の設計モデルとマッチしていないと正しく操作されません。したがって，デザイナーは設計モデルをユーザーが正しいメンタル・モデルを形成できるように設計することが必要です。

● 使いやすさの要件

ノーマンは認知工学にもとづき，使いやすさ（ユーザビリティ）を実現させるためにデザインに考慮されるべき要素をいくつかまとめています。コンパティビリティ，マッピング，アフォーダンス，冗長性，フール・プルーフ，フェール・セーフ，C/D比などがそうです。これらは，図9.8.2に整理しました。また，高齢者，子供，handicapped person，健常者の全ての人が使いやすいように設計する，ユニバーサル・デザインも重要です。

緊急事態では，人は正常な思考や判断ができなくなってしまいがちです。そのため，日常生活と異なった方向のスイッチやデザインは，作業者に無用な混乱をもたらし，エラーにエラーを重ねる結果になりかねません。事故防止のためには，適切なデザインを施した機器類を使用する必要があります。　　　（申　紅仙）

[3] Norman, D. A. 1986 Cognitive Engineering. Norman, D. A. & Draper, S. W. (Eds.), 1986 *User Centered System Design*. Lawrence Erlbaum Assoc Inc.

参考文献

中央労働災害防止協会 2005　安全衛生年鑑平成16年版

厚生労働省　労働災害動向調査　産業別労働災害度数率及び強度率
http://wwwdbtk.mhlw.go.jp/toukei/kouhyo/indexkr_12_1.html

	チェックすべき内容	事例	
コンパティビリティ	色や方向性が人間の自然な行動と一致しているかどうか。	音量のつまみは右に回して増量となり，蛇口は温水が赤，冷水が青。	つまみと針の動き（矢印が示す方向がポジティブ操作で，反対がネガティブ操作）
マッピング	操作するボタンやつまみなどの配置と本体側の位置が対応しているかどうか。	右図のガスレンジとつまみの配置ではIが一番間違いが少ない。	ガスレンジとつまみの位置のマッピング例　正田亘 1997 人間工学 増補新版 恒星社厚生閣より
冗長性	文字や色，絵などの複数の要素で情報を伝えているかどうか。	男子トイレや女子トイレには，形（ズボンとスカート），色（青と赤），文字（男性，女性）などで表記されている	
アフォーダンス	対象の使用方法について使用者に知覚させる形状や特徴。機器類や道具が持つ形状が操作者の行動をサポートするようなデザインが施されているか。	ドアノブの位置に平らな板があれば，自然に押して開けようとするし，その位置に取っ手があれば引こうとする。	アフォーダンスとドアの取っ手のデザイン（手を引っかけて引く行動をアフォード（支持）している）
フール・プルーフ	失敗を受けつけないデザインが施されているか。	フロッピーディスクやUSBなどは正しい方向にしか挿入できないようにデザインされている。	
フェール・セーフ	なにか異常が発生したときに安全側にはたらくような設計がなされているか。	バスから停留所に降りるとき，乗降口付近に立つと危険なためドアが開閉しないようになっている。	USBの差し口（左側）とSDカードの差し口（右側）（正しい方向にしか挿入できない工夫がなされている）
C/D比	インプット（入力）とアウトプット（出力）のタイミングがあっているか。（操作具の移動距離（コントロールcontrol）と表示の可動エレメント（指針とかカーソル線）の変異量（ディスプレイdisplay）との比をC/D比という）	つまみでCDプレーヤの音量をあげようとして，つまみの感度が悪いために数秒遅れて反応してしまったり，いっこうに音量が変化しないために，つまみをどんどん回してしまい，数秒後には大音量になってしまう。	

図9.8.2　使いやすいデザインの要素

X 職場のストレスとメンタルヘルス

1 職場のストレス

1 職場のストレスを知り、対処することの重要性

現代の生活において、ストレスは避けられない問題であるのと同様に、職場においてもストレスの問題は避けることはできません。また、近年の経済状況などが直接的に個人の職業生活に影響を及ぼし、職場のストレスの問題がますます重大化しているという背景も無視できません。そこで、いかに職場のストレスを知り、これを管理あるいは対処するかが重要になります。

職場のストレスは、ほかに職務ストレス（job stress）、組織ストレス（organizational stress）、職業上のストレス（occupational stress）などと呼ばれていますが、いずれも働く場で生じるストレスを指していますので、ここでは総称として、職場のストレスといういい方を用いることにします。

2 職場のストレスの実態

まず、働く人がどのようにストレスを感じているかを厚生労働省の統計数字から見てみます。

▷1 厚生労働省 2013 平成24年 労働者健康状況調査 平成25年9月19日発表

厚生労働省が5年ごとに実施している「**労働者健康状況調査**」によれば、仕事や職業生活で強い不安、悩み、ストレスを感じる労働者の割合（3つ以内の複数回答）は1982年には50.6％でしたが、1987年には55.0％、1992年には57.3％、1997年には62.8％と増加し、その後、2002年には61.5％、2007年には58.0％、2012年には60.9％と、現在では約6割の労働者が何らかの強い不安、悩み、ストレスを感じています。

どのような内容にストレスを感じているかについて見てみると、職場の人間関係の問題がもっとも高く41.3％、次いで仕事の質の問題（33.1％）、仕事の量の問題（30.3％）、会社の将来性の問題（22.8％）の順でした。

ちなみに、このストレスの内容には男女で若干違いがあり、男性では職場の人間関係の問題（35.2％）、仕事の質の問題（34.9％）、仕事の量の問題（33.0％）、会社の将来性の問題（29.1％）がほぼ同じくらいの割合を占めたのに対し、女性では職場の人間関係の問題が48.6％でもっとも高い割合であり、ついで仕事の質の問題（30.9％）、仕事の量の問題（27.0％）、仕事への適性の問題（21.0％）の順でした（図10.1.1）。

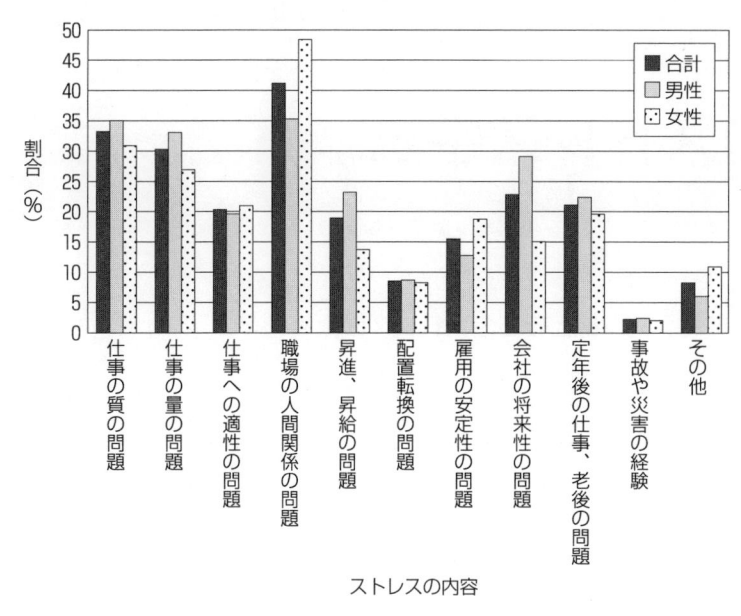

図 10.1.1 男女別ストレスの内容

出所：厚生労働省，2013 より作成

3 職場のストレスの定義

職場のストレスの定義を見てみると，クーパーとマーシャル（Cooper, C. L. & Marshall, J.）は「特定の組織，職務に関連したネガティブな環境要因，または**ストレッサー**（ストレスの原因）」と述べ，原因に着目した定義をしています。

これに対して，ベアーとニューマン（Beehr, T. A. & Newman, J. E.）は「組織，職務に関連する諸要因が，労働者（の諸要因）と相互作用して，その人の精神機能が尋常でなくなるような心理的または生理的変化を生じさせる条件」と述べており，外的要因であるストレッサーと個人の要因との相互作用に注目し，変化を生じさせるプロセスに言及しています。

ベアーらの指摘するストレッサーと個人要因の相互作用については，クーパーらも定義には読み込んでいませんが，モデルの中に個人要因との相互作用を組み込んでおり，これらの定義から，職場のストレスは，外的要因である組織ストレッサーと個人の要因との相互作用により発生すると考えられていることがわかります。実際に，同じ状況であっても，人によってストレスになったり，ストレスにならなかったりなど，ストレスには個人差がありますが，これは個人の特性が関係していることを示していると考えられます。

（金井篤子）

▷ 2 Cooper, C. L. & Marshall, J. 1976 Occupational sources of stress: A review of the relating to coronary heart disease and mental ill health. *Journal of Occupational Psychology,* **49**, 11-28.

▷ 3 Beehr, T. A. & Newman, J. E. 1978 Job stress, employee health, and organizational effectiveness: A faset anaiysis, model, and literature review. *Personnel Psychology,* **31**, 665-699.

X 職場のストレスとメンタルヘルス

2 セリエのストレス学説

1 非特異的反応としてのストレスの発見

1936年に生理学者セリエ（Selye, H.）は，有機体の外的な圧力に対する生理的反応の様式は，それぞれの有機体固有のものではなく，むしろ普遍的なパターンを持ち，外圧に対して一定の防御の型（ときには疾病の型）をとることを明らかにしました。

カナダのモントリオール市マギル大学の生化学教室の助手だったセリエは，新種の性ホルモンを発見する研究を行う中で，卵巣や胎盤，下垂体からの各種抽出物やホルマリンなどをラットに注入した際に，どの場合も，①副腎皮質に相当の肥大が認められる，②胸腺，脾臓，リンパ節その他全身のリンパ組織の高度な萎縮が見られる，③胃の内壁に出血や潰瘍がみられ，また胃に続く腸の最上端部，つまり十二指腸部にも同じ状態が現れる，の3つの変化を示すことを見出しました。

現在でこそストレスの存在は明白ですが，当時これらの「損傷に対する一定の症候群」はまったく注目されていませんでした。つまり，どの病人もが抱えている非特異的なこれらの「病気であると感じ，関節や筋にそってひろがる痛み，食欲減退をともなった胃腸障害，体重の減少」などの症候群は診断の対象とはならず，むしろいかに特異的な症状を捉えて診断し，どう治療するかを重視していたのです。しかし，セリエは，現にそこに症状が存在していることに対して，この症状には何も打つ手がないのであろうか。なぜ，これらの症状は発生するのであろうか，ということを考えたのです。

そこでセリエは，この症候群はどの範囲まで非特異的なのか，すでに観察されたものの他にどのような現れ方があるのか，時間の影響はあるのか，非特異症候群の出現はどの範囲までそのきっかけを与えた作因の特異作用に影響されるのか，メカニズムは何かなど，いくつかの問いを立てて，その検証を試みました。まず，これらの症候群がどの範囲まで非特異的なのかについては，組織抽出物，ホルマリンの他に，アドレナリン，インシュリン，寒冷，暑熱，エックス線，外傷，出血，心身の苦痛，過激な運動などがこの症候群を引き起こすことが明らかとなり，実際のところ，この症候群をともなわない有害作因を見出すことができませんでした。

ここに至って，彼は1936年雑誌『ネイチャー』に「各種有害作因によって惹

```
警告反応  →  抵抗期  →  疲はい期
```

図 10.2.1　ストレスの 3 相期

出所：Selye, 1936 より作成

起された症候群¶1」という論文を発表します。その有害作因に当時物理学用語で用いられていた「ストレス」をあてたのです。まだ29歳の若さでした。

❷　一般適応症候群（General Adaptation Syndrome: G. A. S.）

彼はこの適応のための一定の防御の型を，**一般適応症候群（General Adaptation Syndrome: G. A. S.）** と名付けています。彼が G. A. S.として特定しているのは，副腎皮質肥大，胸腺・脾臓・リンパ節の萎縮，胃・腸管の潰瘍の 3 大兆候と，血糖の増加などの周辺の兆候です。

症候群は時間を追って，①警告反応（alarm reaction），②抵抗期（stage of resistance），③疲はい期（stage of exhaustion）の 3 相期に展開します（図10.2.1）。最初の症状は外圧に対する警告です（警告反応）。この期は生体が死亡しない限り，長くは続きません。引き続き，外圧にさらされると生体は抵抗または適応を示すからです（抵抗期）。しかし，さらにその状態が続くと生体は疲弊し，死にいたります（疲はい期）。ストレスが最悪の場合，死に結びつくということを認識しておく必要があります。

初期には，一般適応症候群を引き起こす作因の名称として，「ストレス」を用いましたが，従来から物理学用語として一般的に使われていた用語をそのまま引用したため，新しい概念が明確にならず混乱し，その後多くの議論を引き起こしました。そのため，『現代社会とストレス─原書改訂版』の中で，彼は改めてストレスの定義をしています。それによれば，ストレスとは「生物組織内に，非特異的に誘起された，あらゆる変化からなる特異な症候群の示す状態のことであり，生命体の適応への変化の総和」です。そしてその適応への努力がうまくいかないときに，彼が適応病（神経障害，胃潰瘍，心臓発作など）と呼んでいる状態に陥ります。一方，ストレスを誘起する作因はストレッサーとして区別しました。

❸　適応のメカニズムとしてのストレス

彼のストレスの概念で強調されるのは，上のストレスの定義でも明確なように，ストレスの過程は適応のメカニズムであるという点です。ここから**有害なストレス**（distress）に対して，**有益なストレス**（eustress）という考え方が生まれ，3 相期のうちの抵抗期について説明されているように，適度なストレスは適応力の増加のつながるというストレスの有用面がその有害面と同様に強調されたのです。

（金井篤子）

▷1　Selye, H. 1936 A Syndrome produced by diverse nocuous agents. *Nature*, **138**, 32.

▷2　Selye, H. 1956, 1976 *The Stress of Life*, revised edition. New York: McGraw-Hill.（杉靖三郎・田多井吉之介・藤井尚治・竹宮隆（訳）1988 現代社会とストレス［原書改訂版］ 法政大学出版局）

3 ラザルスのシステム理論

1 心理的ストレス

セリエの生理的ストレスに対して，現在一般的に考えられている「心理的ストレス」を提唱したのは，1966年に「心理的ストレスと対処過程」を発表したラザルス（Lazarus, R. S.）です。彼はホルムズとラーエ（Holmes, T. H. & Rahe, R. H.）のシンプルなインプット－アウトプットモデルを批判し，プロセスを重視したシステムとしてストレスを捉えるべきだと主張しました。

2 ストレスのシステム理論

彼は刺激（外圧）と反応（一定の防御の型）の間に，人がその外圧の存在を認知（一次評価過程）し，外圧の脅威の度合を推し量る（二次評価過程）という2つの評価のプロセスが存在することを示しました。つまり人によって同じ外圧を受けても，それを外圧として認知しない人や，外圧として認知しても十分な対処のとれる人がいることを示したのです。

彼は心理的ストレスを「ある個人の資源（resources）に何か重荷を負わせるような，あるいは，その資源を越えるようなものとして主観的に評価（appraise）された要求（demands）」と定義しており，ストレスを何らかのネガティブな状況を引き起こす原因として捉えています。

また，ストレス研究の意義は，ストレスが適応上で引き起こされる結果（adaptational consequence）に大きな意味を持つ点にあると指摘しています。この引き起こされる結果というのは①主観的なよい状態（well-being），②社会的な機能を果たし得ること，③身体的な健康の3つです。

ここで彼が強調しているのは，ストレスが個人と外界のバランスの問題であるという点と，その評価が個人の主観によっているという点であると考えられます。

3 ストレス・システム・モデル

彼によればストレスは先行する因果関係前件（causal antecedents），媒介過程（mediating processes），直接的効果（immediate effects），長期的効果（long-term effects）などの変数の連鎖であり，それらは相互に依存しあっており，さらに回帰的（直接的効果や長期的効果が，因果関係前件や媒介過程に再び影響を与える

▷1 Lazarus, R. S. 1983 Stress and coping in aging. 日本心理学会第47回大会での特別講演（林峻一郎（編訳）1990 ストレスとコーピング――ラザルス理論への招待　星和書店）

▷2 Holmes, T. H. & Rahe, R. H. 1967 The social readjustment rating scale. *Journal of Psychosomatic Research,* **11**, 213-218.

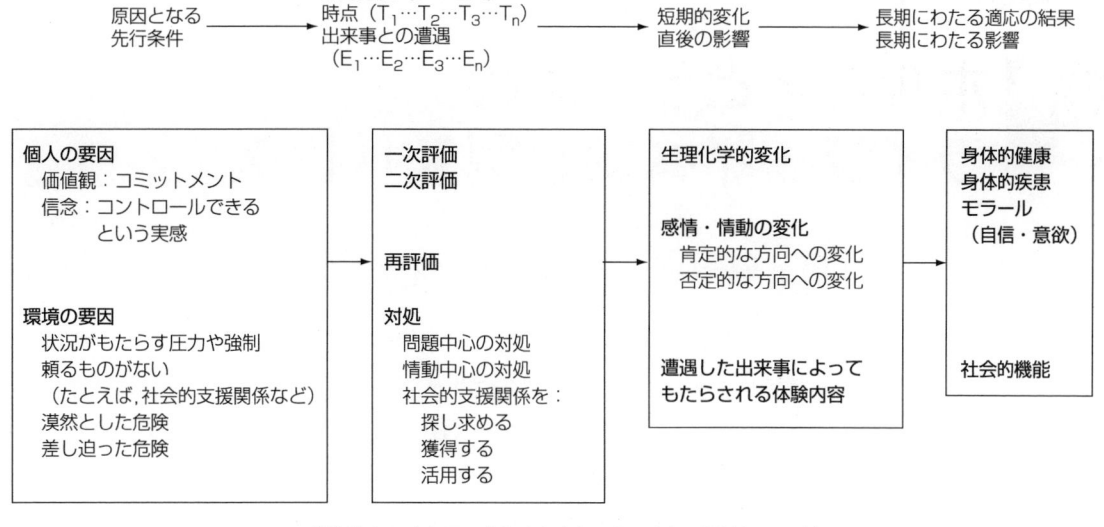

```
原因となる           媒介過程（プロセス）              短期的変化           長期にわたる適応の結果
先行条件    ──→   時点（$T_1…T_2…T_3…T_n$）  ──→  直後の影響  ──→   長期にわたる影響
                   出来事との遭遇
                   （$E_1…E_2…E_3…E_n$）
```

```
┌─────────────────────┐   ┌──────────────┐   ┌──────────────────┐   ┌──────────────┐
│ 個人の要因          │   │ 一次評価     │   │ 生理化学的変化   │   │ 身体的健康   │
│  価値観：コミットメント│   │ 二次評価     │   │                  │   │ 身体的疾患   │
│  信念：コントロールできる│ │              │   │ 感情・情動の変化 │   │ モラール     │
│     という実感      │   │ 再評価       │   │  肯定的な方向への変化│ │ （自信・意欲）│
│                     │──→│              │──→│  否定的な方向への変化│→│              │
│ 環境の要因          │   │ 対処         │   │                  │   │              │
│  状況がもたらす圧力や強制│ │  問題中心の対処│ │                  │   │ 社会的機能   │
│  頼るものがない     │   │  情動中心の対処│   │ 遭遇した出来事によって│ │              │
│  （たとえば，社会的支援関係など）│ │ 社会的支援関係を：│ │ もたらされる体験内容│ │              │
│  漠然とした危険     │   │   探し求める │   │                  │   │              │
│  差し迫った危険     │   │   獲得する   │   │                  │   │              │
│                     │   │   活用する   │   │                  │   │              │
└─────────────────────┘   └──────────────┘   └──────────────────┘   └──────────────┘
```

（遭遇したストレスフルな出来事を，1つひとつ解決していく）
（調整にかかわる変数）

図 10.3.1　ストレス，対処と適応に関する理論的枠組み

出所：Lazarus & Folkman, 1984, 本明・春木・織田(監訳), 1991, p.309.

という意味において回帰的）であるようなシステムです（図10.3.1）。

　因果関係前件には，価値観やコミットメントや目標，一般的な信念といった人的変数と，要求や資源や強制といった環境的変数があり，彼はここでとくに，もし個人の目標やコミットメントがなければ，そこではストレスは起こらないと強調しています。

　媒介過程には**一次評価**（primary appraisal）と**二次評価**（secondary appraisal）が含まれており，認知的プロセスを重視する彼の理論の中核部分です。一次評価は個人が環境とのある出会いについて何かが危うい，あるいは（自分の何かが）賭けられている（at stake）かどうかを評価する段階です。この部分は理論発表当時に用いられていた脅威（threat）という用語と比較すると，一方的に被害を被るというような直線的な因果関係的概念ではなく，賭という，より相互関係的な概念に置き換えられていることがわかります。

　二次評価は如何なる対処行動の選択が自分に可能かという段階です。つまり，対処によって個人と環境の関係を変化させることが可能になります。またこの対処は評価の仕方によって変化します。彼はこの評価と対処の過程（coping process）がストレスの本質を理解するための最大の鍵であると考えています。

　直接的効果はストレスフルな出会いの短時間での情動的な結果であり，長期的効果は先にも述べたように，適応上の引き起こされる3つの結果です。

　彼はストレスがこのように多変量を有する複雑なシステムとしてアプローチがなされなければならないことを強調しているのです。

（金井篤子）

参考文献

Lazarus, R. S. & Folkman, S. 1984 *Stress, Appraisal, and Coping.* New York: Springer Publishing & Company, Inc. (本明寛・春木豊・織田正美(監訳) 1991 ストレスの心理学——認知的評価と対処の研究　実務教育出版)

4 ホルムズとラーエの ライフ・イベント型ストレス

1 急性ストレッサーとしてのライフ・イベント

ストレッサー（ストレスの原因）の分類のひとつとして，日常の生活の中での**慢性的ストレッサー**と，突然ふりかかる**急性的ストレッサー**とに分ける方法がありますが，ホルムズとラーエ（Holmes, T. H. & Rahe, R. H.）の**ライフ・イベント**研究は，急性的ストレッサーの研究の中核をなすものです。

彼らは臨床的な知見から，人生に起こる事件（life event）が引き起こす生活の変化の程度と，その変化への適応までの時間の長さが疾病を発現させると考え，**社会再適応評価尺度**（Social Readjustment Rating Scale）を作成しました（表10.4.1）。

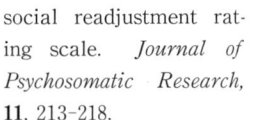

2 社会再適応評価尺度（Social Readjustment Rating Scale）

この尺度は全43項目からなっており，一番影響が大きい配偶者の死（100），離婚（73），夫婦の別居（65）などから，ちょっとした法律違反（11）といった日常の出来事までが含まれています（かっこ内は評価点）。彼らはこの評価点の合計がその後の疾病発現率と相関関係があることを明らかにしました。

項目を見てみると，ネガティブなイベントだけではなく，結婚（50）や妊娠（40），クリスマス（12）など，通常なら喜ばしい，ストレスとは関係のないような，ポジティブなイベントも入っています。これはどういうことでしょうか。彼らはこれらのライフ・イベントがストレッサーとして働くのは，その心理学的意味合いや社会的望ましさにおいてではなく，今までの確立された生活の形式を変化させるからであると考えたのです。つまり，それがたとえ喜ばしいイベントであっても，そのイベントによって当然生活が変化しますから，それに適応するためのエネルギーがかかります。そこで，再びそれが当たり前の生活になるまでのエネルギーの量をストレスと呼んだのです。

表10.4.1の項目について，過去1年の間に起こった項目を選び，その評価点を合計してみましょう。149点以下ならあまり問題はありませんが，150点から299点の場合は30％以上の確率で何らかの疾病にかかる可能性があり，300点以上の場合は疾病にかかる可能性がかなり高くなるとされています。こういったライフ・イベントは重なるときには重なるので，もし合計点が高かったときには，いろいろあったのだから当然と考えて無理をしないことが大切です。

▷1 Holmes, T. H. & Rahe, R. H. 1967 The social readjustment rating scale. *Journal of Psychosomatic Research,* **11**, 213-218.

3 ライフ・イベント重視に対する批判

しかし，この考え方はラザルス（Lazarus, R. S.）から以下の4点で批判されています。①変化志向型で，生きていく上での慢性的な圧力や要求が無視されてしまうこと，②出来事の個人的な意味合いが無視されてしまうこと，③対処行動を無視していること，④実際のところ疾病との相関がそれほど高くないことです。

これに対して，その後のラーエの著述では，生活変化は①個人の主観的な知覚（それは私にとって脅威か），②個人の心理学的防衛（その問題を抑圧または否認できるか），③個人の対処の可能性（それにうまく対処できるか），④個人の病的な行動（防衛や対処に失敗して，症状を出すか）という4つのフィルターを通して行われるため，その評定は個人の健康の測度として有用であるという説明を試みています。

（金井篤子）

▶2 Lazarus, R. S. 1983 Stress and coping in aging. 日本心理学会第47回大会での特別講演（林峻一郎（編訳）1990 ストレスとコーピング——ラザルス理論への招待　星和書店）

▶3 Rahe, R. H. 1989 Recent life change stress and psychological depression. In T. W. Miller (Ed.), *Stressful Life Events*. Madison, Conn: International Universities Press, Inc.

表10.4.1　社会再適応評価尺度

	生活の出来事	ストレスの評価点		生活の出来事	ストレスの評価点
1	配偶者の死	100	23	子供が家を去っていく	29
2	離婚	73	24	しゅうと(め)とのいさかい	29
3	夫婦の別居	65	25	優れた業績をあげる	28
4	刑務所などへの拘留	63	26	妻の就職，復職，退職	26
5	近親者の死	63	27	本人の復学，卒業	26
6	本人の怪我や病気	53	28	生活条件の変化(家の新改築，環境悪化)	25
7	結婚	50			
8	失業	47	29	生活習慣を変える(禁煙など)	24
9	夫婦の和解	45	30	職場の上司とのトラブル	23
10	退職や引退	45	31	勤務時間や勤務条件の変化	20
11	家族が健康を害する	44	32	転居	20
12	妊娠	40	33	学校生活の変化	20
13	性生活がうまくいかない	39	34	レクリエーションの変化	19
14	新しく家族のメンバーが増える	39	35	教会(宗教)活動の変化	19
			36	社会活動の変化	18
15	合併・組織変更など勤務先の大きな変化	39	37	1万ドル以下の抵当(借金)	17
			38	睡眠習慣の変化	16
16	経済状態の変化	38	39	家族・親類の集まりの回数の変化	15
17	親友の死	37			
18	職種替えまたは転職	36	40	食習慣の変化	15
19	夫婦の口論の回数の変化	35	41	休暇	13
20	1万ドル以上の抵当(借金)	31	42	クリスマス	12
21	抵当流れまたは借金	30	43	ちょっとした法律違反	11
22	仕事上の責任の変化	29			

出所：Holmes & Rahe, 1967, p. 214.

5 クーパーとマーシャルの職務ストレス・モデル

▷ Cooper, C. L. & Marshall, J. 1976 Occupational sources of stress : A review of the relating to coronary heart disease and mental ill health. *Journal of Occupational Psychology,* **49**, 11-28.

1 職務ストレス・モデル

クーパーとマーシャル（Cooper, C. L. & Marshall, J.）は，職務ストレス研究論文をレビューし，「職務ストレスは，特定の職務に関連した，ネガティブな環境要因またはストレッサー」であるとしています。この定義はストレッサー（ストレスの原因）のみに注目した定義です。

彼らはストレッサーを組織内ストレッサーと組織外ストレッサーに分類して検討しており，組織内ストレッサーとして，職務そのもの，組織における役割，キャリア発達，人間関係，組織構造や風土をあげ，組織外ストレッサーとして，家庭の問題，人生の危機，財政的困難などをあげています（図10.5.1）。

2 組織内ストレッサー

彼らの分類した**組織内ストレッサー**の内容は，まず，①職務に本質的なものとしては，物理的に不適な仕事条件，仕事が多すぎること，時間制限によるプレッシャー，物理的危険などがあげられます。極端に仕事が多すぎることは過労につながり，最悪の場合は過労死につながるため，注意が必要です。このため，仕事量や勤務時間の管理は非常に重要といえます。また，物理的危険を伴う仕事も少なくないことから，職務の特性として危険を伴う場合は，それなりの対応策が講じられる必要があると考えられます。

②組織における役割としては，役割曖昧性，役割葛藤，人々への責任，組織間または組織内での葛藤などがあげられます。組織における役割が明確でなく，自分がどう動いていいかわからない場合，すなわち，役割曖昧性が高い場合，強い組織ストレスを引き起こすことが知られています。また，たとえば営業と制作といったように組織と組織との間にも強いストレスが生じる場合があります。

③キャリア発達としては，地位が高すぎること，地位が上がらないこと，職務永勤権が保証されないこと，昇進可能性のないことなどがあげられます。昇進をきっかけに抑うつに陥る場合を，昇進うつ病と呼びますが，これは稀なことではありません。また，不安定な雇用も組織ストレスの原因になります。

④仕事による人間関係としては，上司や部下，同僚とうまくいかないこと，責任が重すぎることなどがあげられます。組織における人間関係の問題はとき

として，その仕事をやめざるを得ない原因になる場合もあります。とくに上司との関係は，上司が評価者であり，仕事の権限者であることから，その関係のよしあしは個人のメンタルヘルスに大きな影響を持ちます。

⑤組織構造や風土としては，会社や組織の意志決定にほとんど，あるいはまったく参加できないこと，予算などできることに制限があること，職場のポリシー，効果的なコンサルテーションがないことなどがあげられます。

3 個人要因とストレスの結果

組織内ストレスの源 → 個人の特性 → 職業的不健康の徴候 → 症状

職務に本質的なもの
- 物理的に不適な仕事条件
- 仕事が多すぎること
- 時間制限によるプレッシャー
- 物理的危険など

組織における役割
- 役割曖昧性
- 役割葛藤
- 他者への責任
- 組織の境界での葛藤（内的，外的）など

キャリア発達
- 過分な地位
- 不足な地位
- 職務永勤権の不足
- 昇進可能性がないことなど

仕事における人間関係
- 上司や部下，同僚とうまくいかないこと
- 責任が重すぎることなど

組織構造や風土
- 意志決定にほとんどかかわっく参加できない
- （予算など）行動に制限がある
- 職場のポリシー
- 効果的なコンサルティングの欠如など

個人の特性
- 不安の程度
- 神経症の程度
- 曖昧性への耐性
- タイプA行動

組織外ストレスの源
- 家庭
- 人生の危機
- 財政的困難など

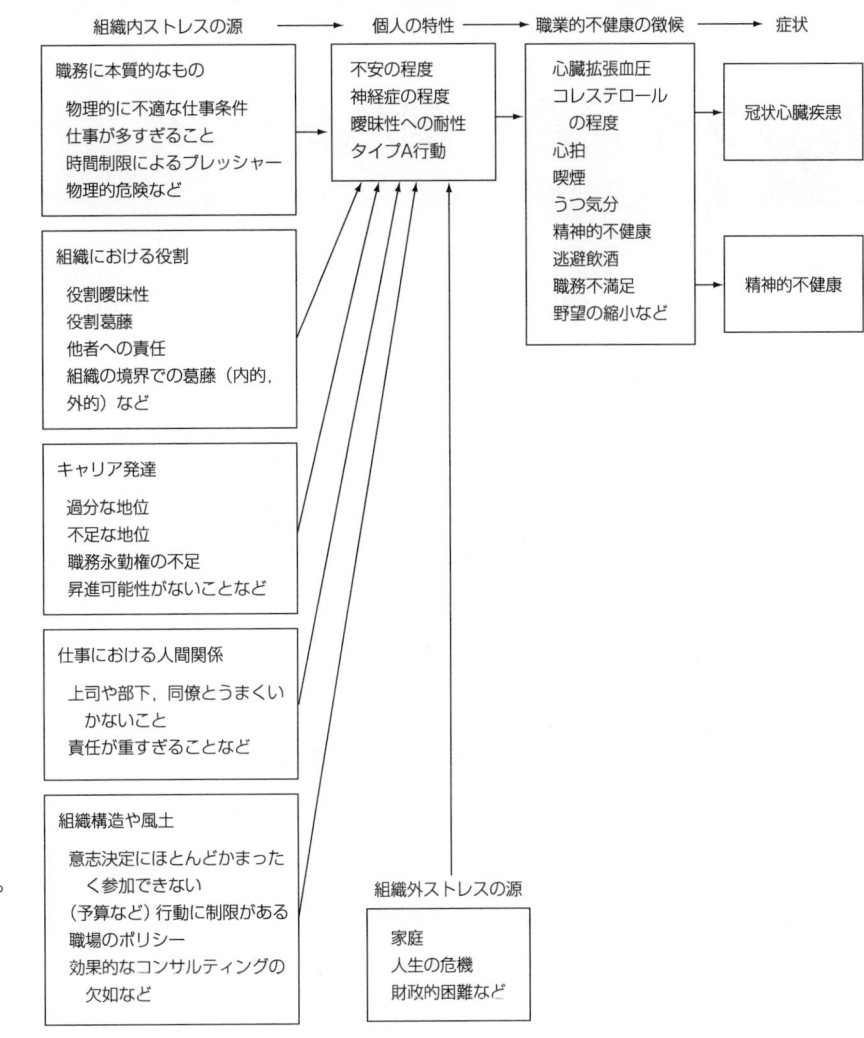

職業的不健康の徴候
- 心臓拡張血圧
- コレステロールの程度
- 心拍
- 喫煙
- うつ気分
- 精神的不健康
- 逃避飲酒
- 職務不満足
- 野望の縮小など

症状
- 冠状心臓疾患
- 精神的不健康

図10.5.1 職務ストレスモデル

出所：Cooper & Marshall, 1976, p. 12.

クーパーらはこれらのストレッサーが個人の特徴（不安のレベル，神経質さ，曖昧性への耐性，**タイプA行動パターン**など）によって調整され，職業上の不健康の兆候（血圧の上昇，コレステロール，心拍数，うつ気分，現実逃避的な飲酒，職務不満足，望みを捨てるなど）に結び付き，長期的な結果として疾病（冠状心臓疾患や精神的不健康）に至ると考えました。

彼らはこういったストレスから引き起こされる疾病による経済的な損失は重大であるとして，組織構造の再デザイン（個人に参画させ，自律性のある仕事にするといった組織の機能そのものを改善すること），職場と家庭のギャップを埋めること，職場内対人関係スキルアップのための有効なプログラムの開発の必要性を提起しています。

（金井篤子）

X 職場のストレスとメンタルヘルス

6 タイプA行動パターン

1 タイプA行動パターン

フリードマンとローゼンマン（Friedman, M. & Rosenman, R. H.）[1]は，虚血性心疾患（狭心症や心筋梗塞など）の発症についてその行動パターンを検討したところ，特定の行動パターンにおける発症率が高いことに注目し，それらの行動パターンを**タイプA行動パターン**と名付けました。

その特徴は，①速さと気短さ（speed & impatience），②精力的で競争的（hard-driving & competitive），③仕事熱心さ（job-involvement）の3つです[2]。

タイプA行動パターンは環境に適応するための特定の行動パターンであり，より固定的な性格特性とは区別して考えられています。

2 虚血性心疾患群の行動特徴

保坂らは虚血性心疾患群の調査を行い，その行動特徴を以下のように明らかにしました[3]。

①気性が激しく，職場や家庭で怒鳴ることも多く，仕事を終え，帰宅してもすぐにはリラックスできず，家族に八つ当たりすることが多い。

②いらいらしやすく，並んで順番を待つときなどにとくにその傾向があり，待ち合わせ時間に相手が遅れることも好まないし，いつも時間に追い立てられている感じである。

③責任感が強く，約束した時間には絶対に遅れない。

④食事のスピードが早く，またストレスや緊張したときなど上腹部痛を感ずることがある。

⑤競争心が強く，負けず嫌いで，運転中ほかの車に追い越されるとすぐに追い越そうと思う傾向があり，他人から指図されることを好まない。

⑥仕事に熱中しやすく，没頭するタイプで，昼食後すぐにも仕事に取りかかったり，少しでも早く出勤して仕事に取りかかろうとする傾向がある。

⑦自分が正しいと思ったら，どこまでも貫こうとする傾向がある。

⑧スランプになっても，休息をとるより今まで以上にがんばる傾向がある，などを指摘しました。

これらの特徴はフリードマンらの指摘するタイプA行動パターンとほぼ同一のものであり，これらの結果から，わが国においても，その危険性が指摘され

▷1 Friedman, M. & Rosenman, R. H. 1959 Association of specific overt behavior pattern with blood and cardiovascular findings. *Journal of the American Medical Association,* **169**, 1286-1296.

▷2 Jenkins, C. D., Zyzanski, S. J. & Rosenman, R. H. 1971 Progress toward validation of a computer-scored test for the Type A coronary-prone behavior pattern. *Psychosomatic Medicine,* **33**, 192-202.

▷3 保坂隆・田川隆介・大枝泰彰・杉田稔・日野原茂雄・五島雄一郎 1984 A型行動パターンと虚血性心疾患——質問紙の作成 心身医学, **24**(1), 23-30.

3 タイプA行動パターンチェックリスト

タイプA行動パターンを測定する試みはいくつか行われており，ジェンキンスらの JAS（Jenkins Activity Survey for Health Prediction）などがありますが，ここでは簡易版として，前田のA型傾向判別表（表10.6.1）を紹介します。表の12項目はタイプA行動パターンの特徴とされる時間切迫感，熱中性，徹底性，自信，緊張，几帳面さ，怒りやすさ，攻撃性などに関連した項目となっています。それぞれ「いつもそうである」場合には2点，「しばしばそうである」場合には1点，「そんなことはない」場合には0点を付けます。このうち，とくに対照群との差が著しかった5番，6番，9番には2倍の得点を与えることにして，合計30点満点とします。前田によると，17点以上がタイプA行動パターンということになり，虚血性心疾患に罹患する確率が高くなるので，要注意です。

▷4　前田聰　1985　虚血性心疾患患者の行動パターン——簡易質問紙法による検討　心身医学, **25**(4), 298-306.

4 タイプB行動パターン

タイプA行動パターンとまったく対極にある行動パターンを，**タイプB行動パターン**と呼び，虚血性心疾患のリスクが低い行動パターンとされています。前田はタイプA行動パターンをタイプB行動パターンに変容させるカウンセリングを考案しています。しかし，カウンセリング期間中にはある程度効果が見られるものの，職場に戻ったとたんに元の行動特徴に戻ってしまうことから，職場環境が変化しなければ，行動変容は非常に難しいことを指摘しています。

（金井篤子）

▷5　前田聰　1989　A型行動パターン　心身医学, **29**(6), 517-524.

表10.6.1　A型傾向判別表

現在の状態で，もっともよくあてはまる番号を○で囲んでください。

	いつもそうである	しばしばそうである	そんなことはない
1　忙しい生活ですか。	2	1	0
2　毎日の生活で時間に追われるような感じがしていますか。	2	1	0
3　仕事，その他なにかに熱中しやすい方ですか。	2	1	0
4　仕事に熱中すると，他のことに気持ちのきりかえができにくいですか。	2	1	0
5　やる以上はかなり徹底的にやらないと気がすまない方ですか。	4	2	0
6　自分の仕事や行動に自信をもてますか。	4	2	0
7　緊張しやすいですか。	2	1	0
8　イライラしたり怒りやすい方ですか。	2	1	0
9　きちょう面ですか。	4	2	0
10　勝気な方ですか。	2	1	0
11　気性がはげしいですか。	2	1	0
12　仕事，その他のことで，他人と競争するという気持ちを持ちやすいですか。	2	1	0

出所：前田, 1985, p.299.

X 職場のストレスとメンタルヘルス

7 ワーク・ファミリー・コンフリクト

1 仕事生活と家庭生活のバランス

　仕事生活と家庭生活とをいかにバランスをとっていくのかといった問題は，近年ますます大きな関心を集めています。これまで伝統的性役割観のもとで男女が住み分けを行ってきた仕事と家庭の2つの生活領域において，個人の価値観の変化や「21世紀の最重要課題」とされる男女共同参画社会（男女共同参画社会基本法前文）の進展に伴い，男女ともに両生活領域を視野に入れた役割行動をとることが求められているからです。

　国の法整備としても，1999年の改正男女雇用機会均等法の施行，同年の男女共同参画社会基本法の公布・施行，2002年の育児休業，介護休業等育児又は家族介護を行う労働者の福祉に関する法律の改正，2007年の「仕事と生活の調和（ワーク・ライフ・バランス）憲章」・「仕事と生活の調和推進のための行動指針」の策定など，人間生活の基盤である仕事と家庭の両生活領域を視野に入れ，男女がともに関わり，ともに両立する方向性を示してきました。

　しかし，この仕事生活と家庭生活とをいかにバランスをとっていくのかという問題は，それほど簡単な課題ではありません。この2つの生活領域はときに対立し，互いにゆずらぬ要求を持つことがあり，そのことが職務満足，家庭満足，その他のさまざまな，個人の心理学的変数にネガティブな影響を与えることは想像に難くありません。この仕事と家庭を両立しようとする際に生じる葛藤をワーク・ファミリー・コンフリクトと呼んでいます。

　さらに，現代では，女性と男性とではワーク・ファミリー・コンフリクトの様相は大きく異なることが予想されます。「男は仕事，女は家事」という伝統的性役割観から，「男も女も仕事も家事も」に移行するためには，女性は家庭から職場へ，男性は職場から家庭へと，異なる方向への参入が果たされなければならないからです。

2 ワーク・ファミリー・コンフリクトとは

　ワーク・ファミリー・コンフリクトとは，たとえば，子どもが熱を出したときに，誰が迎えに行くかという問題や，大切なプレゼンテーションのある日に家人が体調を崩す，といったようなことです。また，仕事で疲れ切ってしまって，家事をやる気力がないといったことや，介護で寝ずの看病をし，翌日職場

で眠気がとまらないということもあるかもしれません。また，学校の教師が，家庭でも親としてではなく，教師として子どもに接してしまい，親として関わることが難しいといったこともあるかもしれません。

グリーンハウスとビューテル（Greenhaus, J. H. & Beutell, N. J.）は，①その時間にそこにいる必要があるという時間を巡るワーク・ファミリー・コンフリクトを「時間ベース」のワーク・ファミリー・コンフリクト，②一方の領域に生じたストレスの結果，もう一つの領域での達成が阻害されるワーク・ファミリー・コンフリクトを「ストレインベース」のワーク・ファミリー・コンフリクト，③一方の役割行動が他方の役割行動を阻害していると考えられるワーク・ファミリー・コンフリクトを「行動ベース」のワーク・ファミリー・コンフリクトというように分類しています。

③ ワーク・ファミリー・コンフリクトの定義

ワーク・ファミリー・コンフリクトの定義について先行研究を見ると，トーマスとガンスター（Thomas, L. T. & Ganster, D. C.）は，カーンら（Kahn, R. L., et al.）の役割間葛藤の定義を援用し，「仕事からの圧力が家庭役割からの圧力と両立しないところから生じる役割間葛藤の特殊なタイプである」としています。

また，ネットメイヤーら（Netemeyer, R.G., et al.）は，ワーク・ファミリー・コンフリクトは役割間葛藤の一形態であり，①職務から生じる一般的要求や職務に費やす時間，職務が作り出すストレイン（ストレス結果）が，家庭関連責任の達成を妨げる「職場から家庭へ」の影響の側面，および②家庭から生じる一般的要求や家庭に費やす時間，家庭が作り出すストレインが，仕事関連責任の達成を妨げる「家庭から職場へ」の影響の側面の両者を含むとし，ワーク・ファミリー・コンフリクトを「役割葛藤の一形態であり，組織からの要求が家庭における個人の達成を阻害し，また家庭からの要求が組織における個人の達成を阻害すること」と定義しています。

しかし，ワーク・ファミリー・コンフリクトを仕事と家庭の両立という視点から考えた場合，一方の領域から他方の領域へという方向性のある葛藤だけでなく，両方が存在していることそのものから生じる葛藤にも注目する必要があると考えられます。たとえば，家庭と仕事の両領域での役割を果たさなければならないことから，自分には自由に使える時間がない，あるいはいつも時間がないといったことがあるかもしれません。また，仕事と家庭のどちらか一方を選択したことによる，もう一方への罪障感も無視できません。そのため，金井は，両立していることで時間がないことへの葛藤（時間葛藤），および仕事と家庭のどちらかを選択せざる得ない葛藤（選択葛藤）の2つの葛藤をワーク・ファミリー・コンフリクトの下位概念として扱うことを提案しています。

（金井篤子）

▷1 Greenhaus, J. H. & Beutell, N. J. 1985 Sources of conflict between work and family roles. *Journal of Management Review,* 10(1), 76-88.

▷2 Thomas, L. T. & Ganster, D. C. 1995 Impact of family-supportive work variables on work-family conflict and strain: A control perspective. *Journal of Applied Psychology,* 80(1), 6-15.

▷3 Kahn, R. L., Wolfe, D. M., Quinn, R. P., Snoek, J. D. & Rosenthal, R. A. 1964 *Organizational stress: Studies in role conflct and ambiguity.* New York: Wiley.

▷4 役割間葛藤（inter-role conflict）
ある組織内のメンバーシップに関連した役割からの圧力が，他のグループにおけるメンバーシップから生じる圧力と矛盾する際に生じる葛藤の一形態。

▷5 Netemeyer, R. G., Boles, J. S. & McMurrian, R. 1996 Development and validation of work-family conflict scales. *Journal of Applied Psychology,* 81(4), 400-410.

▷6 金井篤子 2002 ワーク・ファミリー・コンフリクトの規定因とメンタルヘルスへの影響に関する心理的プロセスの検討 産業・組織心理学研究，15(2), 107-122.

X 職場のストレスとメンタルヘルス

8 過労死

▷1 細川汀・田尻俊一郎・上畑鉄之丞 1982 過労死——脳・心臓疾病の業務上認定と予防 労働経済社

▷2 過労死弁護団全国連絡会議（編）1989 過労死 双葉社

▷3 労災認定
仕事中の事故により，労働者が負傷・死亡した場合，労災として，労働者災害補償保険法に基づき，被災者や遺族に対して労災保険金が給付される。この際，労働基準監督署に申請し，認定を受ける必要があり，これを労災認定という。

1 過労死（karo-shi）

過労死（karo-shi）は職場のストレスの最悪の結果と位置づけられます。これは日本における高度成長期の初期である80年代初めに名づけられたもので，「過重な労働負担が誘因になり，高血圧や動脈硬化などもともとあった基礎疾患を悪化させ，脳出血・くも膜下出血，脳梗塞などの脳血管疾患が心筋梗塞などの虚血性心疾患，急性心不全を急性発症させ，永久的労働不能や死にいたらせた状態」と定義されています。また，過労死弁護団全国連絡会議は「過労により人間の生命リズムが崩壊し，生命維持機能が破綻をきたした致命的極限状態」としています。

2 脳・心臓疾患および精神疾患等の労災認定件数

図10.8.1は脳・心臓疾患および精神疾患等の**労災認定**件数の推移です。ただし，1996年以前の脳・心臓疾患におけるうち死亡者数は明記されていません。図中，脳・心臓疾患が過労死にあたり，精神疾患等で自殺した場合はもちろんすべてではありませんが，**過労が背景にある場合，過労自殺**に該当します。

過労死の問題はすでに80年代初めから指摘されていたにもかかわらず，当初厚生労働省は過労死の認定にあまり積極的ではありませんでした。しかし，過労，疲労の弊害が経験的に明らかになるに従い，1995年に過労死の認定基準を改定し，さらに2002年にも基準を

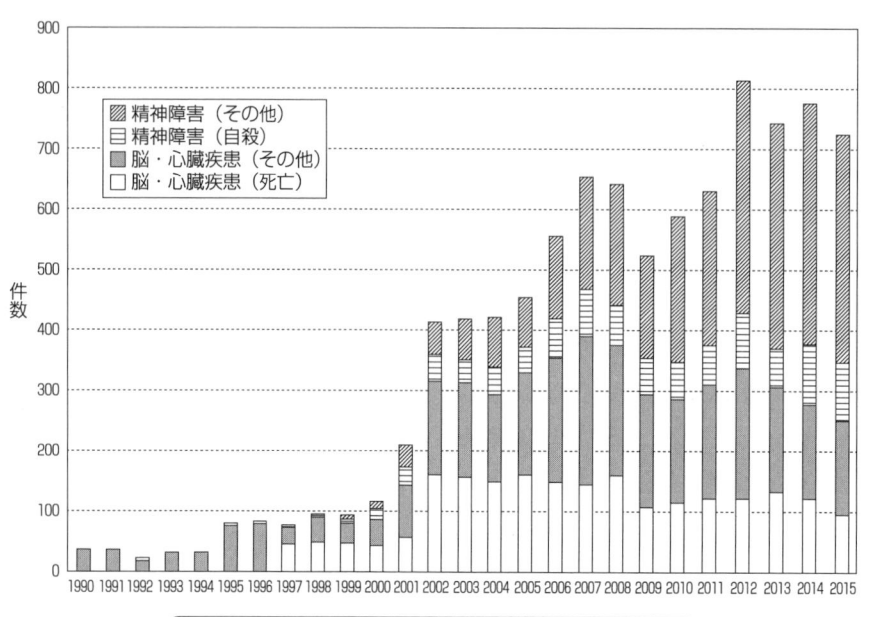

図10.8.1 脳血管疾患および精神障害の労災認定の推移

出所：厚生労働省，2016 より作成

緩和しました。

同様に，過労からうつを発症し，自殺をはかる，いわゆる過労自殺についても，故意によるものであるとして，ほとんど認定がありませんでしたが，これらの事例の増加に対応し，1998年には精神疾患等の認定基準を緩和しました。

図中，1995年から脳・心臓疾患の認定件数が，1999年から精神疾患の認定件数がそれぞれ増加し，さらに2002年は脳・心臓疾患の認定件数が急増しているのは基準の緩和による影響と考えられます。

❸ 脳・心臓疾患死は推計年間1万人以上

2015年の脳・心臓疾患の労災認定数は251件（うち死亡96件）で，精神疾患の労災認定数は472件（うち死亡93件）でした。しかし，2015年の申請数は脳・心臓疾患で795件，精神疾患で1515件あり，認定件数は申請数の約3分の1にとどまっています。

これらの認定率は認定の始まった当初から考えればかなり改善されていますが，しかし，この認定率の低さから，申請に至らないケースも多いと考えられ，過労死，過労自殺の実数はつかめていないのが実情です。川人は当時の厚生労働省の諸統計から仕事の過労が原因となっている脳・心臓疾患死は年間1万人以上にのぼると推定しています。

❹ 過労死等防止対策推進法の施行

このような状況を鑑み，国は2014年11月1日に過労死等防止対策推進法を施行しました。これには，「この法律は，近年，我が国において過労死等が多発し大きな社会問題となっていること及び過労死等が，本人はもとより，その遺族又は家族のみならず社会にとっても大きな損失であることに鑑み，過労死等に関する調査研究等について定めることにより，過労死等の防止のための対策を推進し，もって過労死等がなく，仕事と生活を調和させ，健康で充実して働き続けることのできる社会の実現に寄与することを目的とする（第一条）」と明記されています。これに基づき2015年7月24日には「過労死等の防止のための対策に関する大綱」が閣議決定され，2016年10月7日には初めての国会報告となる「平成28年版過労死等防止対策白書」が発表されました。

しかし，長時間労働を是とする日本の働き方の文化や，雇用不安を背景に労働者を使い捨てにするようないわゆるブラック企業の存在が，過労死，過労自殺の問題の解決を難しくしています。日本から過労死，過労自殺をなくすために，さらなる国や企業の取り組みが期待されます。また，過労死，過労自殺の犠牲者とならないために，一人一人が問題意識をもって，働き方の問題を考え，日本の働き方を変えていく必要があると思います。

（金井篤子）

▷ 4　厚生労働省　2016　平成27年度「過労死等の労災補償状況」まとめ　平成28年6月24日発表

▷ 5　全国過労死を考える家族の会（編）1997　死ぬほど大切な仕事ってなんですか　教育史料出版会

▷ 6　川人博　1998　過労自殺　岩波新書

X 職場のストレスとメンタルヘルス

9 ストレスへの対処

1 ストレス対処の必要性

　私たちの周りにはさまざまなストレスの原因（ストレッサー）が存在します。ストレッサーの影響をそのまま受け止めていては，身体的にも精神的にもダメージが大きくなります。一方，同じ状況においても，たとえば，同じ大学の同じクラスで，同じようにテストを受けていても，それをストレスと感じる人もいれば，ストレスと感じない人もいます。また，同じようにストレスは感じてもその程度は異なります。一方，ラザルスとフォルクマン（Lazarus, R. S. & Folkman, S.）が指摘しているように，個人がストレッサーの存在を認知しても，それに対処するための資源を持っていれば，ダメージの程度を調整することが可能です。

2 対処の資源

　対処の資源とは，自分の能力や経験，意欲，あるいは，助けてくれる友人，専門家など，その危機を乗り越えるために自分が活用できる材料のことです。いくつかの資源の組合せと，その有効活用によって，危機を乗り越えることが可能になります。

　では，私たちはどのように対処資源を持っているのでしょうか。ラザルスらは対処様式には，積極的に問題を解決するための具体的な方策を考えていく**問題中心の対処**と，問題によって生じる情動的な苦痛を低減する**情動中心の対処**という，2つの対処様式があると考えています。

3 対処の方法

　ラザルスらは66項目からなる「対処方法調査票」を作成して，対処方法に以下の8つの方法を見出しています。すなわち，問題中心の対処としての，①直面化，②計画的な問題解決，情動中心の対処としての，③否認，④自己コントロール，⑤責任の受容，⑥逃避－回避，⑦肯定的な再評価，および2つの対処の要素を合わせ持つ，⑧ソーシャル・サポートを求める，の8つです。

　まず，「直面化」とはその問題を正面から捉えて考えようとするものであり，「計画的な問題解決」は客観的状況を変化させ，問題そのものを解消，解決しようとする努力です。これらは問題に直接取り組むため，問題中心の対処とな

▷1 Lazarus, R. S. & Folkman, S. 1984 *Stress, Appraisal, and Coping.* New York: Springer Publishing & Company, Inc.（本明寛・春木豊・織田正美（監訳）1991 ストレスの心理学――認知的評価と対処の研究　実務教育出版）

ります。一方,「否認」はそういう問題があることをそもそも認めないこと,「自己コントロール」は問題に対して取り乱さないように感情をコントロールすること,「責任の受容」はその問題の責任は自分にもある(のだから仕方がない)と考えること,「逃避－回避」は問題のあることは認識しているが,その問題をとりあえず考えないようにすること,「肯定的な再評価」はこのような問題は自分の試練のためにあるのだといったように問題を前向きに解釈することです。これらの対処は客観的状況を変化させないので,問題そのものを解決することには結びつきませんが,考え方を変えることでその事態を乗り切ろうとするわけで,情緒中心の対処といわれる所以です。

4 多様な対処方法の組み合わせが有効

ところで,ラザルスらは,必ずしも問題に直面化して,有効な解決を図ることだけが重要であるとは考えていません。私たちを取り巻く問題は必ずしも簡単に解決できるものばかりではありませんから,ときには,問題の否認や回避が個人の身体的,精神的安定を図るために有効であることもあるし,ときには,友人に愚痴をいうことが有効かもしれないからです。その意味から,問題中心の対処と情緒中心の対処は車の両輪のようなものであるとも述べています。しかし,対処方法が,1つか2つの方法に固定してしまうと,その方法では乗り越えられないストレッサーに出会うことも考えられるので,柔軟にいくつかの対処方法を選択できることが望ましいと考えられています。

中でも,**ソーシャル・サポート**は,援助を求めることのできる人間関係を指し,その対象は,家族や友人関係,職場での人間関係,地域での人間関係,医者・カウンセラー・弁護士などの専門家までを含めた,社会的なネットワークです。ソーシャル・サポートは,求める援助により,問題中心の対処とも,情緒中心の対処とも位置づけることができ,多くの研究でその有効性が実証されています。

5 ストレスとうまくつき合う

ストレスは,我々の身体的,精神的健康に重大な影響を及ぼしますが,その一方で,セリエ(Selye, H.)が指摘したように,適度なストレスは,個人の適応力を高める働きをします。たとえば,運動選手が自分に適度な負荷をかけることによって,より高いレベルの記録を出せるようになることもこれにあたります。心理学的には,ストレスへの対処の成功が,個人のポジティブな経験となり,次のストレスへの耐性が高まるという好循環を生み出すのではないかと考えられます。ストレスフルな現代には,ストレスを避けることはできません。ストレスをうまく使ったり,ストレスをうまくかわしたりと,ストレスとうまくつき合うことが必要なのではないでしょうか。

(金井篤子)

▷2 浦光博 1992 支えあう人と人──ソーシャル・サポートの社会心理学 サイエンス社

▷3 Selye, H. 1956, 1976 *The Stress of Life,* revised edition. New York: McGraw-Hill.(杉靖三郎・田多井吉之介・藤井尚治・竹宮隆(訳) 1988 現代社会とストレス[原書改訂版] 法政大学出版局)

X 職場のストレスとメンタルヘルス

10 職場のソーシャル・サポート

1 ソーシャル・サポートの発見

ストレスの対処資源として注目されるのが，**ソーシャル・サポート**です。浦[1]によれば，ソーシャル・サポート，すなわち対人的な関係が人の健康に与える影響に注目した最初の研究は，バークマンとサイム（Berkman & Syme）[2]の研究です。

彼らはカリフォルニア州アラメダ地区で，その地区に居住する30歳から69歳までの4,725名の男女を対象に9年間の追跡調査を行いました。この調査の結果，結婚していたり，家族や友人と接触が多かったり，教会活動やさまざまな集団の活動に多く参加しているような，対人関係のネットワークの大きい人の方がネットワークの小さい人よりも死亡率がかなり低いことが見出されました。対人関係が人の健康に何らかのよい影響を与えているのではないかというこの知見以降，対人関係と健康との関連性に関する多くの研究（ソーシャル・サポート研究）が積み上げられてきました。

2 ソーシャル・サポートの働き

まず，ソーシャル・サポートはどんな働きをするのでしょうか。ハウス（House, J. S.）[3]はソーシャル・サポートの機能として，情緒的・評価的・道具的・情報的サポートの4つをあげています。

情緒的サポートは愚痴を聞いたり，慰めてもらったり，話を聞いてもらったりという，情緒を支える機能です。**評価的サポート**はその行動が社会的に許されるのか許されないのか，よいのか悪いのかといった評価基準を提供する機能，**道具的サポート**はどうしても必要なときにお金を貸してくれるとか，自分でできないことをその人が代わりにやってくれるとかといった，実際的なサポートの機能，**情報的サポート**はその人が実際に動いてくれるわけではないが，どこへ行ったら助けが得られるかとか，どの雑誌にそのことが書いてあるかなどの情報を提供する機能です。

必ずしもひとりの人がすべての機能を提供するわけではなく，ある人は道具的なサポートを提供し，ある人は情緒と評価のサポートを提供するといったように機能が分担されていることが多いと考えられます。

---

[1] 浦光博 1992 支えあう人と人――ソーシャル・サポートの社会心理学 サイエンス社

[2] Berkman, L. F. & Syme, S. L. 1979 Social networks, Host resistance, and mortality: A nine-year follow-up study of Alameda country residents. *American Journal of Epidemiology*, **109**, 186-204.

[3] House, J. S. 1981 *Work Stress and Social Support*. Reading, Massachusetts: Addison-Wesley.

[4] Kahn, R. L. & Antonucci, T. C. 1980 Convoys over the life course: Attachment roles and social support. In P. B. Baltes & O. Brim (Eds.), *Life-Span Development and Behavior*. New York: Academic Press.

3 ソーシャル・サポート・ネットワーク

この私たちを支える周りの人の集まりを**ソーシャル・サポート・ネットワーク**と呼び、カーンとアントヌッチ(Kahn, R. L. & Antonucci, T. C.)はこれを**コンボイ**(convoy)という概念で説明しています。すなわち、図10.10.1のように、人が自分自身を中心として、周りの人にコンボイ（護送団）のように支えられていることを示しています。自分を中心として、もっとも近い円にはたとえば身内、配偶者、子ども、親友などのように役割に関係なく、長期的な関係を持つものが位置づけられます。2番目の円は、多少役割に付随する関係であり、時間の経過とともに変化します。3番目の円は完全に役割に応じた関係で、役割が終わればその関係も終了します。たとえば、職場の上司や同僚、隣人などがそれにあたりますが、病気になったときの医者やカウンセラー、もめ事が起こったときの警察や弁護士なども必要に応じて支援を行うことから、専門家としてここに位置づけられています。しかし、コンボイは固定的ではなく、取りまく状況によって変化します。図10.10.2はある婦人の35歳時のコンボイと75歳時のコンボイです。75歳時には夫を亡くし、一番近い円には、同じく夫を亡くした未亡人の友人が位置づけられています。

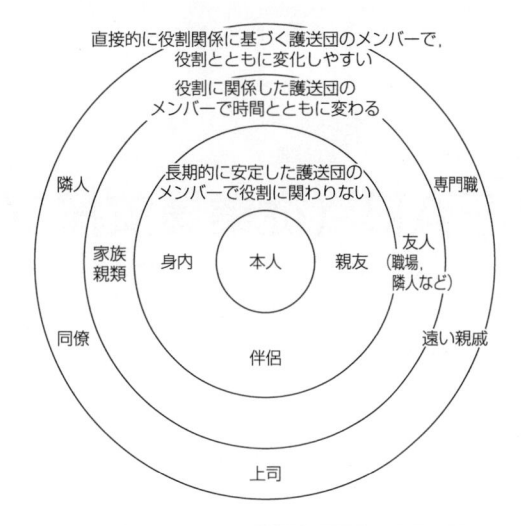

図10.10.1 サポート集団（護送団 convoy）の図
出所：Kahn & Antonucci, 1980, p. 273.

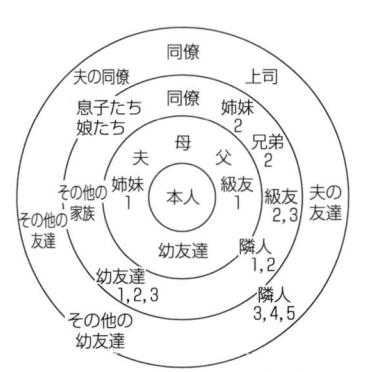

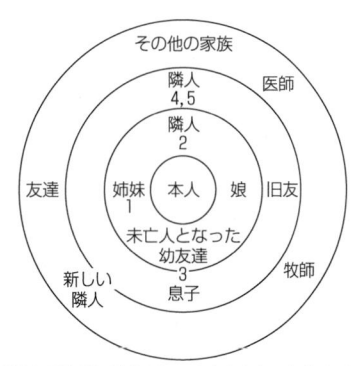

図10.10.2 生涯にわたっての護送団 convoy の構成員の変化
出所：Kahn & Antonucci, 1980, p. 276.

4 組織サポートとしてのメンタルヘルス風土

浦はアイゼンバーガーら(Eisenberger, et al.)の**組織サポート**の概念を組織の風土としてのソーシャル・サポートといいかえ、組織風土が組織の成員に対してソーシャル・サポートを提供する可能性について言及しています。同様に、金井と若林は、組織で働く人のメンタルヘルスをサポートする資源として、**メンタルヘルス風土**の検討を行っています。彼らは良好なメンタルヘルス風土が職務不満足感やディストレスを抑える効果を見出しました。このことから、各企業におけるメンタルヘルス風土の醸成が期待されます。

（金井篤子）

▷5　浦，前掲書

▷6　Eisenberger, R., Huntington, R., Hutchison, S. & Sowa, D. 1986 Perceived organizational support. *Journal of Applied Psychology*, **71**, 500-507.

▷7　金井篤子・若林満 1998　企業内におけるメンタルヘルス風土に関する研究　実験社会心理学研究，**38**(1), 63-79.

コラム 9

EAP（従業員支援プログラム）

1 EAP（従業員支援プログラム）とは

EAP（従業員支援プログラム）とは，企業に働く従業員の精神的，身体的健康に焦点を置き，直接，間接に生産性に影響を与える諸問題を解決しようとする企業のプログラムです。

たとえば，従業員が自分の健康や結婚生活，家族の問題，経済的問題，アルコール，薬物などの嗜癖，法的な問題や情緒的問題，ストレスなどの仕事上の生産性に影響を与えうる個人的な問題を，組織内外にかかわらず，自ら発見し，それを解決することを専門的に援助することを目的としています。

EAPは米国で開発されたプログラムですが，その背景は従業員のアルコールや薬物の乱用による企業の損失をいかに防ぐかにありました。たとえば，アルコール中毒はまず従業員の生産性を低下させます。中毒症状のための判断ミスはときに膨大な損害を生じさせる危険性があります。また，事故が起きやすくなり，事故の回復のための費用や欠勤，病気のための代替要員の確保のための費用，治療費など，米国では1982年，1年間に約50億ドルもの損失が見積もられました。

こういった損失を企業が被らないために，従業員個人の問題をできるだけ早期に発見し，問題が小さいうちに解決を図るプログラムとして，EAPが開発されたのです。

2 EAPのシステム

EAPには，企業内部型と外部の機関に委託する外部型がありますが，いずれも従業員の秘密は企業側に対して守られることが前提となっています。

プログラムの特徴としては，従業員だけでなく，その家族を含めて，企業の内外の問題にかかわらず，個人的な相談が受け付けられ，必要な場合は弁護士，医療機関などの専門機関が紹介されます。

損失を最小限にするため，早期に相談できるように相談しやすい体制をつくり，また短期に解決できるようにさまざまな資源を駆使した援助を行います。

さらに，EAPは個人の問題の解決を援助するだけではなく，これらの相談を総括して，職場の問題を抽出し，これを解決するように企業に提言します。

3 日本におけるEAPの導入

日本においても日本EAP協会が設立され，いくつかの企業が外部EAP機関として活動を開始しました。また，いくつかの企業で導入が始まるなど，産業場面における新しいサポートシステムとして注目されています。

しかし，導入が始まったばかりであるため，試行錯誤の部分もあり，十分に機能しているとはいえません。今後の展開が期待されるところです。

（金井篤子）

▷ Lewis, J. A. & Lewis, M. D. 1986 *Counseling Programs for Employees in the Workplace.* Illinois: Wadsworth, Inc.（中澤次郎（編訳）1997 アメリカの産業カウンセリング 日本文化科学社）

さくいん

あ行

RJP（Realistic Job Preview） 49
outgroup 139
アクション・リサーチ 11
悪徳商法 23
アセスメント 63
アセスメント・センター 72
安全衛生 3
安全工学 20
安全文化 167
暗黙知 110
暗黙のリーダーシップ理論 133
EAP（従業員支援プログラム） 192
EBM（購買意思決定モデル） 140
意思決定 109
偉人論 122
一次評価（primary appraisal） 177
一般適応症候群（General Adaptation Syndrome: G.A.S.） 175
意味 108
ingroup 139
インシデント 165
インフォーマル・グループ 115
衛生要因 38
エネルギー代謝率（RMR） 157
m-SHEL 165
LMX理論（リーダーメンバー交換理論） 139
LPC得点 128
エンド陳列 149
オープン・システム 134
オープン・システム・アプローチ 7, 13
（面接の）陥りやすい誤り 58
オピニオン・リーダー 151
オレオレ詐欺 154

か行

会議 112
会計士 38
外的報酬 28
外発的動機 28
回避傾向 31
科学的管理法 6
『科学的管理法の原理』 8
"隠れたプロフィール"事態 112
課題志向的行動 125
価値割引曲線 146
葛藤（コンフリクト） 4
葛藤解決方略 118
過程理論 25
カリスマ 123
カリスマ性 136
カリスマ的リーダーシップ 123
過労死（karo-shi） 186
過労自殺 186
間接給付 68
関与 141
官僚制 6
機械のイメージ 9
危険予知 164
記号化 108
基準関連妥当性 53
帰属理論 132
期待不一致モデル 152
期待理論 32
規範 98, 102, 104, 138
規範的影響 102, 113
キャリア（career） 76
キャリア・アンカー 85
キャリア意思決定 86
キャリア意思決定における社会的学習理論（Social Lerning Theory of Career Decision Making: SLTCDM） 86
キャリア開発志向の明確化 96
キャリア・カウンセリング 96
キャリア・カウンセリングにおける学習理論（The Learning Theory of Career Counseling: LTCC） 87
キャリア・ストレス 94
キャリア・ストレス・モデル 94
キャリア・ストレッサーの明確化 96
キャリア・デザイン 77
キャリア・パースペクティブ 95
キャリア発達理論 78
キャリア・マネジメント 19
キャリア・モデル 97
急性的ストレッサー 178
級内相関係数 56
凝集性 98
強制勢力 121
強制分布法 65
協調性 118
協働 119
恐怖喚起アピール 154
くちコミ 150
グループ・ダイナミックス 17
群集 98
経営人 12
計画購買 148
計画された偶発性（Planned Happenstance） 87
経済的価値 144
形式知 110
欠乏動機 27
現金給付 68
現在志向バイアス 146
権力構造 7, 114
権力動機 30
交換型アプローチ 138
交換理論 138
広告 23
公正 36, 152
構成概念妥当性 53
公正理論 36
構造化面接 54
構造化面接の信頼性 56
構造化面接の設計 59
構造機能主義 13
硬直化現象 101, 134
行動に伴うコスト 32
行動を引き起こすエネルギーの方向性，強さ，持続性 24
購買意思決定過程 140

さくいん

購買行動 22
購買のリスク 150
購買前代案評価 142
衡平関係 152
衡平分配の基準 69
衡平モデル 152
衡平理論 36
効用 146
効率化 3
合理的な計算 32
交流型リーダーシップ 135
顧客の回遊性 149
個人面接 54
個別的配慮 136
コミットメント 40, 103
コミュニケーション 108
コミュニケーション前提 108
コンティジェンシー・アプローチ 128
コンピテンシー 16, 45, 74
コンピテンシーのモデル 75
コンピテンシー評価 74
コンボイ 191

さ行

再活性化 13
再テスト法 52
採用選考 42
採用面接の心理プロセス 55
作業負荷（stress） 156
作業負担（strain） 156
参加的リーダーシップ 130
360度多面評価 70
自我関与 40
時間の切迫 155
時間の非整合性 146
自己概念 14
自己啓発 91
自己決定感 29
自己顕示 113
自己実現欲求 26
自己主張性 118
自己責任による選択と決定 97
仕事生活と家庭生活のバランス 184
事故の防止 164
質の高い決定 112
社会化 14
社会学的学習論 86
社会再適応評価尺度 178

社会的アイデンテイテイ 14
社会的交換 138
社会的勢力 120
社会的手抜き 106
集合 98
終身雇用制度 40
集団 98
集団維持機能 99
集団浅慮 113
集団浅慮現象 113
集団年齢 101
集団発達 100
集団分極化 113
集団分極化が起こる理由 113
集団面接 54
自由面接 54
自由面接の信頼性 56
準拠集団 151
準拠勢力 121
GEMS 159
SHEL 165
SHELモデル 169
情意（態度）評価 63
昇格 66
昇進 66
情緒的サポート 190
情緒的要素 11
情動中心の対処 188
消費者行動 3
情報 110
情報化 108
情報的影響 102, 113
情報的サポート 190
情報の共有 112
職業的キャリア 77
職業への適性 30
職場外訓練 90
職場内訓練 90
職場のストレス 172
職務ストレス・モデル 180
職務満足感 38
序列法 65
人材育成 90
人事評価（人事考課） 18, 62
人的資源管理（HRM） 3, 18, 60
人的資源管理施策 60
信憑性 155
信頼性 155
心理カウンセリング 21

心理的価値 144
心理的財布 144
親和動機 30
スイスチーズモデル 163
垂直的関係 114
垂直的交換関係 93
垂直方向の分業 5
水平的関係 114
水平方向の分業 4
図式評定尺度法（graphic rating scales） 64
ストック型人材 43
ストレス 21, 172
ストレス対処 188
ストレスのシステム理論 176
ストレッサー 21, 173
スノーボールモデル 162
斉一化 102
性格適性テスト 51
成果主義・能力主義 19
生産性 34
成績評価 63
成長動機 27
成長の実感 39
正当性（legitimacy） 138
正当勢力 121
接近傾向 31
絶対評価 64
説得的コミュニケーション 154
折半法 52
攻めの組織変革 134
選好 146
宣伝 23
選抜結果の公正性 47
選抜効果 46
選抜における公正性 47
専門性 155
専門勢力 121
相関係数 52
相互作用 109
相互作用ダイナミズム 15
操作器 170
相対評価 64
ソーシャル・サポート 189, 190
ソーシャル・サポート・ネットワーク 191
ソシオメトリック・テスト 115
組織（マクロ）と（個人）の相互作用ダイナミズム 15

さくいん

組織規範　14
組織経営　3
組織行動　3, 16
組織コミットメント　16
組織サポート　191
組織事故　167
組織内キャリア　79
組織内キャリア発達段階　82
組織内ストレッサー　180
組織の学習　111
組織の衰亡　13
組織風土　17
組織変革　7
組織目標　4

た行

対処の資源　188
対人葛藤　116
対人的な公正性　47
第二新卒　43
タイプA行動パターン　181, 182
タイプA行動パターンチェックリスト　183
タイプB行動パターン　183
dyad relationship　139
多数派　113
達成動機　30
妥当性　56
チームの志向性　106
チーム・リーダーシップ　106
チームワーク　106
チームワーク・スキル　164
知覚心理学　3
知識　110
知識の共有　111
知的刺激　136
中期キャリア危機　83
賃金構造　69
使いやすいデザイン（ユーザビリティ）　170
適性　44
適性テスト　50
適性の3側面モデル　44
テストの信頼性（reliability）　52
テストの妥当性（validity）　53
手続き的な公正性　47
店頭マーケティング　149
動機　24
動機づけ　24

動機づけ－衛生理論　38
道具性　32
道具的学習　86
道具的サポート　190
統合　5
統合方略　119
逃避的行動　41
トータル・ヘルスプロモーション　157
特異性クレジット　138
特異性クレジット・モデル　136
特性　122
トランジッション　88
トランジッション・サイクル・モデル　89

な行

内的整合法　52
内発的動機　28
内容的妥当性　53
内容理論　25
ナレッジ・マネジメント　7, 110
ナレッジ・マネジメントのプロセス　110
二次評価（secondary appraisal）　177
二重課題法　157
日本型組織人事　19
人間関係志向的行動　125
人間工学　3, 168
人間性　6
人間性の重視　11
認知革命　132
認知工学　171
認知的不協和　153
年功型賃金　40
年功序列・終身雇用　19
能力適性テスト　50
能力評価　63

は行

パースペクティブと変化への自己効力感　97
パーソンズ（Parsons, F.）　78
ハイパフォーマンス・サイクル　35
ハインリッヒの法則　162
バウンダリーレス・キャリア　83
パス＝ゴール理論　129
発達段階説　78

パワー・ダイナミックス　7
ハワード＝シェス・モデル　140
PM理論　125, 126
ビジネス・リーダー　30
ビッグ5　123
必要性分配の基準　68
一皮むけた経験　89
ヒトに関するマネジメント　60
ヒヤリ・ハット　165
ヒューマン・エラー　20, 158
ヒューマン・ファクターズ　168
ヒューリスティックス　143
評価制度　62
評価的サポート　190
表示器　170
表象　108
平等分配の基準　68
不安全行動　160
フィッシュバインモデル　142
VPI職業興味検査　81
フール・ループ　159
フェール・セーフ　159
フォーマル・グループ　115
複雑系　17
複数キャリアの統合（将来を見込み、かつ現実的な）　96
複数領域の複数キャリアへの適度な、しかし適切な関与　97
ブランド　142
ブランド・ロイヤリティ　143
フルレンジ・リーダーシップ　137
フロー型人材　43
プロセス・ロス　106
分業　114
分配の手続き　37
平行テスト法　52
変革型リーダーシップ　135
報酬　24
報酬制度　68
報酬勢力　121
報酬分配の基準　68
ホーソン研究　6, 10

ま行

マーケット・セグメンテーション（市場細分化）　145
マーケティング　23
マーケティング活動　145
マズロー（Maslow, A. H.）　26

さくいん

マズローの欲求階層理論　141
マネジリアル・グリッド理論　125, 126
慢性的ストレッサー　178
マン・マシン・システム　170
右側優位の原則　149
民主的な決定　112
銘柄選択　148
メタ分析　53
メッセージ　108
メディア　108
面接選考　54
面接の信頼性　56
面接の妥当性　56
メンター・プロテージ関係　92
メンタリング　92
メンタル・ヘルス・マネジメント　157
メンタルヘルス風土　191
メンタル・モデル　171
メンバー　120
メンバーの成熟度　130
目標　24

目標設定理論　34, 132
目標達成機能　99
モティベーションの鼓舞　136
問題中心の対処　188

や行

役割　14
役割外行動　41
役割間葛藤　185
誘意性　32
有益なストレス（distress）　175
有害なストレス（eustress）　175
ユーザー・インターフェース（user-interface）　170
欲求階層理論　26

ら行

ライフ・イベント　178
ライフ・キャリア　76
ライフ・キャリアの虹（Life-Career Rainbow）　84
ライフ・サイクル理論　7, 130
ライフスタイル　141
リアリティ・ショック　83
リーダー　120

リーダーシップ　120
リーダーシップ代替論　131
リーダーシップの幻想論　133
リーダーの特性論　122
リーダー・プロトタイプ　133
離職　41
リスク　166
リスク・アセスメント　164
リスク・テイキング　160
リスク・マネジメント　20, 165
理想的影響　136
リターン・ポテンシャル・モデル　104
ルール違反　161
連合的学習　86
労災認定　186
労働者健康状況調査　172
労務管理　18
六角形モデル　80

わ行

ワーク・ファミリー・コンフリクト　184

執筆者紹介 （氏名／よみがな／生年／現職／主著／産業・組織心理学を学ぶ読者へのメッセージ）

＊執筆担当は本文末に明記

山口裕幸（やまぐち ひろゆき／1958年生まれ） 
九州大学大学院人間環境学研究院人間科学部門心理学講座教授
『経営とワークライフに生かそう！ 産業・組織心理学』（編著・有斐閣）『心理学リーディングス』（編著・ナカニシヤ出版）
仕事をしながら送るワークライフは人生の大半を占めることになります。そのワークライフを充実したものにするために、本書が役立つことができれば幸せです。

金井篤子（かない あつこ／1959年生まれ） 
愛知みずほ大学特任教授
『キャリア・ストレスに関する研究――組織内キャリア開発の視点からのメンタルヘルスへの接近』（単著・風間書房）『増補改訂版 産業・組織心理学エッセンシャルズ』（共著・ナカニシヤ出版）
いかに自分らしいキャリアを構築するかを今もなお考えています。やはりキャリアって一生ものです。

秋山 学（あきやま まなぶ／1965年生まれ） 
神戸女子大学心理学部教授
『消費行動の社会心理学』（共著・北大路書房）『観光の社会心理学』（共著・北大路書房）
自分や友達、家族の買い物の背後にある、こころの働きを知るきっかけになるとうれしいです。

池田 浩（いけだ ひろし／1977年生まれ） 
九州大学大学院人間環境学研究院人間科学部門心理学講座准教授
『人的資源マネジメント――「意識化」による組織能力の向上』（共著・白桃書房）『コンピテンシーとチーム・マネジメントの心理学』（共著・朝倉書店）
リーダーシップは誰もが関係する問題です。まずは、自分の経験に照らして考えてみると理解が深まると思います。

稲富 健（いなどみ けん／1980年生まれ） 
九州大学大学院人間環境学府博士後期課程・日本学術振興会特別研究員
この本がきっかけとなって、みなさんに産業・組織心理学に興味を持ってもらえたら大変嬉しく思います。

申 紅仙（しん ほんそん） 
常磐大学人間科学部教授
『実践 産業・組織心理学――産業現場の事例を中心にして』（共著・創成社）『朝倉心理学講座13 産業・組織心理学』（共著・朝倉書店）
就職経験がなくても大丈夫。部活やバイトなどの身近な環境に置き換えてみてください。きっと役に立ちます。

髙橋 潔（たかはし きよし／1960年生まれ） 
立命館大学総合心理学部教授
『ゼロから考えるリーダーシップ』（単著・東洋経済新報社）『リモートワーク・マネジメントⅠ・Ⅱ』（編著・白桃書房）
ビジネスマインドをもつサイコロジストと、心理学に惹かれるビジネスパーソンにぴったりです。

田原直美（たばる なおみ／1977年生まれ） 
西南学院大学人間科学部教授
『産業・組織心理学ハンドブック』（共著・丸善）『はじめて学ぶ産業・組織心理学』（編著・白桃書房）
本書の内容を皆様の日常生活の中に少しでも活かしていただけたら幸いです。

執筆者紹介（氏名／よみがな／生年／現職／主著／産業・組織心理学を学ぶ読者へのメッセージ）

＊執筆担当は本文末に明記

永野光朗（ながの　みつろう／1958年生まれ） 
京都橘大学健康科学部教授
『消費者理解のための心理学』（共著・福村出版）『現代社会の産業心理学』（共著・福村出版）
心理学研究の成果を企業活動の実践に生かすことのおもしろさを伝えることができればと願っています。

舛田博之（ますだ　ひろゆき／1963年生まれ） 
株式会社リクルートマネジメントソリューションズ測定技術研究所
『人事アセスメントハンドブック』（共著・金子書房）『eテスティング』（共著・培風館）
実践科学としての産業・組織心理学は身近なものですので，社会とのつながりを意識しながら楽しく学んでください。

野上　真（のがみ　まこと／1972年生まれ）
志學館大学人間関係学部教授
心理学について学ぶことは，充実した人生を送るためのヒントを与えてくれるものと信じております。

三沢　良（みさわ　りょう／1977年生まれ） 
岡山大学学術研究院教育学域准教授
『健康とくらしに役立つ心理学』（共著・北樹出版）『産業・組織心理学ハンドブック』（共著・丸善）
このテキストを通じて，初学者の皆さんに産業・組織心理学の面白さと醍醐味が伝われば幸いです。

やわらかアカデミズム・〈わかる〉シリーズ
よくわかる産業・組織心理学

| 2007年 5 月10日　初版第 1 刷発行 | 〈検印省略〉 |
| 2024年 3 月10日　初版第16刷発行 | |

定価はカバーに
表示しています

編　者　　山　口　裕　幸
　　　　　金　井　篤　子

発行者　　杉　田　啓　三

印刷者　　田　中　雅　博

発行所　株式会社　ミネルヴァ書房
〒607-8494　京都市山科区日ノ岡堤谷町 1
電話代表　（075）581-5191
振替口座　01020-0-8076

©山口・金井他, 2007　　創栄図書印刷・新生製本

ISBN978-4-623-04871-7
Printed in Japan

やわらかアカデミズム・〈わかる〉シリーズ

教育・保育

よくわかる学びの技法
田中共子編　本体　2200円

よくわかる卒論の書き方
白井利明・髙橋一郎著　本体　2500円

よくわかる教育評価
田中耕治編　本体　2600円

よくわかる授業論
田中耕治編　本体　2600円

よくわかる教育課程
田中耕治編　本体　2600円

よくわかる教育原理
汐見稔幸・伊東 毅・髙田文子・東 宏行・増田修治編著　本体　2800円

新版　よくわかる教育学原論
安彦忠彦・藤井千春・田中博之編著　本体　2800円

よくわかる生徒指導・キャリア教育
小泉令三編著　本体　2400円

よくわかる教育相談
春日井敏之・伊藤美奈子編　本体　2400円

よくわかる障害児教育
石部元雄・上田征三・髙橋 実・柳本雄次編　本体　2400円

よくわかる特別支援教育
湯浅恭正編　本体　2500円

よくわかるインクルーシブ教育
湯浅恭正・新井英靖・吉田茂孝編著　本体　2500円

よくわかる肢体不自由教育
安藤隆男・藤田継道編著　本体　2500円

よくわかる障害児保育
尾崎康子・小林 真・水内豊和・阿部美穂子編　本体　2500円

よくわかる保育原理
子どもと保育総合研究所
森上史朗・大豆生田啓友編　本体　2200円

よくわかる家庭支援論
橋本真紀・山縣文治編　本体　2400円

よくわかる子育て支援・家庭支援論
大豆生田啓友・太田光洋・森上史朗編　本体　2400円

よくわかる社会的養護
山縣文治・林 浩康編　本体　2500円

よくわかる社会的養護内容
小木曽宏・宮本秀樹・鈴木崇之編　本体　2400円

よくわかる小児栄養
大谷貴美子編　本体　2400円

よくわかる子どもの保健
竹内義博・大矢紀昭編　本体　2600円

よくわかる発達障害
小野次朗・上野一彦・藤田継道編　本体　2200円

よくわかる子どもの精神保健
本城秀次編　本体　2400円

よくわかる環境教育
水山光春編著　本体　2800円

福祉

よくわかる社会保障
坂口正之・岡田忠克編　本体　2500円

よくわかる社会福祉
山縣文治・岡田忠克編　本体　2500円

よくわかる社会福祉運営管理
小松理佐子編　本体　2500円

よくわかる社会福祉と法
西村健一郎・品田充儀編著　本体　2600円

よくわかる社会福祉の歴史
清水教惠・朴 光駿編著　本体　2600円

新版　よくわかる子ども家庭福祉
吉田幸恵・山縣文治編著　本体　2400円

新版　よくわかる地域福祉
上野谷加代子・松端克文・永田祐編著　本体　2400円

よくわかる家族福祉
畠中宗一編　本体　2200円

よくわかるスクールソーシャルワーク
山野則子・野田正人・半羽利美佳編著　本体　2800円

よくわかる高齢者福祉
直井道子・中野いく子編　本体　2500円

よくわかる障害者福祉
小澤 温編　本体　2500円

よくわかる医療福祉
小西加保留・田中千枝子編　本体　2500円

よくわかる司法福祉
村尾泰弘・廣井亮一編　本体　2500円

よくわかるリハビリテーション
江藤文夫編　本体　2500円

よくわかる障害学
小川喜道・杉野昭博編著　本体　2400円

心理

よくわかる心理学実験実習
村上香奈・山崎浩一編著　本体　2400円

よくわかる心理学
無藤 隆・森 敏昭・池上知子・福丸由佳編　本体　3000円

よくわかる心理統計
山田剛史・村井潤一郎著　本体　2800円

よくわかる保育心理学
鯨岡 峻・鯨岡和子著　本体　2400円

よくわかる臨床心理学　改訂新版
下山晴彦編　本体　3000円

よくわかる臨床発達心理学
麻生 武・浜田寿美男編　本体　2800円

よくわかるコミュニティ心理学
植村勝彦・高畠克子・箕口雅博・原 裕視・久田 満編　本体　2500円

よくわかる発達心理学
無藤 隆・岡本祐子・大坪治彦編　本体　2500円

よくわかる乳幼児心理学
内田伸子編　本体　2400円

よくわかる青年心理学
白井利明編　本体　2500円

よくわかる高齢者心理学
佐藤眞一・権藤恭之編著　本体　2500円

よくわかる教育心理学
中澤 潤編　本体　2500円

よくわかる学校教育心理学
森 敏昭・青木多寿子・淵上克義編　本体　2600円

よくわかる学校心理学
水野治久・石隈利紀・田村節子・田村修一・飯田順子編著　本体　2400円

よくわかる社会心理学
山田一成・北村英哉・結城雅樹編著　本体　2500円

よくわかる家族心理学
柏木惠子編著　本体　2600円

よくわかる言語発達　改訂新版
岩立志津夫・小椋たみ子編　本体　2400円

よくわかる認知科学
乾 敏郎・吉川左紀子・川口 潤編　本体　2500円

よくわかる認知発達とその支援
子安増生編　本体　2400円

よくわかる情動発達
遠藤利彦・石井佑可子・佐久間路子編著　本体　2500円

よくわかるスポーツ心理学
中込四郎・伊藤豊彦・山本裕二編著　本体　2400円

よくわかる健康心理学
森 和代・石川利江・茂木俊彦編　本体　2400円

——ミネルヴァ書房——
https://www.minervashobo.co.jp/